utb 8546

Eine Arbeitsgemeinschaft der Verlage

Böhlau Verlag · Wien · Köln · Weimar
Verlag Barbara Budrich · Opladen · Toronto
facultas · Wien
Wilhelm Fink · Paderborn
A. Francke Verlag · Tübingen
Haupt Verlag · Bern
Verlag Julius Klinkhardt · Bad Heilbrunn
Mohr Siebeck · Tübingen
Nomos Verlagsgesellschaft · Baden-Baden
Ernst Reinhardt Verlag · München · Basel
Ferdinand Schöningh · Paderborn
Eugen Ulmer Verlag · Stuttgart
UVK Verlagsgesellschaft · Konstanz, mit UVK/Lucius · München
Vandenhoeck & Ruprecht · Göttingen · Bristol
Waxmann · Münster · New York

Katharina Walgenbach

Heterogenität – Intersektionalität – Diversity

in der Erziehungswissenschaft

2., durchgesehene Auflage

Verlag Barbara Budrich
Opladen & Toronto 2017

Bibliografische Information der Deutschen Nationalbibliothek
Die Deutsche Nationalbibliothek verzeichnet diese Publikation in der Deutschen Nationalbibliografie; detaillierte bibliografische Daten sind im Internet über http://dnb.d-nb.de abrufbar.

Gedruckt auf FSC®-zertifiziertem Papier, CO2-kompensierte Produktion. Mehr Informationen unter https://budrich.de/nachhaltigkeit/. Printed in Europe.

Stauffenbergstr. 7 | D-51379 Leverkusen | info@budrich.de | www.budrich.de

utb-Bandnr. 8546
utb-ISBN 978-3-8252-8670-5

Satz: R + S, Redaktion + Satz Beate Glaubitz, Leverkusen
Umschlaggestaltung: Atelier Reichert, Stuttgart
Druck: Libri Plureos, Hamburg
Printed in Germany

Inhalt

1 Einleitung

Die Beschäftigung mit Differenz hat in der Erziehungswissenschaft eine lange Tradition. Einige Traditionslinien werden in diesem Lehrbuch nachgezeichnet. Seit der Jahrtausendwende lässt sich allerdings eine Verschiebung von Differenz zu Differenzen in der Erziehungswissenschaft beobachten. Diese Verschiebung geht mit einer deutlichen Konjunktur der Begriffe Heterogenität, Intersektionalität und Diversity in der Disziplin Erziehungswissenschaft einher. Sie bereichern somit die Diskussion über eine ‚Pädagogik der Vielfalt', die bereits Anfang der 1990er Jahre einsetzte (Prengel 1993; Hinz 1993; Preuss-Lausitz 1993).

Die Gründe für die Konjunktur von Heterogenität, Intersektionalität und Diversity werden häufig in gesellschaftlichen Entwicklungen gesehen. Dazu gehören bspw. Globalisierung, Migration, Europäische Integration, Pluralisierung von Lebensformen bzw. Lebensstilen, demographischer Wandel oder der gesellschaftliche Einfluss sozialer Bewegungen. Auf der anderen Seite zeigt ein historischer Rückblick, dass Heterogenität keineswegs ein neues Phänomen für die Pädagogik bzw. Erziehungswissenschaft ist. Vielleicht nehmen wir Heterogenität heute nur anders wahr? Zu einer erneuten Debatte über Heterogenität haben nicht zuletzt die PISA-Studien in Deutschland beigetragen. Sie sind ein entscheidender Motor für die Heterogenitätsdebatte in der Schulpädagogik.

Heterogenität, Intersektionalität und Diversity sind allerdings nicht allein ein Thema der Schulpädagogik, vielmehr inspirieren sie sehr unterschiedliche Teildisziplinen der Erziehungswissenschaft wie die Sonderpädagogik bzw. Inklusionspädagogik, Sozialpädagogik, erziehungswissenschaftliche Geschlechterforschung oder Interkulturelle Erziehungswissenschaft. Gleichzeitig lässt sich in einigen Fachdiskussionen auch eine Begriffskonfusion identifizieren: Differenz, Vielfalt, Diversität, Diversity, Heterogenität etc. Wie unterscheiden sich diese Begriffe eigentlich voneinander?

Das Lehrbuch hat sich zum Ziel gesetzt, die Konturen von Heterogenität, Intersektionalität und Diversity in der Erziehungswissenschaft nachzuzeichnen. Auf diese Weise soll das jeweils *Spezifische* der Begriffe rekonstruiert werden: Wofür stehen die Begriffe Heterogenität, Intersektionalität und Diversity? Wie unterscheiden sie sich voneinander? Wo finden sich aber auch interne Kontroversen? Ob bezogen auf Heterogenität, Intersektionalität oder Diversity von kohärenten Konzepten, Programmen oder Paradigmen ausgegangen werden kann, wird in diesem Lehrbuch zunächst offen gelassen. Es wird vielmehr eine Zwischenbilanz gezogen, die auch widersprüchliche Argumentationen dokumentiert.

Im Hinblick auf Diversity lassen sich bspw. gemeinsame Prämissen rekonstruieren, welche sich bei fast allen Autorinnen und Autoren finden, die sich positiv auf Diversity beziehen. Das Interessante ist, dass diese Prämissen sich in durchaus unterschiedlichen Diversity-Strömungen identifizieren lassen. Für Heterogenität hingegen ist es schwieriger, gemeinsame Prämissen zu rekonstruieren, da sich die unterschiedlichen Bedeutungsdimensionen von Heterogenität zum Teil auch widersprechen: für die einen ist Heterogenität bspw. eine Chance, für andere wiederum steht Heterogenität für soziale Ungleichheiten in der Gesellschaft, die minimiert werden sollten.

Darüber hinaus ist zu konstatieren, dass die Bedeutungsdimensionen, Prämissen oder konzeptionellen Grundlagen von Heterogenität, Intersektionalität und Diversity, die dieses Lehrbuch rekonstruiert, keineswegs explizit von den Autorinnen und Autoren benannt werden, die sich positiv auf diese Diskursfelder beziehen. Im Gegenteil: sie sind meistens implizit in den jeweiligen Publikationen zu Heterogenität, Intersektionalität oder Diversity vorhanden. Es ist demnach auch eine Eigenleistung dieses Lehrbuchs, die Prämissen bzw. Argumentationsmuster sichtbar zu machen, die das jeweilige Diskursfeld strukturieren und somit quasi zusammenhalten. Auf diese Weise stellt das Lehrbuch aber auch eine Kohärenz der Diskursfelder teilweise selbst erst her bzw. könnte zu einer Kanonisierung der bisherigen Diskurse beitragen.

Vergleichbar mit anderen Überblickspublikationen, wird in diesem Lehrbuch zumeist von *Diskursen* über Heterogenität, Intersektionalität und Diversity gesprochen (vgl. Trautmann/Wischer 2011; Emmerich/Hormel 2013). Gleichwohl mit dem vorliegenden Lehrbuch weder eine methodisch kontrollierte Diskursanalyse vorliegt noch ein postmoderner Diskursbegriff zugrunde gelegt wird. Es geht hier demnach weniger um eine Diskursanalyse von Deutungskämpfen oder Machtansprüchen auf wissenschaftliche bzw. pädagogische ‚Wahrheiten', sondern eher in einem wissenssoziologischen Sinne um Diskurse als Aussagesysteme, die ein bestimmtes Wissen bereit stellen.

Der Anspruch an den Diskursbegriff ist hier demnach sehr niedrig angelegt, es geht um die Rekonstruktion von erziehungswissenschaftlichen Debatten bzw. der Systematisierung des aktuellen Forschungsstandes zu Heterogenität, Intersektionalität und Diversity. Der Diskursbegriff ist in diesem Lehrbuch demnach ein Provisorium, da alternative Begriffe wie Konzepte, Programme oder Paradigmen teilweise zu voraussetzungsvoll wären. Zudem wurde nach einer Möglichkeit gesucht, auch Kontroversen und widersprüchliche Diskurse darstellbar zu machen. In der Konsequenz wird im folgenden mitunter von Diskursfeldern gesprochen, die es erlauben, auch komplexe Diskurskonfigurationen zu rekonstruieren.

Die Basis der vorliegenden Rekonstruktion der Diskursfelder Heterogenität Intersektionalität und Diversity sind erziehungswissenschaftliche Publikationen aus den Jahren 2000-2013 (ein Schwerpunkt liegt auf Sammelbände und Monographien). Dabei wurde besonders darauf geachtet, dass die Publikationen die jeweiligen Begriffe Heterogenität, Intersektionalität oder Diversity auch explizit im Titel führen. Denn hier kann angenommen werden, dass die Autorinnen und Autoren sich positiv auf den jeweiligen Begriff beziehen und sich somit auch konzeptionell verorten.

Abschließend bleibt zu sagen, dass Heterogenität, Intersektionalität und Diversity in diesem Lehrbuch lediglich im Kontext der deutschsprachigen Debatte rekonstruiert werden. Dieser Hinweis ist notwendig, da zumindest Intersectionality und Diversity auch als *Travelling Concepts* angesehen werden können (Bal 2002, S. 24). Sie werden demnach in diesem Lehrbuch in einem spezifischen historischen, geographischen und sozialen Kontext verortet bzw. analysiert.

2 Heterogenität

2 Heterogenität

Der Begriff Heterogenität wird in der Erziehungswissenschaft seit der Jahrtausendwende primär von der Schulpädagogik aufgegriffen (Budde 2012a). Aus diesem Grund konzentriert sich dieses Kapitel ausschließlich auf schulpädagogische Beiträge zu Heterogenität[1]. Im Zentrum stehen damit vor allem differenzielle Lern- und Bildungsvoraussetzungen sowie Lernbedürfnisse von Schülerinnen und Schülern und dessen Konsequenzen für die Unterrichtsgestaltung. Das Themenspektrum von Heterogenität umfasst bspw. Altersheterogenität, Leistungsheterogenität, Hochbegabtenförderung, ungleiche Lebenslagen von Schülerinnen und Schülern sowie Einstellungen von Lehrenden zu Heterogenität.

Heterogenität muss in der Schule als Normalfall anerkannt werden, so wird zunehmend in der Schulpädagogik gefordert (Lutz/Leiprecht 2003). Folglich gilt es, sich von der Orientierung an einem ‚mittleren Anspruchsniveau' oder einem fiktiven ‚Durchschnittsschüler' zu verabschieden (Stroot 2007, S. 53; Tillmann 2004, S. 6). Für den Unterricht bedeutet das, nicht mehr von einem identischen Lernfortschritt oder einem allgemeinen Handlungsablauf auszugehen (Schwerdt 2005, S. 100f.).

Pionierarbeit in der Heterogenitätsdebatte leistete in Deutschland insbesondere die Grundschulpädagogik (Heinzel/Prengel 2002; Einsiedler/Martschinke/Kammermeyer 2008; Hinz/Walthes 2009). Diese Tatsache ist sicherlich dem Umstand geschuldet, dass Schülerinnen und Schüler in der Grundschule mit unterschiedlichen Lern- und Bildungsvoraussetzungen in die Schule eintreten. Im Sinne der Chancengleichheit soll in der Grundschule auch noch keine Selektion der Schülerinnen und Schüler stattfinden. Dies schließt allerdings nicht aus, dass bspw. Grundschüler mit Behinderungen keine wohnortnahe Regelschule besuchen können oder dass die soziale Zusammensetzung eines Stadtteils bereits eine Selektion nach sozialem Milieu zur Folge hat (Lehmann/Peck 1997).

Das Besondere an dem Begriff Heterogenität ist, dass Heterogenität nicht *an sich* existiert, sondern erst im Hinblick auf eine Bezugsgröße. Das heißt, Heteroge-

1 Bisher eher vereinzelt wird das Thema Heterogenität in der Erziehungswissenschaft bspw. auch in der Erwachsenenbildung aufgegriffen (z.B. Tippelt/Hippel 2005; Westphal 2010) oder in der Frühpädagogik bzw. Kindheitsforschung (Beetz 2011; Sulzer 2013).

nität braucht konstitutiv ein *tertium comparationis* (Wenning 1999)[2]. Schülerinnen und Schüler sind immer nur heterogen *in Bezug auf* ein bzw. mehrerer Merkmale wie Alter, Leistung oder Nationalität. Die Bezugsgröße kann dabei auch eine sozial gesetzte ‚Norm' darstellen. In diesem Fall entsteht Heterogenität durch die Abweichung von Häufigkeitsverteilungen oder gesellschaftlichen Normalitätserwartungen (Brügelmann 2002, S. 31f.). In der Schulpädagogik werden primär jene Heterogenitätsmerkmale als Bezugsgrößen herangezogen, von denen angenommen wird, dass sie einen direkten bzw. indirekten Einfluss auf Lern- und Bildungsprozesse haben.

Nach Wenning gibt es damit allerdings auch einen untrennbaren Zusammenhang zwischen Homogenität und Heterogenität. Denn beide Begriffe liegen nur bezogen auf einen Maßstab vor, für den Gleichheit oder Differenz festgestellt wird (Wenning 2007). Homogenität und Heterogenität stehen somit in einem relationalen Zusammenhang. Beide sind darüber hinaus Produkte von Beobachtungen, sie werden sozusagen durch Beobachtungsprozesse erst hergestellt. Damit bekommen beide Begriffe eine soziale Dimension, denn es wird deutlich, dass die Wahrnehmungs- und Deutungsmuster von Homogenität und Heterogenität zeitlich veränderbar sind. Des Weiteren sind sie auf unterschiedlichen Ebenen von Erziehung und Bildung wirksam: bildungspolitisch, institutionell, didaktisch, individuell, gesellschaftlich etc. (Wenning 1999).

Heterogenität

Heterogenität setzt sich etymologisch aus den altgriechischen Begriffen héteros (anders/verschieden) und génos (Klasse/Art) zusammen (Kluge 2011, 413). Heterogenität verweist auf Verschiedenheit, Ungleichartigkeit oder Andersartigkeit bezogen auf Individuen, Gruppen oder pädagogische Organisationen. Heterogenität existiert nicht an sich, sondern braucht konstitutiv ein *tertium comparationis*. Heterogenität ist somit untrennbar mit Homogenität verbunden (vgl. Wenning 1999).

Über die oben stehende Definitionen hinausgehend plädieren Heinzel und Prengel für ein diachronisches[3] Heterogenitätsverständnis, das offen bleibt für Prozesse,

---

2 Der lateinische Begriff *Tertium comparationis* bedeutet übersetzt: Das Dritte der Vergleichung. Es geht damit um den Vergleichspunkt oder anders ausgedrückt: das Gemeinsame von verschiedenen Gegenständen bzw. Sachverhalten, die man vergleicht.

3 Unter Diachronie versteht Prengel, dass Heterogenitätsmerkmale sich historisch verändern bzw. prozesshaft sind. An anderer Stelle erläutert Prengel den Begriff Diachronie wie folgt: „Hier geht es um Phänomene, die jetzt anders sind, als sie es vorher waren, und künftig anders sein werden, als sie es jetzt sind. So entwickelt sich ein Kind hinsichtlich seines Wissensstandes weiter; eine frühere Mädchengeneration hat andere Spiele bevorzugt als eine heutige Mädchengeneration. Auch Forschungsbefunde und Testergebnisse sind immer vorläufig, da sich die getesteten Kinder verändern. Soziale Gruppierungen verändern sich, wenn auch in verschiedener Geschwindigkeit, so doch unablässig im historischen Prozess" (Prengel 2007b, S. 57-58). Prengels Verständnis von

Entwicklungen und Veränderungsdynamiken. Sie verweisen demnach auf einen Heterogenitätsbegriff, der offen bleibt für das Unvorhersehbare, Unbegreifliche und Unsagbare. Gegen postmoderne Beliebigkeitsdiskurse setzen die Autorinnen allerdings ihre Idee einer ‚aufgeklärten Heterogenität', die dialog- und konfliktfähig bleibt (Heinzel/Prengel 2002, S. 11ff.).

Historisch gesehen gibt es in der Schulgeschichte in Deutschland eine lange Tradition, die sich eher an Homogenität orientiert. Heterogenitätsdimensionen wie Alter, Behinderung oder Mehrsprachigkeit wurden nicht als Normalfall anerkannt, sondern in der Schulpädagogik als Schere wahrgenommen, die sich bedrohlich öffnet (Prengel 2004, S. 44). Um die Debatte in der Schulpädagogik über Heterogenität zu verstehen, ist ein historischer Rückblick auf den Umgang mit Differenz in der deutschen Schulgeschichte hilfreich.

2.1 Historische Traditionen von Heterogenität

Da der Fokus des Lehrbuchs auf der schulpädagogischen Heterogenitätsdebatte liegt, werden im Folgenden zwei zentrale historische Traditionen in den Blick genommen: die Bedeutung von Differenz in der deutschen Schulgeschichte und PISA als Gründungsnarrativ der Heterogenitätsdebatte. An verschiedenen Stellen wird allerdings auch deutlich werden, dass die schulpädagogische Diskussion darüber hinaus von weiteren Debatten beeinflusst wurde. Die wichtigste Querverbindung besteht hier sicherlich zur so genannten ‚Differenzdebatte' in der Erziehungswissenschaft. Diese wird ausführlich im Kapitel 4.1.1 dargestellt und ist im Folgenden immer mitzudenken.

2.1.1 Differenz in der deutschen Schulgeschichte

Das Thema Heterogenität ist für die Schulpädagogik keineswegs neu. Spätestens nach der Einführung einer allgemeinen Schulpflicht im Jahr 1919 war die moderne Schule mit Schülerinnen und Schülern konfrontiert, die unterschiedliche Differenzmerkmale aufwiesen. Georg Hansen verweist darauf, dass bereits im 19. Jahrhundert ca. 90% der schulpflichtigen Kinder eine Volksschule besuchten. Der soziale Hintergrund der Eltern war breit gestreut und reichte vom Tagelöhner bis zum Handwerker. Vermögende Familien schickten ihre Kinder allerdings auf höhere Schulen oder zum Dorfpfarrer:

> „Die Volksschule des 19. Jahrhunderts bildete heterogene Lerngruppen und hatte hinsichtlich der Schülerschaft so etwas wie einen Gesamtschulcharakter. Demgegenüber war die Homo-

---

Diachronie lässt sich somit mit dem Sprachwissenschaftler Ferdinand de Saussure in Verbindung bringen, der unter einer ‚diachronischen Sprachwissenschaft' die Untersuchung des Wandels bzw. der Entwicklung von Sprache versteht (de Saussure 2001).

genität in Lerngruppen in höheren Schulen deutlich ausgeprägter, sie waren homogen hinsichtlich des Lebensalters, des Geschlechts, der Sprache, der Nicht-Behinderung, der Staatsangehörigkeit, des Sozialstatus (und damit der „Begabung") und – überwiegend, aber nicht durchgängig – der Konfession. Die überwältigende Mehrheit der Schüler und Schülerinnen im 19. Jahrhundert befand sich also in heterogenen Lerngruppen" (Hansen 2003, S. 68).

Heterogene Lerngruppen sind historisch gesehen für die Volksschulen demnach nicht neu. Nach Hansen wandelte sich die Bedeutung von Differenzlinien allerdings auch in der deutschen Schulgeschichte. Die historischen Veränderungen ab dem 19. Jahrhundert bis heute stellt Hansen schematisch wie folgt dar:

Differenzlinien und deren schulstruktureller Status (Hansen)

Differenzlinie		Status	
	im 19. Jahrhundert	in den ersten 2/3 des 20. Jh.	am Ende des 20. Jh.
Lebensalter	in höheren Schule	in höheren Schulen, städtischen Volksschulen	Regelfall
Geschlecht	in höheren Schule	in höheren Schule	weitgehend entfallen
Konfession/Religion	Regelfall	Regelfall	weitgehend entfallen
Sozialstatus	Regelfall	Regelfall	Regelfall
„Begabung"	Regelfall	Regelfall	Regelfall
Behinderung	fast nicht	zunehmend	Regelfall
Staatsangehörigkeit	Regelfall	Regelfall	weitgehend entfallen
Abstammung/"Rasse"		Zwischen 1933 und 1945 Regelfall	
Sprache	Regelfall	Regelfall	Regelfall

Quelle: Hansen 2003, S. 69

Wie die Tabelle zeigt, war die Differenzlinie Geschlecht z.B. noch im 19. Jahrhundert sowie bis Mitte des 20. Jahrhunderts ein wichtiges Heterogenitätsmerkmal in höheren Schulen. In dieser Zeit besuchten Mädchen und Jungen getrennte Bildungseinrichtungen, sofern sie höhere Bildungsabschlüsse anstrebten. Darüber hinaus unterschieden sich die Unterrichtsinhalte der Mädchengymnasien und Jungengymnasien: Mädchen sollten andere Fertigkeiten und Kenntnisse erwerben als Jungen. Mit zunehmender Koedukation im 20. Jahrhundert ist die Differenzlinie Geschlecht allerdings weitgehend entfallen. Ein vergleichbarer historischer Verlauf lässt sich der Tabelle nach auch für die Differenzlinie Konfession/Religion nachzeichnen. Ob ein Schüler katholisch ist oder eine Schülerin evangelisch, bestimmt nur noch selten die eigene Schulwahl. Seit der Einführung der Schulpflicht für Kinder nicht-deutscher Staatsangehörigkeit nach dem 2. Weltkrieg, hat auch diese Differenzlinie für den Schulbesuch an Bedeutung verloren. Einige Differenzlinien strukturieren allerdings nach wie vor die Heterogenität bzw. Homogenität von Lerngruppen an deutschen Schulen.

Im folgenden sollen drei Differenzlinien exemplarisch vertieft werden: Alter, Staatsangehörigkeit/Sprache und Behinderung. Wie die Tabelle von Hansen zeigt, ist es heute der Regelfall, dass Kinder gleichen *Alters* auch in einer Klasse unterrichtet werden. Es findet quasi eine Gleichsetzung von ‚Schulklasse' mit ‚Jahrgangsklasse' statt. Historisch betrachtet ist dies allerdings keine Selbstverständlichkeit, sondern hat sich erst im 20. Jahrhundert herausgebildet (Burk 2007).

Unterricht war vom 16.-19. Jahrhundert auch in der Gruppe zumeist Einzelunterricht. Die Schüler wurden nacheinander vom Lehrer unterrichtet. Jedes Kind hatte quasi seinen individuellen Unterricht und bekam seine Aufgaben separat zugeteilt. Die Schüler wechselten von einer Lernstufe zur anderen, sobald sie das Pensum absolviert hatten. Ältere Kinder lernten mit Jüngeren zusammen im ‚kollektiven Einzelunterricht' (Jenzer 1991, S. 29ff.). Ein festgelegtes Alter für den Schuleintritt gab es nicht. Vor 1750 wurden Kinder z.B. häufig schon als 3-4 Jährige zur Schule gesandt, damit sie aus agrarrechtlichen Gründen noch in jungen Jahren die Tiere auf dem Feld hüten konnten (Burk 2007, S. 22).

Die Homogenisierung von Lerngruppen nach Alter lässt sich historisch auf die Einführung einer allgemeinen Schulpflicht in der Weimarer Republik im Jahr 1919 zurückführen. Zuvor gab es eher eine Unterrichtspflicht, der bspw. auch durch Privatunterricht nachgekommen werden konnte. 1717 bedeutete in Preußen die Schulpflicht vom 5.-12. Lebensjahr noch nicht, dass schulpflichtige Kinder auch an einem bestimmten Termin eingeschult wurden oder regelmäßig die Schule besuchten. Die Einführung der Schulpflicht ist demnach mit den Zielen der Weimarer Republik verbunden, die in der Reichsverfassung verankerten demokratischen und freiheitlichen Grundrechte im Bildungswesen zu verwirklichen. Festgelegt wurde nun ein Schuleintrittsalter von 6 Jahren und ein gemeinsamer Einschulungstermin (ebd., S. 23).

Diese historische Zäsur legte gleichzeitig den Grundstein für Jahrgangsklassen und einem gleichschrittigen Unterricht, der sich am meritokratischen[4] Prinzip orien-

---

4 Unter Meritokratie wird das gesellschaftliche Ideal verstanden, dass die Verteilung von Gütern und sozialen Positionen im Bildungs- und Beschäftigungssystem ausschließlich auf der Basis individueller Leistungen erfolgt. Leistungsfremde Kriterien wie Geschlecht, soziale Herkunft oder Nationalität sollen dabei nicht ausschlaggebend sein. Die Idee der Chancen- und Leistungsgerechtigkeit ist historisch mit einer liberalen Politikvorstellung verbunden, die sich an individueller Freiheit und Chancen- statt Ergebnisgleichheit orientiert. Soziale Ungleichheit in der Gesellschaft wird demnach nicht abgelehnt, sofern sie auf individuelle Leistungen zurückzuführen ist (Hadjar/Becker 2011, S. 37-39). Nach Solga basiert Meritokratie im Bildungssystem auf dem Mythos eines fairen Bildungswettbewerbs. Dabei wird die Tatsache ignoriert, dass Bildungserfolge in Deutschland nach wie vor erheblich an soziale Herkunft gekoppelt sind. Auf diese Weise werden soziale Ungleichheiten naturalisiert bzw, als ‚natürlich gegeben' umdefiniert: „Mit der meritokratischen Leitfigur westlicher Gesellschaften werden Bildungsunterschiede als ‚Begabungsunterschiede' definiert. Der soziale Status erscheint als kausales Resultat von biologischen Intelligenz- und Begabungsunterschieden" (Solga 2008, S. 24).

tierte. Denn alleine die schulischen Leistungen sollten von nun an über die beruflichen Chancen des Kindes entscheiden. Ausschlaggebend sollte nicht mehr die soziale Herkunft bzw. Stand eines Schülers sein. Allerdings verstärkte das demokratisch legitimierte Leistungsprinzip auch die Selektionsfunktion von Schule. Denn die Jahrgangsklasse bot eine optimale Organisationsform, um den Allokationsauftrag der Schule auf der Basis des Leistungsprinzips nachzukommen. Bis heute prägt die Trias Jahrgang – Leistung – Versetzung unser Schulsystem in Deutschland (ebd., 23-24). Ein Grundmuster, das auch für das Verständnis der aktuellen Debatten über Heterogenität wichtig ist.

Die Differenzlinie *Staatsangehörigkeit* ist wiederum historisch verbunden mit der Herausbildung des Nationalstaates in Deutschland. In dem Maße, wie das Deutsche Reich sich von dem Ordnungsprinzip des Vielvölkerstaates verabschiedete und sich als Nationalstaat definierte, gewann die sprachliche, kulturelle und ethnische Homogenisierung an Hegemonie. Zuvor war Deutschland als ‚verspätete Nation' im Gegensatz zu anderen europäischen Großnationen von einer langen Tradition der internen Fragmentierung geprägt (konfessionell, ständisch und föderal). Hinzu kam, dass das, was später ‚Deutschland' ausmachen sollte, sich kaum auf Landesgrenzen berufen konnte, die quasi geographisch ‚natürlich' vorgegeben waren (Arendt 2001, S. 365; Plessner 1994).

Für das Verständnis der Homogenisierungsprozesse in der Geschichte des deutschen Nationalstaates verweisen Sozial- und Geisteswissenschaftler u.a. auf die Niederlage Preußens gegenüber Frankreich im Jahr 1806. In ganz Europa begann eine Zeit der französischen Hegemonie unter Napoleon. Als Gegenbewegung erhielt die Idee eines ‚deutschen Volkes' einen enormen Aufschwung. Gleichwohl es zuvor politisch gesehen weder ein ‚deutsches Volk' (noch eine Nation) gegeben hat, wurde dieses nun zu einer Zukunftsvision, einer gedachten Ordnung stilisiert, um die verschiedenen ‚Staatsvölker' des zerfallenden Reiches zu einem ‚Volk' zu einigen (Koselleck 1992, S. 149; Arendt 2001, S. 365). Gerade an der deutschen Geschichte lässt sich demnach beobachten, dass Nationen im Sinne Andersons *imagined communities* sind (Anderson 1983). Denn die Idee eines ‚deutschen Volkes' bzw. einer ‚deutschen Nation' wurde in einer Zeit geprägt, in der das, was wir heute unter Deutschland verstehen, noch gar nicht existierte.

Die deutsche Nation wurde quasi erst ‚erfunden', indem man bspw. eine gemeinsame deutsche ‚Sprach- und Kulturgemeinschaft' oder die Notwendigkeit einer einheitlichen deutschen ‚Nationalerziehung' betonte (Herder 1796; Fichte 1808). Dies vermag eventuell zu erklären, warum die Beherrschung der deutschen Sprache für Migrantinnen und Migranten bis heute ein wichtiges Merkmal der gesellschaftlichen Integration darstellt. Denn die deutsche Sprache war historisch ein wichtiges gemeinschafts- und identitätsstiftendes Element.

Darüber hinaus wurden für die Herstellung einer ‚deutschen Nation' aber auch angebliche gemeinsame biologische Merkmale herangezogen wie die Vorstellung gemeinsamer ‚Blutsbande' oder ‚Stammesverwandtschaft'. Sie sollten die Einheit des Volkes nach außen sichern. Auf diese Weise entwickelte sich die Idee eines ‚deutschen Volkes' sozusagen als Gegenmodell zur französischen Nation (Kosselleck 1992, S. 149).

Dadurch, dass der biologisch begründete ‚Volkstum'-Begriff historisch an Bedeutung gewann, entwickelte sich in Deutschland aber auch ein äußerst integrationsresistentes Verständnis von nationaler Zugehörigkeit. Eine Inklusion in das Kollektiv des ‚deutschen Volkes' orientierte sich verstärkt an Kriterien wie ‚Abstammung' oder ‚Blutsverwandtschaft'. Dieser Prozess wurde durch Entwicklungen im deutschen Staatsbürgerrecht forciert, das Mitte des 19. Jahrhunderts damit begann, das *ius sanguinis* (Blutsprinzip) gegenüber dem *ius soli* (Territorialprinzip) zu privilegieren (Bös 1993).

Diese historischen Entwicklungen vermögen eventuell zu erklären, warum der Umgang mit kultureller, sprachlicher oder nationaler Differenz in Deutschland sich auch im Bildungsbereich häufig an Homogenität orientiert bzw. orientiert hat. Politisch hat sich Deutschland lange Zeit nicht als Zuwanderungsland begriffen. Im Bildungsbereich manifestierte sich dies bspw. noch in den 1970er Jahren in einer ‚Ausländerpädagogik', die so genannte ‚Gastarbeiterkinder' isoliert unterrichtet oder in der Einrichtung von speziellen Heimen für Schwarze ‚Besatzungskinder'. Erst die Einführung einer Doppelten Staatsbürgerschaft im Jahr 2000 sowie das Zuwanderungsgesetz 2005 deuten eine neue Orientierung an.

Für den Bereich Bildung und Erziehung sehen Gogolin und Krüger-Potratz einen Zusammenhang zwischen der historischen Entwicklung des Nationalstaates und der schrittweisen Einführung des Pflichtschulwesens ab Ende des 18. Jahrhunderts, das sich nun auf alle Kinder als Untertanen bzw. Staatsbürger richtete. Denn dadurch wurde auch der pädagogische Umgang mit sprachlich-kultureller, ethnischer, religiöser und nationaler Heterogenität im Bildungssystem zunehmend Gegenstand bildungspolitischer Konflikte (Gogolin/Krüger-Potratz 2006, S. 27).

Nach Gogolin und Krüger-Potratz lassen sich historisch gesehen durchaus unterschiedliche Umgangsformen mit Migration bzw. Zuwanderung in Deutschland identifizieren. Im Jahr 1685 waren z.B. die Hugenotten willkommene protestantische Glaubensflüchtlinge, denn sie waren wohlhabende Immigranten mit wertvollen handwerklichen Fähigkeiten bzw. wissenschaftlichen Kenntnissen. Folglich wurden ihnen durch Einwanderungsverdikte besondere Hilfen und Sonderrechte zugestanden (ebd., S. 32).

Des Weiteren konstatieren die beiden Autorinnen, dass sprachliche, kulturelle und ethnische Heterogenität nicht allein eine Frage der Migration durch Grenzüberschreitung ist, sondern dass Grenzen sozusagen auch über Subjekte hinweg wandern können. Auf diese Weise wurden Angehörige von Majoritäten plötzlich zu Minoritäten (ebd. S. 55). Bis zur Reichsgründung wurde die Wanderung von einem deutschen Bundesstaat in den anderen zudem als Auswanderung bzw. Einwanderung wahrgenommen, erst nach 1871 wurden daraus Binnenwanderungen (ebd., S.31). Folglich stellen Gogolin und Krüger-Potratz fest: „Viele der sich als deutsch und lang ansässig Bezeichnenden würden bei genauerer Kenntnis ihrer Familiengeschichte feststellen, dass sie auch einen ‚Migrationshintergrund‘ haben“ (ebd., S. 47).

Trotz differenzierter historischer Betrachtung vermerken allerdings auch Gogolin und Krüger-Potratz, dass Homogenisierung in der deutschen Geschichte ab Ende des 18. Jahrhunderts ein dominantes Muster im Umgang mit Differenz war. Bildungspolitisch manifestierten sich diese Homogenisierungsprozesse in schulrechtlichen Vorschriften bzw. bildungspolitischen Maßnahmen wie in der Umstrukturierung vorbürgerlicher Bildungseinrichtungen zu nationalstaatlich verfassten Bildungssystemen. Die Tendenz zur Homogenisierung zeigte sich hier bspw. in der Durchsetzung des (Schrift-)Deutschen als einziger Unterrichtssprache.

Homogenisierungstendenzen zeigten sich aber auch im Umgang mit dem ‚Anderen‘, so Gogolin und Krüger-Potratz, wie in den Bestimmungen zur Berücksichtigung von Minderheitensprachen oder den Regelungen zur Beschulung von Schülerinnen und Schülern fremder Staatsangehörigkeit. Schließlich zeigten sich die Homogenisierungstendenzen des deutschen Bildungssystems in der Durchsetzung einer national-kulturellen Orientierung des Curriculums (ebd., S. 69f.). Diese Orientierung wiederum verwies auf die historisch entstandene Idee, dass ‚eigene‘ bzw. ‚fremde‘ Kulturen homogen sind bzw. hierarchisch angeordnet werden können. Zum Beispiel etablierte sich im Kontext der europäischen Gewaltgeschichte des Kolonialismus die Idee von ‚primitiven‘ versus ‚zivilisierten‘ Kulturen.

Historische Herausbildung eines monolingualen Habitus *(Gogolin)*

Exemplarisch für die Prozesse der Homogenisierung steht etwa Gogolin’s Studie zur Herausbildung eines *monolingualen Habitus* seit dem 19. Jahrhundert an deutschen Schulen (Gogolin 1994). Der monolinguale Habitus, so Gogolin, konnte sich nur durch spezifische schulpolitische Maßnahmen und pädagogische Praktiken durchsetzen. Zu den Strategien der Homogenisierung gehörte bspw. die Degradierung von regionalen Kommunikationssprachen zu so genannten „Mundarten“, die Rede von einer so genannten „Sprachverzwitterung“ oder die Unterdrückung innerstaatlicher sprachlicher Minderheiten. Wobei die angeführten Homogenisierungsstrategien nicht in allen deutschen Regionen gleichermaßen eingeführt wurden (Gogolin/Krüger-Potratz 2006, S. 55ff. und 86ff.).

Gleichzeitig merken Gogolin und Krüger-Potratz an, dass sprachliche Homogenisierung auch zur Modernisierung beigetragen hat sowie zur Ermöglichung politischer Partizipation, räumlicher Mobilität und Zugang zu höherer Bildung (ebd., S. 70). Das historische Beispiel der sprachlich-kulturellen Homogenisierung zeigt, dass die Wahrnehmung von Heterogenität *als Problem* durch ökonomische, politische und soziale Prozesse geprägt ist. Zudem ist die *Deutung* von Heterogenität immer auch sozial umkämpft und damit wandelbar.

Für die Differenz Behinderung hatten u.a. die Ideen der Aufklärung einen wichtigen Einfluss auf die deutsche Schulgeschichte. Die Annahme der grundsätzlichen Bildsamkeit eines jeden Menschen wurde nun auch auf Behinderte übertragen. Obwohl es bereits in vorangegangenen Jahrhunderten Bildungsbemühungen um behinderte Menschen gegeben hat, lässt sich eine planvolle Implementierung der Heilpädagogik doch erst im letzten Drittel des 18. Jahrhunderts beobachten (Ellger-Rüttgardt 2008, S. 20-22). In Deutschland begann die Institutionalisierung der Behindertenbildung im frühen 19. Jahrhundert. Sie adressierte zunächst vor allem sinnesbehinderte Kinder und Jugendliche. 1778 wurde in Leipzig die erste Taubstummenanstalt eröffnet (ebd., S. 50).

Internationale Schulgründungen für Sinnesbehinderungen

Schulen für Gehörlose	Schulen für Blinde	Anstalten für Taubblinde
1763: Paris, Edinburgh	1784: Paris	1832: Boston/USA
1778: Leipzig, Wien	1791: Liverpool	1860: Larnay/Frankreich
1784: Rom	1792: Edinburgh	1874: New York/USA
1786: Prag	1793: Bristol	1886: Venersborg/Schweden
1787: Bordeaux	1799: London	1901: Edinburgh/Schottland
(...)	(...)	(...)

Quelle: Ellger-Rüttgardt 2008, S. 61 (Tabelle: eigene Darstellung K.W.)

Bildungs- und Erziehungsanstalten für geistig Behinderte blieben hingegen lange Zeit in privater bzw. religiöser Trägerschaft. Obwohl der Staat Sachsen im Jahr 1846 die erste staatliche Anstalt für ‚blödsinnige Kinder' in Deutschland gründete (Ellger-Rüttgardt 2008, S. 97). Behinderung als Differenzkategorie wurde im 19. Jahrhundert dabei primär theologisch bzw. medizinisch ausgelegt.

Durch die zunehmenden Schulgründungen in Deutschland entwickelte sich neben den allgemeinbildenden Schulen ein ausdifferenziertes Bildungs- und Erziehungssystem für Kinder und Jugendliche mit Behinderungen. In diesem Prozess wurde wiederholt ihre Differenz bzw. Be-Sonderung hervorgehoben. Diese Differenzpädagogik manifestierte sich auch in der Umbenennung des Fachs von der medizinisch-theologischen Heilpädagogik zur ‚Sonderpädagogik' in den 1970er Jahren. Sie führte zudem zu einer Expansion von Sonderinstitutionen, der Herausbildung einer eigenständigen Profession als Sonderschullehrer und der Etablierung einer eigenständigen wissenschaftlichen Disziplin (Opp/Fingerle/Puhr 2001, S. 163-164).

Differenz Behinderung

Zitat: „Die Durchsetzung individueller Bildungsrechte von Menschen mit Behinderungen wurde, historisch betrachtet, vor allem durch Akzentuierung ihrer Differenz zu „Nicht-Behinderten“ und die Betonung ihrer Besonderheit vorangetrieben. Je schärfer man die Differenz zwischen „Behinderung“ und „Normalität“ im Sinne spezieller Erziehungsbedürfnisse ausleuchtete, desto besser waren sonderpädagogische Expansionsansprüche zu begründen“ (Opp/Fingerle/Puhr 2001, S. 164).

Die Einrichtung von Sonderklassen und Sonderschulen für Kinder und Jugendliche mit Behinderungen hatte durchaus fortschrittliche Ziele. Die besondere Förderung sollte soziale Teilhabe und ein selbstbestimmtes Lernen ermöglichen. Die Betonung der Differenz führte allerdings ebenfalls zur Separierung von behinderten Schülerinnen und Schülern (ebd. 164). Auch im Hinblick auf die Differenzlinie Behinderung lässt sich demnach historisch gesehen ein Prozess der Homogenisierung in der deutschen Schulgeschichte nachzeichnen.

Erst in den 1970er Jahren etablierten sich in der Schulpädagogik alternative Konzepte. Das Konzept der Integration wurde in Deutschland historisch gesehen vor allem von Eltern bzw. Elterninitiativen durchgesetzt, die ihren Kindern den Besuch einer Regelschule ermöglichen wollten. 1976 wurde in Berlin die erste Integrationsklasse in einer Regelschule eröffnet (Prengel 1993, S. 140). Aktuell prägt der Begriff der Inklusion die Debatte in der Schulpädagogik. Darunter wird nicht mehr eine partielle Integration von Behinderten verstanden, sondern die umfassende gesellschaftliche Zugehörigkeit (Theunisssen 2011). Gefordert wird eine „Schule für alle“, die keine Schülerinnen und Schüler mehr selektiert, stigmatisiert oder marginalisiert. Menschenrechtlich fundiert wird diese Forderung durch die UN-Behindertenrechtskonvention, die von Deutschland 2009 ratifiziert wurde.

Zusammengefasst lassen sich in der Schulgeschichte in Deutschland ausgeprägte Traditionen identifizieren, die auf eine Homogenisierung von Lerngruppen abzielen. Die Vergegenwärtigung dieser Traditionen ist wichtig, um die Orientierung an einem gleichschrittigen Unterricht zu verstehen, der Heterogenität eher als Störgröße versteht. Gleichzeitig lassen sich zu jeder Differenzlinie allerdings auch Kontroversen identifizieren, ob Gleichheit oder Differenz die angemessene Orientierung für pädagogisches Handeln darstellen soll. Wie die Differenzdebatte die Disziplin der Erziehungswissenschaft geprägt hat, wird ausführlich im Kapitel 4.1.1 dargelegt.

2.1.2 PISA als Gründungsnarrativ

Zur Erklärung, warum Heterogenität heute eine zunehmende Aufmerksamkeit erhält, werden in der Schulpädagogik häufig gesellschaftliche Entwicklungen angeführt, wie sie auch in der Einleitung skizziert wurden. Auffällig ist darüber hinaus allerdings der häufige Bezug auf die PISA-Studien (z.B. Graumann 2003, S. 127; Bräu/Schwerdt 2005, S. 9; Kiper et al. 2008, S. 8; Grunder 2009a, S. 15, Kampshoff 2009, S. 36).

Die internationale Schulleistungsvergleichsstudie PISA (*Programme for International Student Assessment*) wird somit als Beleg herangezogen, dass der Umgang mit Heterogenität an deutschen Schulen optimiert werden muss. Die PISA Studien vergleichen alle drei Jahre zwischen den OECD-Staaten (sowie einigen Partnerstaaten) die alltags- und berufsrelevanten Kompetenzen von 15-Jährigen. Dabei liegt ein besonderer Schwerpunkt der quantitativen Studie auf Lesekompetenz sowie mathematisch-naturwissenschaftliche Kompetenzen. Darüber hinaus werden aber bspw. auch die soziale Lage oder der Migrationshintergrund von Schülerinnen und Schülern erfasst (Deutsches PISA-Konsortium 2001). Insbesondere die PISA Studie 2000 markiert in der Selbstwahrnehmung der Schulpädagogik den Auftakt für die Diskussion über Heterogenität. PISA fungiert damit quasi als Gründungsnarrativ für die Heterogenitätsdebatte in Deutschland.

Bemerkenswert ist dabei, dass der Verweis auf PISA durchaus unterschiedliche Begründungsmotive aufweist. Für die einen liefert die Studie den erneuten Beweis, dass die soziale Selektion in Deutschland zu hoch ist (Tillmann 2007, S. 15f.). Denn in der PISA Studie 2000 zeigte sich im internationalen Vergleich, dass es in Deutschland einen besonders engen Zusammenhang zwischen sozialer Herkunft und erreichten Lernständen der Schülerinnen und Schüler gibt (Baumert/Schümer 2001, S. 390). Für den ausgeprägten Zusammenhang zwischen sozialer Herkunft und Bildungserfolg spricht auch die geringe soziale Mobilität in Deutschland: im Vergleich zu Kindern aus Facharbeiterfamilien ist die Chance für Kinder der ‚oberen Dienstklasse' ein Gymnasium zu besuchen, in Deutschland mehr als viermal so groß (ebd., S. 357).

Gleichzeitig machte die PISA-Studie deutlich, dass Schulklassen in Deutschland trotz dreigliedrigem Schulsystem immer noch sehr leistungsheterogen sind. Gleichwohl die Mittelwerte in der Lesekompetenz zwischen den Schulformen deutlich auseinanderliegen, streuen die Leistungen von 15-Jährigen *in einer Schulform* wiederum erheblich. Besonders bemerkenswert ist, dass diese Streuungen so ausgeprägt sind, dass sie sogar in den Kernbereich anderer Schulformen hineinreichen. Auf diese Weise erreichen in der PISA Studie 2006 ca. 25% der Hauptschüler im Lesen ein Niveau, das dem unteren Ende der Verteilung im Gymnasium entspricht und über die Hälfte der Realschüler erreicht ein Kompetenzniveau, das über den der 10% schwächsten Gymnasiasten liegt (Drechsel/Artelt 2007, S. 241; siehe auch Artelt et al. 2001, S. 121). Die Homogenität von Lerngruppen im dreigliedrigen Schulsystem, so Tillmann, ist demnach eine Fiktion (Tillmann 2004).

Mit Besorgnis wurde in der Erziehungswissenschaft sowie in der Öffentlichkeit zudem das PISA-Ergebnis aufgenommen, dass 10% der untersuchten 15-Jährigen in den Lesetests nicht einmal die I. Kompetenzstufe erreichten. Mit anderen Worten: sie waren nicht fähig, ausdrücklich gegebene Informationen aus einem Text herauszusuchen bzw. diese mit Alltagswissen zu verbinden (Baumert/Schümer 2001, S. 363). Gesprochen wurde deshalb von so sogenannten ‚Risikoschülern', die sich wie folgt auf die unterschiedlichen Schulformen verteilen: Hauptschulen (50%), Sonderschulen (34%), Gesamtschulen (7%), Berufsschulen (5%) und Realschulen (4%) (Artelt et al. 2001, S. 117).

Für einige Autoren werden die PISA-Ergebnisse deshalb zum Anlass genommen, das dreigliedrige Schulsystem grundsätzlich in Frage zu stellen. Nicht allein, da eine Differenzierung nach Schulformen vergeblich versucht, eine Leistungshomogenität herzustellen, sondern auch, da diese Versuche für Schüler und Schülerinnen soziale Selektion bzw. Misserfolgserfahrungen bedeuten (Klassenwiederholungen, Rückstufungen, Sonderschulüberweisungen, anregungsarme ‚Restschulen' etc.) (Tillmann 2004 und 2007).

> „Diese kontinuierliche Auslese in der Absicht, Homogenität herzustellen, hat nun ganz besondere Auswirkungen am unteren Ende des Leistungsspektrums: Kinder mit eher schwachen Leistungen machen häufig Misserfolgserfahrungen und werden schließlich in Hauptschulen oder Sonderschulen eingewiesen. Dort treffen sie ganz überwiegend auf Mitschüler/-innen mit gleichem Schicksal. Es lässt sich empirisch nachweisen: In solchen Gruppen der Negativauslese ist das Anregungspotenzial dürftig, ist der Kompetenzerwerb gering, ist eine schul- und lerndistanzierte Haltung weit verbreitet. Deshalb wäre es gerade für solche Schülerinnen und Schüler wichtig, in heterogenen Lerngruppen mit solchen Schülern zu lernen, von denen sie auch Lern- und Leistungsanregungen bekommen" (Tillmann 2007, S. 14).

Die PISA-Studien werden demnach zum Anlass genommen, dass Thema Heterogenität in einen Zusammenhang mit der Reproduktion von sozialer Ungleichheit in der Schule zu bringen (Graumann 2003, S. 127; Warzecha 2003, S. 16; Bräu/Schwerdt 2005; S. 9; s. auch Kap. 2.2.2 u. 2.2.3). In gewisser Weise wird hier auch die Kontroverse über Gesamtschulen reaktiviert, die die Schulpädagogik seit den 1960er Jahren beschäftigt. Denn die Kritik an einem dreigliedrigem Schulsystem hat in Deutschland eine lange Tradition (Herrlitz/Weiland/Winkel 2003).

Andere Protagonisten in der Heterogenitätsdebatte sprechen sich ebenfalls für eine verbesserte Chancengleichheit aus, darüber hinaus geht es ihnen allerdings um die – im internationalen Vergleich – mittelmäßigen Leistungsergebnisse der getesteten deutschen Schüler und Schülerinnen (Prenzel/Burba 2007, S. 30). Sie fragen insbesondere nach den didaktischen Konsequenzen der PISA-Ergebnisse. Das heißt, ihnen geht es um einen neuen ‚Umgang mit Heterogenität' (s. Kap. 2.2.4). So bemerkt der PISA-Forscher Jürgen Baumert in einem Interview, dass der Umgang mit Heterogenität eine der größten Herausforderung für das Schulsystem der Gegenwart ist:

„Ein weiterer Bereich, in dem ich ebenfalls einen dringenden Handlungsbedarf sehe, ist der Umgang mit Heterogenität. Ich meine, wir haben bei uns im Sekundarbereich, international gesehen, die homogensten Lerngruppen und gleichzeitig die größten Klagen über zu große Heterogenität (...). Gerade in der starken Besetzung der unteren und untersten Leistungsgruppen zeigt sich, dass unser Schulsystem trotz Leistungsdifferenzierung nicht gut mit Heterogenität und Differenz umgehen kann. Viele Lehrkräfte sind der Überzeugung, sie hätten die falschen Schülerinnen und Schüler – und zwar unabhängig von der Schulform. In der Verbesserung des Umgangs mit Differenz liegt vermutlich die eigentliche Herausforderung der Modernisierung des Systems" (Baumert 2002, S. 72).

Gemeint ist hier weniger eine Kritik an äußerer Differenzierung (Selektion nach Schulformen), sondern eine Orientierung an innerer Differenzierung (Individualisierung bzw. Differenzierung von Unterricht). Damit ist allerdings nicht unbedingt das Ziel verbunden, alle Schüler auf das gleiche Leistungsniveau zu bringen: „Dabei muss von der Utopie Abstand genommen werden, auch bei unterschiedlichen Lernvoraussetzungen könnten am Ende alle Schülerinnen und Schüler gleich Leistungen erbringen. Beim Umgang mit heterogenen Lernvoraussetzungen gilt es, einen möglichst starken individuellen Kompetenzzuwachs anzustreben und zu fördern" (Prenzel/Burba 2007, S. 30).

Im Kapitel 2.2.4 werden wir noch darauf zurückkommen, dass ein individualisierter Unterricht auch bedeuten kann, dass sich das Leistungsfeld der Schülerinnen und Schüler eher vergrößert. Da die Schule eine Allokationsfunktion in unserer Gesellschaft einnimmt, die sich über Leistung legitimiert, sind solche Effekte wiederum eng verbunden mit Fragen sozialer Ungleichheit. Es lässt sich demnach feststellen, dass der Rekurs auf PISA ein durchaus ambivalentes Gründungsnarrativ der Schulpädagogik ist, zumal sich soziale Gerechtigkeitsfragen mit individuellen Leistungsdiskursen vermischen.

2.2 Das Diskursfeld Heterogenität

Im Gegensatz zu Diversity oder Intersektionalität ist die Zielsetzung des Lehrbuchs, die spezifischen Konturen von Heterogenität herauszuarbeiten, dadurch erschwert, dass der Begriff auf kein kohärentes Programm verweist. Davon zeugen auch erste Überblicksartikel zum Terminus Heterogenität (Wischer 2009; Prengel 2009; Kampshoff 2009; Schillmöller 2011; Trautmann/Wischer 2011). In diesen Überblickartikeln werden z.T. erziehungswissenschaftliche Debatten nachträglich dem Heterogenitätsdiskurs zugeordnet, die sich begrifflich nicht explizit auf Heterogenität bezogen haben. So subsumiert etwa Kiper historische Diskurse über Großstadtkinder (1920er), Schlüsselkinder (1950er), bildungsbenachteiligte Schichten (1970er) oder Risikoschüler (seit 2001) unter dem Heterogenitätsbegriff (Kiper 2008). Ein solches weitgefasstes Verständnis von Heterogenität soll diesem Kapitel allerdings nicht zugrunde liegen. Im Folgenden wird deshalb lediglich auf schulpädagogische Beiträge zurückgegriffen, die den Begriff Heterogenität explizit im Titel tragen.

Auch Emmerich und Hormel konstatieren, dass Heterogenität eine Kontingenzformel ist, da unter dem Begriff unterschiedliche Problemstellungen verhandelt werden, die auf diverse bildungstheoretische, fachdidaktische, bildungssoziologische oder konstruktivistisch-lerntheoretische Begründungsmuster verweisen. Sie identifizieren dennoch zwei zentrale Linien im Heterogenitätsdiskurs. Die erste Linie zielt auf die Entwicklung normativer Grundlagen im Sinne einer bildungstheoretischen bzw. bildungsphilosophischen Fundierung von Heterogenität ab. Die zweite Linie konzentriert sich auf methodisch-didaktische Fragen wie z.B. Lerngruppendifferenzierung oder diagnostische Verfahren (Emmerich/Hormel 2013, S.149-150).

Sauter und Schroeder (2007) plädieren hingegen dafür, zwischen drei Bedeutungsdimensionen im Diskursfeld Heterogenität zu unterscheiden:

1. Die deskriptiv-klassifizierende Bedeutungsdimension
2. Die normativ-regulative Bedeutungsdimension
3. Die pädagogisch-programmatische Bedeutungsdimension

In der deskriptiv-klassifizierenden Bedeutungsdimension von Heterogenität werden pädagogische Zielgruppen anhand unterschiedlicher Differenzlinien beobachtet, klassifiziert, diagnostiziert oder getestet. Mit einem pädagogischen Blick wird der individuelle Entwicklungsstand, spezifische Lernbedarfe oder familiäre Verhältnisse beobachtet bzw. beurteilt, um bedürfnisorientierte pädagogische Konzepte zu entwickeln.

In der normativ-regulativen Bedeutungsdimension von Heterogenität wird bspw. problematisiert, wie in einem selektiven Schulsystem ‚gerechte' Bewertungsmaßstäbe für Leistungen von Schülerinnen und Schülern mit heterogenen Lernvoraussetzungen aussehen sollten. Ist es bspw. gerecht, mehrsprachige Schüler mit Migrationshintergrund im Fach Deutsch bei der Notengebung den gleichen Leistungsmaßstäben zu unterwerfen wie deutsche Muttersprachlerinnen? Oder sollten Schülerinnen und Schülern eher an ihrem individuellen Lernfortschritt gemessen werden?

In einer pädagogisch-programmatischen Bedeutungsdimension stellt sich schließlich die Frage, wie organisatorisch und didaktisch mit Heterogenität in der Schule umgegangen wird. Aktuell wird diese Frage bspw. im Hinblick auf die Inklusion von Schülern mit Behinderung diskutiert: sollen alle Kinder an einem Gemeinsamen Unterricht teilnehmen oder ist es für einige behinderte Schüler besser, eine separate Förderschule zu besuchen?

Die hier angeführten Ordnungsversuche des Diskursfeldes Heterogenität deuten bereits an, wie vielfältig die Problemlagen, Themen und Orientierungen sind, die unter dem Begriff Heterogenität verhandelt werden. Es kann deshalb nicht Aufgabe dieses Lehrbuchs sein, Heterogenität nachträglich als kohärentes Konzept auszuweisen bzw. ein kohärentes Programm erst zu entwickeln. Stattdessen wird das Diskursfeld zu Heterogenität in diesem Kapitel ebenfalls nach unterschiedlichen Bedeutungsdimensionen geordnet:

- Heterogenität als Belastung oder Chance (*evaluative Bedeutungsdimension*)
- Heterogenität als soziale Ungleichheit (*ungleichheitskritische Bedeutungsdimension*)
- Heterogenität als Unterschiede (*deskriptive Bedeutungsdimension*)
- Heterogenität als didaktische Herausforderung (*didaktische Bedeutungsdimension*).

Mit diesen Bedeutungsdimensionen sollen unterschiedliche Aspekte des Heterogenitätsbegriffs differenziert herausgearbeitet werden. Auf diese Weise soll auch ein Überblick gewährleistet werden, welche Themen bzw. Fragestellungen in dem Diskursfeld Heterogenität aktuell diskutiert werden. Wie eingangs angeführt, bezieht sich der Überblick allerdings ausschließlich auf die Schulpädagogik, da hier seit PISA 2001 eine besondere Konzentration auf den Heterogenitätsbegriff zu beobachten ist (Westphal 2010, S. 189f.).

Des Weiteren muss angemerkt werden, dass sich die angeführten Bedeutungsdimensionen mitunter lediglich analytisch trennen lassen und in schulpädagogischen Beiträgen zu Heterogenität zahlreiche Wechselbeziehungen aufweisen. Die Kritik an der Reproduktion sozialer Ungleichheit in der Schule wird dann bspw. verknüpft mit Fragen des didaktischen Umgangs mit Heterogenität. Gleichzeitig lassen sich aber auch nicht immer *alle* Bedeutungsdimensionen in Beiträgen zu Heterogenität wiederfinden. Dies unterscheidet Heterogenität zumindest zum gegenwärtigen Zeitpunkt von Diversity oder Intersektionalität, in denen sich einige gemeinsame Prämissen ausmachen lassen, auf die sich Autoren – trotz aller inhaltlichen Unterschiede – explizit bzw. implizit gemeinsam beziehen.

2.2.1 *Evaluative Bedeutungsdimension: Heterogenität als Belastung oder Chance*

In dieser evaluativen Bedeutungsdimension wird Heterogenität nicht als soziale Tatsache diskutiert, sondern in wertender Weise aufgegriffen. Wie wir gesehen haben, war die Bewertung von Heterogenität als Belastung historisch gesehen ein dominanter Diskurs in der Schulpädagogik. In einem Entwurf des Hessischen Kultusministeriums zum Lehrplan für Förderschulen heißt es noch im Jahr 2005: „Sonderpädagogik ist allgemeine Pädagogik unter erschwerten Bedingungen. Diese Bedingungen sind gekennzeichnet durch eine große Heterogenität der Schülerschaft“ (Hessisches Kultusministerium 2005, zitiert nach Katzenbach 2007, S. 9).

Im aktuellen Heterogenitätsdiskurs wird die Belastung durch Heterogenität z.B. in der Normabweichung der Schülerinnen und Schüler vermutet (Buchen et al. 2007, S. 5). Des Weiteren werden deren sozio-kulturellen Lebenslagen wie Migration oder sozioökonomischer Status als Belastung ausgewiesen (Buholzer/Kummer Wyss 2010a, S. 8; Lehberger/Sandfuchs 2008, S. 10). Nach Steiner-Khamsi sind es interessanterweise die überlasteten Lehrkräfte, die als Opfer im Heterogenitätsdiskurs ausgemacht werden. Die Schülerinnen und Schüler werden hingegen therapeutisiert und an ein Regiment von Fachleuten überwiesen. Statt die Schule selbst zu verändern, werden Zusatzlehrkräfte und Unterrichtsergänzungen eingeführt, um den Regelunterricht nicht zu stören (Steiner-Khamsi 2010).

Eine evaluative Bedeutungsdimension lässt sich zudem in schulpädagogischen Beiträgen ausmachen, die Heterogenität als ‚Herausforderung' markieren, (z.B. Katzenbach 2007; Buholzer/Kummer Wyss 2010a; Hagedorn 2010; Köker/Rohmann/Textor 2010; Hörmann 2012). Der Begriff ‚Herausforderung' erscheint zwar auf den ersten Blick neutral, doch impliziert er auch die Handlungsaufforderung, Heterogenität zum Gegenstand schulpädagogischer Reflexionen zu erheben. Heterogenität wird somit als Problem markiert, das einer Bearbeitung bedarf, wenn es keine negativen Effekte nach sich ziehen soll. In diesem Verständnis ist Heterogenität eine Aufgabe, die bewältigt werden muss (Hinz/Walthes 2009). Folglich lässt sich auch hier eine wertende Bedeutungsdimension ausmachen. Gleichzeitig wird deutlich, dass die evaluative Bedeutungsdimension von Heterogenität nicht zwingend mit einer positiven Bewertung einhergehen muss.

Eine positive Bewertung von Heterogenität wird allerdings vorgenommen, wenn sie in einem normsetzenden Sinn als ‚Chance' markiert wird (Bräu/Schwerdt 2005; Stadtfeld 2005; Koch/Möller 2006; Rebel 2011). In einem präskriptiven Sinne geht es demnach um den wünschenswerten Umgang mit Heterogenität (Prengel 2007a, S. 71). In dieser Perspektive ist das Problem nicht mehr das soziale Phänomen Heterogenität, sondern deren Wahrnehmung bzw. Bewertung. Dies wird an Publikationstiteln deutlich wie *„Heterogenität. Unterschiede nutzen- Gemeinsamkeiten stärken"* (Becker et. al. 2004a) oder *„Heterogenität als Chance. Vom produktiven Umgang mit Gleichheit und Differenz in der Schule"* (Bräu/Schwerdt 2005). Heterogenität muss allerdings nicht im Titel als Chance ausgewiesen werden, um als solche positiv aufgegriffen zu werden (z.B. Scholz 2007, S. 19; Solzbacher 2007, S. 81; Boller/Rosowski/Stroot 2007, S. 13; Miller/Brinkmann 2010, S. 194).

Im Prinzip gehören zum Chancendiskurs auch jene Beiträge, die Heterogenität als *Ressource* für Bildungsprozesse und -institutionen identifizieren. Denn auch hier wird dafür plädiert, sich von einer Defizitperspektive auf Heterogenität zu lösen (Prediger 2004, S. 89; Perregeaux 2006, S. 16; Willenbrink 2004, S. 141; Hörmann 2012). Unter Ressourcen werden bspw. Mehrsprachigkeit oder die geographische Mobilität von Schülerinnen und Schülern verstanden (Lütje-Klose 2004). Diese Ressourcen sind nicht allein für Kinder mit Migrationshintergrund interessant, so wird betont, sondern können im Zeitalter der Globalisierung für alle Schüler nützlich sein (Perregeaux 2006, S. 17 u. 19). Hier zeigen sich deutliche Parallelen zum Diversity-Ansatz (Kap. 4.3.3).

Interessanterweise gibt es zur Zeit allerdings wenige schulpädagogische Beiträge, die explizit formulieren, *worin* die Chancen von Heterogenität bestehen. In einer Diskursanalyse von 21 Einleitungen zu Sammelbänden über Heterogenität kommt Jürgen

Budde sogar zu dem Schluss, dass die von ihm gesichteten Autoren *niemals* spezifizieren, worin die Chancen von Heterogenität liegen (Budde 2012a, 32). Exemplarisch sollen deshalb im folgenden zwei Beiträge aus der Schulpädagogik im Detail vertieft werden, in denen die Chancen von Heterogenität explizit thematisiert werden.

Das erste Beispiel ist Annedore Prengel, die an ihren Begriff der ‚egalitären Differenz' anknüpft, wenn sie Heterogenität als Chance ausweist (Prengel 1993; s. auch Kap. 4.1.1.). Damit bringt Prengel die Wertschätzung von Heterogenität im Unterricht in einen historischen Zusammenhang mit Traditionen der europäischen Geistesgeschichte, in denen Heterogenität nicht in Hierarchien überführt wird. Des Weiteren bezieht sich Prengel theoretisch auf die Kritische Theorie sowie postmoderne Ansätze. Auch die Menschenrechte bzw. die Menschenrechtspädagogik sind für die Autorin wichtige Bezugspunkte (Prengel 2009).

Konkret verweist Prengel auf folgende Chancen von Heterogenität im Unterricht: Die Vermittlung von demokratischen Prinzipien, die Erfahrung gemäß der eigenen Einzigartigkeit zu lernen, kooperatives und konkurrenzarmes Lernen, die Chance in altersheterogenen Lerngruppen aufzuwachsen sowie die Verminderung von Selektionsmechanismen (Prengel 2007a, S. 72ff.). Für Prengel liegen die Chancen von Heterogenität demnach primär in sozialen und kognitiven Lernprozessen.

Das zweite Beispiel ist Hanna Kiper, die nicht allein auf die Chancen von Heterogenität verweist, sondern auch konkrete Bedingungen benennt, die für eine Realisierung von Chancen gegeben sein müssen. Kiper sieht in Heterogenität eine Chance für politisches, soziales, interkulturelles und moralisches Lernen. Das gemeinsame Lernen aller Schüler, so Kiper, kann die Grundlage von Demokratie, sozialer Integration und Zivilgesellschaft legen. Um dieses Ziel zu erreichen, muss die Schule aufzeigen, dass „Verschiedenheit eine Chance für das Aufnehmen neuer Sichtweisen, für die Weiterentwicklung von Personen und Institutionen ist" (Kiper 2008, S. 91). Nach Kiper verhilft Heterogenität zu einer facettenreicheren Perspektive auf soziale Sachverhalte, gesellschaftliche Probleme, Vorurteile, Alternativen oder Konflikte (ebd., S. 91).

Allerdings kann nicht davon ausgegangen werden, so Kiper, dass Heterogenität sich automatisch in produktive Lernprozesse umsetzt. Hindernisse sieht Kiper bspw. in vereinfachten Sichtweisen, die auch mit Ausgrenzungsprozessen einhergehen. Des Weiteren müssten Lehrkräfte entsprechende Prozesse auch moderieren, dabei gelte es auch, normative Bevormundungen bzw. Geltungsansprüche zurückzuweisen (ebd., S. 92f.).

Zusammengefasst werden die Chancen von Heterogenität sowohl in der Individualisierung von Lernprozessen als auch in kooperativen Lernformen gesehen. Besonders betont werden dabei Mehrsprachigkeit und Multiperspektivität, durch die unterschiedliche Problemlösungswege, Informationen, Werte und Interessen produktiv genutzt werden können. Einige schulpädagogische Beiträge verbinden mit dem positiven Bezug auf Heterogenität zudem die Chance, Demokratie und Zivilgesellschaft zu festigen (s. auch Preuss-Lausitz 2001, S. 33).

2.2.2 *Ungleichheitskritische Bedeutungsdimension: Heterogenität als Produkt sozialer Ungleichheiten*

In einer ungleichheitskritischen Bedeutungsdimension wird Heterogenität nicht als Chance gesehen, sondern als ein gesellschaftliches Problem, welches auch die Schule betrifft. Wird Heterogenität als Produkt sozialer Ungleichheiten in modernen Gesellschaften reflektiert, stehen die ungleichen Lebenslagen, sozialen Positionierungen, Ressourcenzugänge, Bildungschancen, Herkunftskontexte, Sozialisationsbedingungen, sozialen Erfahrungen und Bildungsvoraussetzungen von Schülerinnen und Schülern im Mittelpunkt.

Es wird davon ausgegangen, dass soziale Heterogenitätsdimensionen die gesamte Gesellschaft hierarchisch strukturieren und somit auch Bildungsprozesse und Bildungsinstitutionen prägen. Wichtige Heterogenitätsdimensionen sind hier *Schicht bzw. soziales Milieu* (Tillmann 2004; Miller 2008; Palentien/Harrig 2008), *Migration* (Gogolin 2010) und *Geschlecht* (z.B. Faulstich-Wieland 2008). Interessanterweise wird *Behinderung* in der aktuellen Heterogenitätsdebatte selten als Ungleichheitsdimension reflektiert. Gleichwohl es hier durchaus Anknüpfungspunkte gibt (Schwerdt 2005; Weisser 2005; Weiß 2010).

Allerdings ist soziale Ungleichheit nicht allein ein soziales Problem, das von außen an die Schule herangetragen wird, so die Vertreter ungleichheitskritischer Perspektiven, *die Schule selbst* stellt auch soziale Ungleichheit her. Etwa durch das dreigliedrige Schulsystem (Tillmann 2004) oder durch stereotype Einstellungen von Lehrkräften (Weber 2003; Hirschauer/Kullmann 2010; Steiner-Khamsi 2010). Im Fokus ungleichheitskritischer Bedeutungsdimensionen stehen darüber hinaus Formen der Benachteiligung bzw. Ungleichbehandlung im deutschen Bildungssystem, die auch dadurch entstehen können, dass Ungleiche gleich behandelt werden (Hormel/Scherr 2004, S. 212). Mit anderen Worten: wenn nicht davon ausgegangen werden kann, dass alle die gleichen sozial bedingten Bildungsvoraussetzungen haben, dann kann es zu Benachteiligung führen, wenn Unterricht sich an einem fiktiven Normschüler ausrichtet.

In diesem Sinne kritisiert Klaus-Jürgen Tillmann einen Unterricht, der sich an einer ‚Pädagogik der Mittelköpfe' orientiert, wie es Ernst Christian Trapp im 18. Jahrhundert forderte (Tillmann 2004, S. 6 u. 8). Das Schulsystem basiert demnach auf der Fiktion, so Tillmann, man könne durch kontinuierliche Selektion eine homogene Lerngruppe herstellen.

Homogene Lerngruppen durch Selektion ***(Tillmann)***

Zitat: „Hier hat die Schule- beginnend mit der Erfindung des Sitzenbleibens zu Anfang des 19. Jahrhunderts- in langen Jahren ein vielfältiges Instrumentarium ausgebildet, um Schüler mit Leistungsproblemen aus der jeweiligen Lerngruppe zu entfernen: Zurückstellen vom ersten Schulbesuch, Sitzenbleiben, Sonderschulüberweisungen, Sortierung nach Schulformen und Abschulungen sind dafür die bekanntesten Mittel. Dadurch wird Heterogenität jeweils begrenzt- und zwar immer am unteren Ende des Leistungsspektrums" (Tillmann 2007, S. 9).

Das heißt, die homogene Lerngruppe wird an deutschen Schulen erst künstlich hergestellt. Meritokratisch legitimiert werden diese Selektionsmaßnahmen mit den individuellen Leistungen der Schülerinnen und Schüler. Nach Tillmann belegen allerdings empirische Studien, dass diese Auslesemaßnahmen im besonderen Maße Schüler mit niedrigem sozio-ökonomischen Status treffen (Tillmann 2007, S. 9-11; s. auch Kap. 2.1.2 und 2.2.3).

Auf der Basis der PISA Studie 2000 errechnet Tillmann, dass ca. 40% der Schüler zwischen der 1. und 10. Klasse die oft leidvolle Erfahrung machen, von ihrer Lerngruppe ausgeschlossen zu werden (ebd., S. 14). Dabei würden gerade internationale Vergleichsstudien wie PISA zeigen, so Tillmann, dass diese „massenhafte Produktion des Schulscheiterns" keineswegs unvermeidbar ist. Im Gegenteil: ein Verzicht auf Selektion und die Wertschätzung von heterogenen Lerngruppen kann sogar mit höheren Schulleistungen konform gehen (Tillmann 2004, S. 9).

Am Beispiel Tillmanns zeigt sich, dass ungleichheitskritische Bedeutungsdimensionen von Heterogenität zum Teil auch in Wechselbeziehungen stehen zu deskriptiven Bedeutungsdimensionen (s. Kap. 2.2.3). Denn Leistungsheterogenität lässt sich nicht neutral beobachten bzw. beschreiben, wenn diese in einem Zusammenhang mit sozialer Herkunft steht. Des Weiteren wird deutlich, dass durch Tillmanns Kritik auch das dreigliedrige Schulsystem *selbst* in Frage gestellt wird. Alte Themen – wie die Gesamtschuldebatte der 1970er Jahre – werden somit in das neue Diskursfeld Heterogenität überführt, da sie weder schulisch noch gesellschaftlich eine Lösung erfahren haben (siehe auch Graumann 2003, S. 127; Warzecha 2003, S. 16; Bräu/Schwerdt 2005, S. 9).

Ungleichheitskritische Bedeutungsdimensionen von Heterogenität lassen sich auch in empirischen Studien und theoretischen Überlegungen identifizieren, die danach fragen, wie Heterogenitätskategorien in pädagogischen Feldern konstruiert werden und damit Machtverhältnisse bzw. Hierarchien auf der symbolischen Ebene reproduzieren (Weber 2003; Riegel 2009; Diehm/Kuhn/Machold 2007; Prengel 2007a u. 2009). In empirischen Studien wird bspw. untersucht, wie Schüler und Lehrer soziale Zuschreibungen bzw. Stereotype im Hinblick auf Geschlecht oder Ethnizität durch eigene Praktiken in der Schule herstellen. Folglich wird in diesen

Studien auf der Mikroebene untersucht, wie soziale Ungleichheiten in alltäglichen Praktiken auch immer wieder neu hervorgebracht werden.

Exemplarisch für einen solchen Zugang kann Martina Webers qualitative Studie über *Heterogenität im Schulalltag* angeführt werden (Weber 2003). Die Autorin untersucht ethnische und geschlechtliche Zuschreibungsprozesse von Lehrerinnen und Lehrern, die sich in der sozialen Konstruktion des ‚türkischen Mädchens' wiederfinden. Die Untersuchung bezieht sich dabei auf die gymnasiale Oberstufe der Klassen 12 und 13. Methodisch basiert Webers Studie auf Interviews mit Schülerinnen türkischer Herkunft, Interviews mit Lehrkräften und dem Schulleitungspersonal, Unterrichtsbeobachtungen, Feldnotizen und der Auswertung von Unterrichtsdokumenten.

Das folgende Originalzitat eines Mathematiklehrers zeigt, dass diese geschlechtlichen Zuschreibungsprozesse von dem Interviewten auch mit schulischen Leistungserwartungen in Verbindung gebracht werden, was die mündliche Beteiligung am Unterricht betrifft:

> „Ja, wir haben hier also einige Kopftuchträgerinnen, das sind also Schülerinnen, die also überhaupt nicht kommunikativ sind, also die haben dann nur ein sehr stark eingeschränkten Personenkreis, mit dem sie sich überhaupt unterhalten, und alles andere läuft an ihnen vorbei, also absolut ist das. Also auch mit den Schülerinnen gibt es im Prinzip auch keine Gespräche, die lassen sich im Prinzip also, ja gut, jedes Privatgespräch ist bei denen auch irgendwo scheint es tabu. Das heißt nicht, dass sie in Mathe schlecht sein müssen, das ist etwas vollkommen anderes. Sie sitzen da und arbeiten halt einfach und sind auch, nehme ich mal an, durch ihr Kopftuch auch schon reichlich gehemmt, ja? Ziehen also möglichst wenig Aufmerksamkeit auf sich, so dass man manchmal auch gar nicht weiß, was man mit ihnen machen soll so in der Mitarbeit. Sie machen zwar alles, aber im Grund genommen kommt nichts von ihnen" (zitiert nach Weber 2003, S. 129).

Auf der Basis ihrer detailliierten Analyse zahlreicher weiterer Interviewpassagen kommt Weber zu dem Schluss, dass die interviewten Lehrer von einem vormodernen, traditionellen Geschlechterverhältnis der türkischen Schülerinnen und Schüler sowie ihrer Familien ausgehen. Die Lehrkräfte konstatieren, dass es zwischen der ‚türkischen Kultur' und der ‚deutschen Gesellschaft' einen Modernitätsabstand geben würde. Dabei wird sowohl die Gruppe der ‚Türken' als auch der ‚Deutschen' als homogene Gruppe ausgewiesen, deren internen Differenzen ausgeblendet bleiben. Probleme im Unterricht mit türkischen Schülerinnen und Schülern werden darüber hinaus von den interviewten Lehrern vor der Folie eines angeblichen ‚Kulturkonflikts' interpretiert (Weber 2003, S. 175).

In dieser Beurteilung ‚türkischer Geschlechterkonzepte', so Weber, zeigt sich auch eine Distinktion der Alteingesessenen gegenüber den Neuankömmlingen im Gymnasium. Unter Bezugnahme auf Bourdieu formuliert Weber die These, dass die zunehmende Anzahl von Schülern mit Migrationshintergrund an deutschen Gymnasien offenbar als Verlust der Exklusivität des Abiturs gedeutet wird. Während Bourdieu die Distinktionsprozesse von Bildungsprivilegierten mit hohem ökonomischen, kulturellen und sozialen Kapital in Hochschulen bzw. Gymnasien nachzeichnet, verweist Weber darüber hinaus auf Distinktionsprozesse entlang ethnischer Grenzziehungen (ebd., S. 187-188).

Auf diese Weise kommt es zu einer Vererbung von Bildungschancen auf der Basis von ethnischen Grenzziehungsprozessen. Die ökonomische Benachteiligung der Schülerinnen mit Migrationshintergrund wird kulturell gedeutet, indem die interviewten Lehrer auf eine angebliche Modernitäts- und Kulturdifferenz verweisen. Zur akuten Bildungsbenachteiligung werden entsprechende Zuschreibungsprozesse, wenn diese Differenzmerkmale als nicht kompatibel mit der gymnasialen Oberstufe bzw. einem bildungsbürgerlichen Habitus interpretiert werden:

> „Dass sie einfach von den meisten ihrer Eltern, mit Ausnahmen, für den ganzen schulischen Prozess überhaupt keine Unterstützung bekommen, was jetzt die Vertrautheit mit den Methoden des Unterrichts und den Gegenständen des Unterrichts angeht noch nie. Also es hört schon dann in der Sekundarstufe eins, hört in der siebten Klasse auf, dass die Eltern dann noch irgendeine Vorstellung haben, was in dieser Schule abläuft, auch was, wollen wir einmal sagen, die Verfahren und die Kommunikationsprozesse angeht, wo die dann noch immer so, viele türkische Eltern lange Zeit die Vorstellung hatten, es ginge mit Befehlen und Gehorsam, wenn der Lehrer etwas sagt, dann wird es auch gemacht, ne? Also wie sie ihre Schule erlebt haben, und wenn etwas nicht läuft, dann kriegt man einen auf den Hintern (...)" (zitiert nach Weber 2003, S. 121).

Nach Weber zeigt dieses Zitat, dass die interviewten Lehrer die Eltern für die Bildungsvoraussetzungen der Schülerinnen mit Migrationshintergrund verantwortlich machen. In der Konsequenz wird es nicht als Aufgabe der Schule gesehen, mit unterschiedlichen Bildungsvoraussetzungen umzugehen. Des Weiteren wird in den Interviews eine Distanz zum deutschen Schulwesen angenommen, die sich u.a. in rückständigen Erziehungsmethoden der physischen Züchtigung ausdrücken.

Dass solche kulturellen bzw. sozialen Zuschreibungen auch nachhaltige Konsequenzen für den Bildungsweg von Schülern mit Migrationshintergrund haben, zeigt auch die Untersuchung von Gomolla und Radtke zur *Institutionellen Diskriminierung*. Nach ihrer Studie machen Lehrinnen und Lehrer in der Grundschule ihre Entscheidung für eine Gymnasialempfehlung auch davon abhängig, welche elterlichen Unterstützungsleistungen die Kinder zur Verfügung haben. Auch Gomolla und Radtke identifizieren in ihrer Studie zahlreiche Beispiele, wie Bildungsentscheidungen von Lehrern mit ethnisch-kulturellen Begründungsmustern legitimiert werden (Gomolla/Radtke 2002; s. auch Kap. 4.3.2).

Weber kommt in ihrer Studie zu dem Schluss,

> „dass sich in den Zuschreibungen bezüglich der Kapitalausstattung ‚türkischer' SchülerInnen zeigt, dass aufgrund der ethnischen Herkunft eine Statuszuweisung vorgenommen wird, die dazu führt, dass die an dieser SchülerInnengruppe wahrgenommenen schwächeren Schulleistungen mit quasi natürlichen, auf jeden Fall unabänderlichen Erscheinungen aufgrund eines spezifischen sozialen Milieus erklärbar werden. Die Verantwortung für ein Scheitern dieser SchülerInnen in der gymnasialen Oberstufe ist auf diese Weise gänzlich aus dem Zuständigkeitsbereich der Schule hinausverlagert" (Weber 2003, S. 126; siehe auch Diehm 2005).

Die Beispiele von Tillmann und Weber zeigen, dass soziale Heterogenität nicht immer ein Anlass ist, Heterogenität zu zelebrieren. Denn hier geht Heterogenität mit sozialer Ungleichheit einher. Wenning verweist demnach auf eine Unterscheidung zwischen legitimer und illegitimer Verschiedenheit im Erziehungs- und Bildungssystem, die auch die Debatte über Heterogenität prägt. Zur legitimen Verschiedenheit im Bildungssystem gehören etwa Alter, Entwicklungsstand oder Leistungsfähigkeit. Der Verweis auf illegitime Verschiedenheit wird in der Heterogenitätsdebatte hingegen bemüht, wenn es bspw. um soziale Ungleichheiten geht, die sich in der Schule etwa in der Fächerwahl, der Differenzierung in Schulformen oder der Berufseinmündungen manifestieren (Wenning 2010, S. 24-25).

Bei der Heterogenitätsdimension *Geschlecht* scheint sich die Diskussion über soziale Ungleichheit dadurch neutralisiert zu haben, dass Mädchen bzw. Frauen spätestens seit den 1990er Jahren sowohl bei den Schulabschlüssen als auch beim Hochschulzugang quantitativ mit den Jungen bzw. Männern gleichgezogen haben (Geißler 2006). Ist die Schule im Hinblick auf Geschlecht damit kein Ort der Reproduktion von sozialer Ungleichheit mehr? Hier erscheint ein detaillierter Blick notwendig. Geschlechterdifferenzen zeigen sich bspw. nach wie vor in der Fächerwahl bzw. in fachspezifischen Leistungsunterschieden von Mädchen und Jungen. Die PISA Studie hat dies für die Fächer Mathematik und Physik erneut belegt, in denen eine Leistungsdifferenz zu*ungunsten* der Mädchen festgestellt wurde. Dagegen erhoben die PISA Studien eine höhere Lesekompetenz bei Mädchen (Stanat/Kunter 2001; Klieme et al. 2009, S. 281).

Dass diese Unterschiede nicht natürlich vorgegeben bzw. ‚angeboren' sind, sondern sich offenbar im Laufe der Schulzeit herausbilden bzw. verstärken, belegt die Tatsache, dass die geschlechtsspezifischen Leistungsdifferenzen in der Grundschule weitaus geringer ausgeprägt sind (Herwartz-Emden/Braun 2010; Mücke 2009; Schwenck/Schneider 2003). Die Geschlechterdifferenzen in der Präferenz für bestimmte Fächer werden von Lehrkräften auch aktiv hergestellt. Jürgen Budde (2011) verweist in diesem Zusammenhang auf empirische Studien, nach denen Jungen und Mädchen angeben, dass Jungen nach ihren eigenen Erfahrungen häufiger im Mathematikunterricht aufgerufen werden (Keller 1999). Auch führen Lehrerinnen und Lehrer schlechte Mathematikleistungen bei Mädchen eher auf mangelnde Fähigkeiten zurück, bei Jungen hingegen auf mangelnde Motivation (Tiedemann 1995).

Geschlecht, Fächerpräferenzen und soziale Ungleichheit *(Popp)*

Zitat: „Nicht nur die Koedukationsforschung, sondern auch die empirische Bildungsforschung hat zu der Erkenntnis geführt, dass es geschlechtertypische Fächerpräferenzen gibt, die unterschiedliche Leistungsfähigkeiten zur Folge haben. Wichtig dabei ist, dass diesbezügliche Differenzen nicht mehr als Ergebnis bipolarer Geschlechtscharaktere interpretiert werden dürfen, sondern als Resultat von Geschlechterrevieren und ‚gegenderten' Fachkulturen angesehen werden müssen. Die Bedingung der Konstruktion und Aufrechterhaltung derartiger Fachkulturen gilt es genauer zu erschließen sowie didaktisch darauf hinzuarbeiten, wie das jeweilige Fach individualisierter und ‚geschlechtergerechter' werden könnte" (Popp 2011, S. 91).

Vordergründig könnte es naheliegen, die Leistungsunterschiede bzw. Fächerpräferenzen unter der deskriptiven Bedeutungsdimension ‚Heterogenität als Unterschiede' zu verhandeln. Geht es hier nicht um persönliche Interessen, Motivation und Vorlieben? Die Geschlechterforschung argumentiert, dass die unterschiedliche Fächerwahl von Jungen und Mädchen wiederum in ein geschlechtstypisches Berufswahlverhalten münden kann (Faulstich-Wieland/Tillmann 1984).

Im Jahr 2011 wählten 71% der weiblichen Jugendlichen einen der 20 von Frauen am häufigsten ergriffenen Ausbildungsberufe. Zu den sechs am häufigsten gewählten Ausbildungsberufen gehören primär Berufe im Dienstleistungsbereich: Kauffrau/Einzelhandel, Verkäuferin, Bürokauffrau, Medizinische Fachangestellte, Industriekauffrau und Friseurin (Statistisches Bundesamt 2013, S. 24-25). Einschränkend muss gesagt werden, dass diese Ausbildungsberufe nicht immer den Traumberufen der Mädchen entsprechen, sondern von den weiblichen Jugendlichen auch aus pragmatischen Gründen gewählt werden.

Im weiteren Lebensverlauf der Schülerinnen können die ‚Unterschiede' in den Leistungsdifferenzen bzw. Fächerpräferenzen dann zu ‚sozialer Ungleichheit' führen: die schlechte Entlohnung der Frauenberufe führt dazu, dass Frauen aus ökonomischen Gründen eher in Elternzeit bzw. Teilzeit gehen. Dadurch verschlechtern sich wiederum ihre Aufstiegschancen. In der Konsequenz führt dies dazu, dass Frauen im Jahr 2012 im Durchschnitt immer noch 22% weniger verdienen als Männer (Statistisches Bundesamt 2012).

Einen Zusammenhang zwischen Geschlecht und sozialer Ungleichheit lässt sich auch herstellen, wenn man Schule als Ort von Sozialisationsprozessen versteht. Auf negative Sozialisationseinflüsse der Schule verweisen Studien, nach denen Mädchen im Laufe ihrer Schulzeit ein signifikant geringeres Selbstvertrauen sowie ein fragiles Fähigkeitskonzept entwickeln. Historisch wegweisend in der schulpädagogischen Geschlechterforschung war hier bspw. Marianne Horstkempers Studie *Schule, Geschlecht und Selbstvertrauen* (1987). Unter Selbstvertrauen fasst die Autorin die Aspekte Selbstwertgefühl, Leistungsselbstbild und Schulangst. Als Ergebnis ihrer Längsschnittstudie hält Horstkemper fest, dass sich das Selbstvertrauen von Jungen im Laufe der Sekundarstufe auf einem deutlich höheren Niveau entwickelt als bei Mädchen. Gleichwohl Mädchen einen größeren Leistungserfolg nachweisen und eine höhere Leistungsorientierung haben (Horstkemper 1987).

In den PISA-Studien konnte dieser negative Befund in Bezug auf das mathematischen Selbstkonzept von 15-jährigen Mädchen nachgewiesen werden. Deutschland war bei PISA 2000 eines der Länder, in denen die Geschlechterunterschiede am größten ausfielen (Artelt/Demmrich/Baumert 2001, S. 286; Stanat/Kunter 2003). Das mathematische Selbstkonzept hängt wiederum eng zusammen mit den gemessenen Mathematikleistungen (Artelt/Demmrich/Baumert 2001, S. 286-287).

Zudem zeigte sich über alle Schulformen hinweg, dass Jungen über ein positiveres mathematisches Selbstkonzept verfügen (Knoche/Lind 2004). Katharina Willems bringt dies auch in einen Zusammenhang mit ‚gegenderten Fachkulturen', in denen eine Verschränkung von fachkulturellen und geschlechtlichen Zuschreibungen stattfindet (Willems 2007). Hannelore Faulstich-Wieland sieht solche Studien als Aufforderung für Lehrer und Lehrerinnen, sich verstärkt mit emotionalen und motivationalen Aspekten des Fachunterrichts auseinanderzusetzen. Dabei sollten aus ihrer Sicht allerdings nicht *die* Jungen *den* Mädchen gegenübergestellt werden. Vielmehr würde ein Unterricht, der das Individuum fokussiert, auch zur Geschlechtergerechtigkeit beitragen (Faulstich-Wieland 2008, S. 95).

Zusammengefasst nimmt die ungleichheitskritische Bedeutungsdimension von Heterogenität eher eine analytische Perspektive ein. Implizit finden sich allerdings auch normative Bezüge, da es den Autorinnen und Autoren häufig um Gerechtigkeit, Emanzipation und Partizipation geht. Aufgrund der analytischen Perspektive auf soziale Ungleichheiten lassen sich Parallelen zum Konzept Intersektionalität ziehen. Allerdings finden sich in der aktuellen Heterogenitätsdebatte weitaus weniger Analysen von *Wechselbeziehungen* sozialer Ungleichheiten, die für das Diskursfeld Intersektionalität charakteristisch sind. Es lassen sich sogar durchaus Beiträge zu Heterogenität anführen, die lediglich *eine* Heterogenitätsdimension in den Fokus nehmen wie bspw. soziales Milieu *ode*r Migration (z.B. Bender-Szymanski 2007; Büchner 2008; Gansen 2009). Die Potenziale, die der Begriff Heterogenität im Gegensatz zum Begriff der Differenz in sich trägt, werden in diesen Publikationen demnach noch nicht ausreichend genutzt.

Die ungleichheitskritische Bedeutungsdimension von Heterogenität steht im Prinzip konträr zur Bedeutungsdimension ‚Heterogenität als Chance'. Heterogenität wird hier nicht bejaht, sondern kritisch hinterfragt. Des Weiteren deutet sich bereits an, dass auch ‚Unterschiede', die in der deskriptiven Bedeutungsdimensionen von Heterogenität fokussiert werden, mitunter in soziale Ungleichheiten umschlagen können. Dies wird im folgenden Abschnitt noch deutlicher herausgearbeitet.

2.2.3 Deskriptive Bedeutungsdimension: Heterogenität als Unterschiede

In einer deskriptiven Bedeutungsdimension wird *Heterogenität als Unterschiede* fokussiert. In dieser Perspektive stehen nicht soziale Ungleichheiten im Mittelpunkt erziehungswissenschaftlicher Reflexionen, sondern *Unterschiedlichkeiten.* Heterogenitätsdimensionen sind hier beispielsweise Leistungsheterogenität, Alter oder Religion. Darüber hinaus werden auch Sprachkompetenz, Motivation, Arbeitstempo, Unterrichtsstile oder Erfahrungshintergründe angeführt (vgl. Becker et. al 2004b, S. 4; Altrichter/Messner 2004, S. 66).

Während letztgenannte Aufzählung sich vornehmlich auf individuelle Persönlichkeitsmerkmale bezieht, sehen andere Autorinnen und Autoren in der Heterogenitätsdebatte Unterschiede auch als Produkt gesellschaftlicher Entwicklungen wie bspw. Individualisierungs- und Pluralisierungsprozesse. Exemplarisch konstatieren Boller, Rosowski und Stroot, dass die Debatte über Heterogenität zu kurz greift, wenn sie nicht die gesellschaftlichen Modernisierungsprozesse, die zu einer Individualisierung und Freisetzung des Einzelnen beiträgt, berücksichtigt (Boller/Rosowski/Stroot 2007, S. 15).

Aus der Perspektive der Individualisierungstheorie kann die in Schulen vorgefundene Heterogenität auch auf die Erosion ständisch geprägter Lebensmuster zurückgeführt werden. Das heißt, Klassen- bzw. Schichtzugehörigkeit, Geschlechterzuschreibungen oder Familienzugehörigkeiten würden seit spätestens den 1960er Jahren immer weniger die Lebens- und Bildungsbiographien von Individuen bestimmen (Beck 1983). Lineare Normalbiographien würden abgelöst durch den neuen Zwang, dass Individuen sich ihre eigenen Biographien ‚basteln' müssen (‚Bastelbiographie'). Die Individuen sehen sich in dieser Theorieperspektive allerdings auch vermehrt der Anforderung der Selbstinszenierung bzw. Selbstgestaltung ausgesetzt (Beck/Beck-Gernsheim 1994).

Aus einer individualisierungstheoretischen Perspektive ist Schule heute mit einer Pluralisierung von Lebensstilen und Lebensformen konfrontiert. Schülerinnen und Schüler kommen bspw. aus unterschiedlichen Familienformen: Ein-Eltern-Familien, Stieffamilien, gleichgeschlechtliche Familien etc. Zu der weitgehenden gesellschaftlichen Akzeptanz dieser Familienformen haben nicht zuletzt die sozialen Bewegungen beigetragen. Susanne Miller und Sabine Toppe machen allerdings auch darauf aufmerksam, dass Pluralisierung bzw. ‚Unterschiede' manchmal in ‚soziale Ungleichheiten' umschlagen können, die für Schüler ein Entwicklungsrisiko darstellen. Beispielsweise, wenn Kinder von alleinerziehenden Müttern einem erhöhten Armutsrisiko ausgesetzt sind (Miller/Toppe 2009).

Globalisierung und Migration sind ebenfalls gesellschaftliche Entwicklungsprozesse, die die Pluralisierung von Lebensformen beeinflussen. In der Schule zeigen sich diese gesellschaftliche Einflüsse in der Mehrsprachigkeit von Schülern sowie in unterschiedlichen kulturellen Hintergründen (Bender-Szymanski 2007;

Gogolin 2010). Der Anteil der 15-20 Jährigen Jugendlichen mit Migrationshintergrund liegt im Jahr 2009 bei 25% und in der Altersgruppe der 0-5 jährigen Kinder bereits bei 34% (Statistisches Bundesamt 2010, S. 33). In Großstädten wie Hamburg, Frankfurt am Main oder Stuttgart ergeben sich noch höhere Werte (Autorengruppe Bildungsberichterstattung 2008, S.19).

Doch auch die Gruppe der Schüler mit Migrationshintergrund ist durch Heterogenität gekennzeichnet. Dies zeigt sich bereits bei den Merkmalen Einreisealter oder Aufenthaltsstatus: manche Schüler besitzen die deutsche Staatsbürgerschaft, andere werden als minderjährige Flüchtlinge geduldet. Manche kommen als Jugendliche nach Deutschland andere haben bereits den deutschen Kindergarten besucht. Manche sind im deutschen Bildungssystem erfolgreich, andere gehören zur Gruppe der ‚Risikoschüler'.

Durch Globalisierung und Migration nimmt auch religiöse Heterogenität an Schulen zu (Asbrand 2002). Rita Burrichter führt sehr unterschiedliche Formen von Heterogenität an, die im Religionsunterricht aufgegriffen werden können: Neben unterschiedlichen Religionen bzw. Konfessionen sind dies auch Verschiedenheiten von Atheismus, Agnostizismus oder Areligiösität bzw. Indifferenz. Hinzu kommt eine Pluralität von Weltdeutungs- und Sinnkonzepten wie etwas Sekten, Jugendreligionen oder Esoterik (Burrichter 2005).

Angesprochen wurden bisher vor allem Formen kultureller Heterogenität, die durch gesellschaftliche Prozesse der Individualisierung, Pluralisierung oder Globalisierung geprägt sind. Gleichzeitig bestehen hier auch Wechselbeziehungen zur Bedeutungsdimension ‚Heterogenität als soziale Ungleichheiten', denn Unterschiede können auch in Ungleichheiten umschlagen. Etwa wenn Schule auf die Mehrsprachigkeit ihrer Schülerinnen und Schüler nicht adäquat eingestellt ist.

Allerdings kann der Fokus auf Unterschiede auch in eine produktive Wechselbeziehung mit dem Abbau von sozialer Ungleichheit treten. Beispielsweise weisen Dockhorn et al. darauf hin, dass die Einführung von jahrgangsheterogenen Gruppen in Schulen auch dadurch motiviert sein kann, dass Schüler unterschiedlicher sozialer Herkunft durch diese Maßnahmen adäquater gefördert werden (Dockhorn et. al. 2004, S. 59).

Zur Bedeutungsdimension Heterogenität als Unterschiede gehören auch jene Heterogenitätsdimensionen, die man als *individuelle* Heterogenitätsmerkmale bezeichnen könnte. Beispielsweise unterschiedliche Lerntypen, lernbezogene Interessen, Motivation, Kontroll- und Selbstwirksamkeitsüberzeugungen, Fähigkeitsselbstkonzepte, Konzentrationsfähigkeit, kognitive Fähigkeiten, Lernstrategien oder Lerntempo. Hier lassen sich insbesondere Wechselbeziehungen zur didaktischen Bedeutungsdimension von Heterogenität herausstellen. Für den Mathematikunterricht wird bspw. konstatiert, dass Schülerinnen und Schüler sich durch heterogene Denk- und Lösungswege unterscheiden, die produktiv im Unterricht aufgegriffen werden sollten (Prediger 2004; Spiegel/Walter 2005).

Eine Heterogenitätsdimension steht in der hier diskutierten deskriptiven Bedeutungsdimension von Heterogenität allerdings besonders im Mittelpunkt der Heterogenitätsdebatte: *Leistungsheterogenität*. Insbesondere die Grundschule ist mit einer großen Leistungsheterogenität der Schülerinnen und Schüler konfrontiert. Die Leistungsunterschiede lassen sich zum großen Teil auf bereits bestehende Unterschiede bei der Einschulung erklären (Kammermeyer/Martschinke 2004; Ditton 2010). Pädagogisch kann eine Leistungsdifferenzierung fachspezifisch (*tracking* oder *setting*) oder fächerübergreifend (*streaming*) stattfinden.

Im Zentrum der schulpädagogischen Heterogenitätsdebatte stehen insbesondere folgende fundamentale Fragen: sind homogene oder heterogene Lerngruppen insgesamt leistungsfähiger? Wer profitiert von homogen bzw. heterogenen Lerngruppen? Für wen stellen heterogenen Lerngruppen eher eine Belastung dar? In diese Debatte einbezogen werden zum einen Fragen der fachlichen Leistung (z.B. Lesekompetenz), zum anderen Effekte für die Persönlichkeitsentwicklung (z.B. soziale Kompetenz). Diese Fragen sind nicht allein für die Unterrichtsgestaltung zentral, sie betreffen auch die Legitimation eines dreigliedrigen Schulsystems, das Schüler i.d.R. nach der Grundschule auf der Basis ihrer Leistungen selektiert (vgl. Trautmann/ Wischer 2011, S. 81).

Leistungsheterogenität als pädagogischer Sprengstoff

Zitat: „Die zunächst organisatorische Frage, ob Kinder und Jugendliche mit unterschiedlichen Voraussetzungen in Lerngruppen mit unterschiedlichem Anspruch und Lerntempo unterrichtet werden sollten, birgt durchaus pädagogischen Sprengstoff: Die Befürchtung lautet, dass leistungsschwächere Schülerinnen und Schüler in leistungshomogenen Lerngruppen durch ein beschränktes Curriculum und mangelnde Aufstiegsmöglichkeiten in höhere Bildungsgänge Lern- und Lebenschancen verwehrt würden, während leistungsstärkere Schülerinnen und Schüler in leistungsheterogenen Lerngruppen möglicherweise keine angemessener Förderung ihrer Potenziale erhielten“ (Gröhlich/Scharenberg/ Bos 2009, S. 87).

Entsprechend kontrovers wird die Debatte über Leistungsheterogenität geführt und entsprechend zahlreich sind die empirischen Studien zu diesen Fragen. Eine umfassende Darstellung des Forschungsstandes zu Leistungsheterogenität kann deshalb an dieser Stelle nicht geleistet werden. Vielmehr werden im Folgenden einige zentrale Argumente bzw. empirische Befunde zu Leistungsheterogenität präsentiert. Zunächst werden einige Pro und Contra Argumente angeführt, die die Debatte über äußere Leistungsdifferenzierung strukturieren. Mit äußerer Leistungsdifferenzierung ist eine Selektion nach Schulformen nach der 4. bzw. 6. Klasse in Deutschland gemeint. Anschließend geht es um empirische Befunde zu leistungshomogenen und leistungsheterogenen Lerngruppen.

Pro Argumente äußere Leistungsdifferenzierung: Legitimiert wird die äußere Leistungsdifferenzierung damit, dass das dreigliedrige Schulsystem eine gezielte Förderung des Einzelnen ermöglicht. Die gesteigerte Leistungserwartung soll Schülerinnen und Schüler fördern. Der Lernstoff und die Lehrmethoden sollen auf diese Weise an die Lernvoraussetzungen der Schülerinnen und Schüler angepasst werden. Davon würden sowohl leistungsstarke als auch leistungsschwache Schüler profitieren. Für die leistungsschwächeren Schüler, so wird argumentiert, kann das dreigliedrige Schulsystem auch von Leistungsdruck entlasten (*für einen Überblick siehe* Gröhlich/Scharenberg/Bos 2009, S. 89).

Contra Argumente äußere Leistungsdifferenzierung: Zentrale Argumente gegen äußere Differenzierung wurden bereits unter der Bedeutungsdimension ‚Heterogenität als soziale Ungleichheiten' diskutiert. Denn als ‚leistungsstark' etikettierte Schüler sind in Deutschland primär bildungsprivilegierte Schüler. Folgende Kritikpunkte werden deshalb gegen das dreigliedrige Schulsystem angeführt:

a) Leistungsselektion ist nicht neutral, sondern abhängig von der sozialen Herkunft und den damit einhergehenden Bildungs- und Entwicklungsvoraussetzungen. Durch die frühe Schulformselektion werden potenziell leistungsfähigen Schülerinnen und Schülern mit niedrigem sozioökonomischen Status Bildungschancen vorenthalten, da sie ihre schlechten Eingangsvoraussetzungen in der Grundschule nicht so schnell kompensieren können. Die Homogenisierung der Lerngruppen durch das dreigliedrige Schulsystem schadet somit insbesondere denjenigen, die einer besonderen Förderung bedürfen.
b) Studien belegen, dass auch bei *gleichen* Leistungen die Gymnasialempfehlungen von Schülerinnen und Schülern von der sozialen Herkunft abhängig sind (Lehmann/Peck 1997). Es wird demnach behauptet, dass eine Schulformselektion auf der Basis von Leistungen erfolgt, faktisch werden allerdings andere bzw. weitere Kriterien herangezogen.
c) Kinder aus Armutsverhältnissen können in der kurzen Grundschulzeit den geforderten Bildungshabitus für eine Überweisung an das Gymnasium kaum entwickeln. Es fehlt ihnen somit an ‚kultureller Passung', d.h. einem souveränen Auftreten, angemessenen Umgangsformen, zukunftsweisender Lebenseinstellung oder guter Allgemeinbildung. Dies beeinflusst auch die Gymnasialempfehlungen der Lehrerinnen und Lehrer (Miller/Toppe 2009; Edelstein 2006; Büchner 2008)
d) Leistungsselektionen gehen mit negativen Etikettierungen von Schülerinnen und Schülern einher, die zu Stigmatisierungen führen können. Dies gilt insbesondere für Hauptschulen und Sonder- bzw. Förderschulen.
e) Es sind Überlappungen in den Leistungsstreuungen zwischen den Schulformen vorhanden (Eckhart 2009; s. auch Kap. 2.1.1). Besonders leistungsstarke Schüler auf Hauptschulen können somit mit besonders leistungsschwachen Schülern auf dem Gymnasium durchaus mithalten. Sie werden die Schule allerdings mit einem anderen Abschluss verlassen.

f) Leistungshomogene Klassen haben gerade für Schülerinnen und Schüler an Haupt- und Förderschulen negativ verstärkende Effekte: Schüler, die ohnehin durch ihre soziale Herkunft belastet sind, werden in einem anregungsarmen bzw. problematischen Lernmilieu zusätzlich benachteiligt (Vieluf 2003; Schümer 2004; Solga/Wagner 2008).
g) Empirische Studien belegen, dass die Schulformselektion nicht allein auf der Basis individueller Leistungen erfolgt, auch die Bestandsinteressen von Schulen prägen die Überweisungsempfehlungen von Lehrerinnen und Lehrern (Gomolla/Radtke 2002). Dies gilt nicht allein für Haupt- und Förderschulen, auch Realschulen haben ein Interesse daran, dass leistungsstarke Schüler nicht an Gymnasien abwandern (Trautmann/Wischer 2011, S. 82).
h) Die Schulformselektion entspricht einem alten ständischen Denken, das modernen Gesellschaften widerspricht (Preuss-Lausitz 2004). Ungleiche Startchancen sollten durch das Bildungssystem nicht verstärkt werden, sondern kompensiert. Dies sei eine Frage der Bildungsgerechtigkeit.

Kritikerinnen und Kritiker der externen Leistungsdifferenzierung von Lerngruppen sprechen sich demnach häufig für eine Verlängerung der Grundschule aus, die ein längeres gemeinsames Lernens ermöglicht. Gefordert wird die Gemeinschaftsschule bzw. die ‚Schule für alle'. Hier knüpfen Autorinnen und Autoren an die so genannten Gesamtschuldebatten (IGS) der 1970er Jahre an. In integrierten Gesamtschulen sollen Schüler und Schülerinnen unabhängig von ihrem Leistungsstand in gemeinsamen Klassen unterrichtet werden. Allerdings gibt es auch in Gesamtschulen ein leistungsdifferenziertes Kurssystem (Fachleistungsdifferenzierung). Dennoch ist prinzipiell der Erwerb aller Schulabschlüsse möglich und die Entscheidung darüber muss nicht bereits nach vier Schuljahren getroffen werden.

Schließlich wird die Reduzierung von Leistungsheterogenität aus der Perspektive der Integrationspädagogik kritisiert. Im Sinne eines Gemeinsamen Unterrichts soll Abschied genommen werden von der schulischen Vorstellung allgemeiner Handlungsabläufe und identischer Lernfortschritte (Schwerdt 2005, S. 100ff.). Aktuelle Brisanz erfährt diese Forderung durch die Diskussion über Inklusion in der Schule.

Trautmann und Wischer warnen allerdings davor, in der Schulformdebatte die einzige Lösung negativer Effekte äußerer Leistungsdifferenzierung zu sehen (Trautmann/Wischer 2011, S. 84-90). Sie verweisen dabei auf die vielbeachtete Begleituntersuchung von Fend zur Gesamtschule der 1970er Jahre. Fend kommt zu dem Schluss, dass die Variationen der Leistungen zwischen den Schulen *innerhalb* einer Schulorganisationsform (dreigliedriges Schulsystem versus Gesamtschule) sehr groß ist und im hohen Maße die Variationen *zwischen* den Schulsystemen übersteigt (Fend 1982).

Manche Kritiker des dreigliedrigen Schulsystems haben zudem die PISA Studien dafür genutzt, auf negative Leistungseffekte des dreigliedrigen Schulsystems zu verweisen. Denn die deutschen Schülerinnen und Schülern lagen in ihren Kompetenzen im internationalen Vergleich eher im Durchschnitt. Schümer warnt allerdings davor, von einem monokausalen Zusammenhang zwischen hohem Leistungsniveau und selektiven bzw. egalitären Schulformen auszugehen. Vielmehr würde die PISA Studie zeigen, dass Länder wie Frankreich, Österreich oder Niederlande zwar eine selektive Schulstruktur haben, im Leistungsniveau allerdings überdurchschnittlich gut abschneiden. Zusammenhänge zwischen sozialer Herkunft und Leistungsniveau gibt es darüber hinaus sowohl in Ländern mit selektiven als auch nichtselektiven Schulformen (Schümer 2008).

Als Zwischenbilanz lässt sich festhalten, dass die Reduzierung von Leistungsheterogenität durch ein dreigliedriges Schulsystem umstritten ist. Gleichzeitig lässt sich der Zusammenhang zwischen sozialer Herkunft und Schulerfolg wahrscheinlich nicht allein auf der schulstrukturellen Ebene lösen. Trautmann und Wischer machen darauf aufmerksam, dass selbst bei der Aufhebung eines dreigliedrigen Schulsystems auch andere Entwicklungen die Reproduktion sozialer Ungleichheit begünstigen könnten wie etwa fachspezifische Leistungsdifferenzierung oder die Abwanderung bildungsprivilegierter Familien an Privatschulen (Trautmann/Wischer 2011, S. 85-89). Im Hinblick auf die zuletzt angeführten empirischen Befunde zum Schulsystemvergleich resümieren Trautmann und Wischer, dass weitere Faktoren in die Problemanalyse einzubeziehen wären wie z.B. Länderunterschiede in der sozioökonomischen Situation, kulturelle Traditionen oder die soziökonomische Bevölkerungszusammensetzung (Trautmann/Wischer 2011, S. 85).

Die bisher angeführten Argumente zur äußeren Leistungsdifferenzierung lassen sich nicht trennen von der Frage, ob heterogene oder homogene Lerngruppen für die Unterrichtsgestaltung vorzuziehen sind. Gröhlich, Scharenberg und Bos (2009) kommen in ihrer Sichtung des Forschungsstandes zu dem Schluss, dass hier mitunter widersprüchliche Befunde vorliegen. Einige internationale Studien verweisen auf leicht positive Effekte einer Lerngruppenhomogenisierung. Diese positiven Effekte gelten allerdings nur für die leistungsstarken Schüler, für leistungsschwache Schüler zeigen sich eher negative Effekte der Leistungsentwicklung (Kulik/Kulik 1982; Luyten/van der Hoeven-van Doornum 1995; Resh/Dar 1992). Dar und Resh kommen darüber hinaus zu dem Schluss, dass die Leistungsgewinne der leistungsschwachen Schülerinnen in heterogenen Klassen die Leistungseinbußen der leistungsstarken Schüler um ein Vielfaches übersteigen (Dar/Resh 1986; siehe auch Linchevki/Kutscher 1998). Andere empirische Studien bzw. Meta-Analysen finden überhaupt keine Effekte der Leistungsgruppierung (Slavin 1990).

Für den deutschen Kontext verweisen Studien aus den 1980er Jahren darauf, dass leistungsstärkere Schüler Leistungseinbußen erleben, wenn der Unterricht auf eine Verringerung von Leistungsunterschieden abzielt (Helmke 1988; Treiber/Weinert 1985). Baumert et al. kommen zu dem Schluss, dass das anregungsreiche Lernmilieu von Gymnasien einen Vorteil für die Lernentwicklung von Schülerinnen und Schülern beim Frühübergang in ein Gymnasium hat (Baumert/Köller/ Schnabel 2000; siehe auch Lehmann 2011).

Treinis und Einsiedler stellen in den 1990er Jahren hingegen fest, dass die Leistungsdiskrepanzen in Grundschulklassen für leistungsstärkere Schüler keine Auswirkungen haben (Treinis/Einsiedler 1996). Auch Gröhlich, Scharenberg und Bos fanden in ihrer Hamburger Schulleistungsstudie KESS, die sich auf die ersten beiden Schuljahre in der Sekundarstufe bezieht, keine negativen Effekte eines größeren Leistungsspektrums in Schulklassen (Gröhlich/Scharenberg/Bos 2009, S. 101).

Zusammenfassend halten Gröhlich, Scharenberg und Bos im Hinblick auf den Forschungsstand zu heterogenen bzw. homogenen Lerngruppen fest:

Empirische Befunde Leistungsheterogenität

Zitat: „Fasst man diese teils widersprüchlichen empirischen Befunde zusammen, kann man annehmen, dass eine Leistungshomogenisierung vermutlich eher positive Auswirkungen auf die Lernentwicklung der leistungsstarken Schülerschaften hat. Den Preis zahlen hier unter Umständen allerdings die leistungsschwächeren Schülerinnen und Schüler, deren Lernerträge in leistungshomogenen Gruppen oft gering ausfallen (...). In leistungsheterogenen Lerngruppen hingegen scheint ein Unterricht, der die Verringerung des klasseninternen Leistungsspektrums zum Ziel hat, insbesondere für die leistungsschwachen Schülerinnen und Schüler von Vorteil zu sein. Für ihre leistungsstarken Klassenkameraden und- kameradinnen muss dies kein Nachteil sein, denn für sie ist es offenbar unter bestimmten Bedingungen möglich, das hohe Niveau zu halten“ (Gröhlich/Scharenberg/Bos 2009, S. 91-92).

Helmke und Weinert erklären die uneinheitliche Befundlage auch damit, dass die Effektivität der Fähigkeits- und Leistungsgruppierungen von sehr vielen Bedingungsfaktoren abhängt (Helmke/Weinert 1997, S. 93). Weitere Autorinnen und Autoren argumentieren, dass auch die Möglichkeiten des sozialen Lernens *für* heterogene Leistungsgruppen sprechen (Graumann 2003; Eckhart 2009). Dies würde allerdings auch voraussetzen, dass Lernen in heterogenen Gruppen durch Lehrkräfte auch bewusst gestaltet werden (Werning 2004).

Trautmann und Wischer konstatieren, dass die Frage der optimalen Leistungsförderung für alle, eben auch nur ein mögliches Ziel der schulischen Förderung darstellt, das durchaus im Konflikt stehen kann zu dem Ziel des Leistungsausgleichs im Sinne der Chancengleichheit. Die Frage der Leistungsheterogenität ist somit nicht zuletzt eine Frage, in welcher Gesellschaft man leben möchte:

> „Wer der Meinung ist, dass besonders die Leistungsstärksten die Gesellschaft voranbringen (und dann auch die Schwächeren stützen können), der wird weiterhin für eine möglichst frühe Trennung votieren, allenfalls das Selektionsverfahren zugunsten einer wirklichen Auswahl nach Verdienst (merit) optimieren wollen. Wer diese Überzeugung dagegen nicht teilt

> und dagegen glaubt, dass Chancengleichheit das höherwertige Ziel ist oder sich für eine egalitäre Gesellschaft ausspricht, wird sich für das längere gemeinsame Lernen aussprechen. Man sieht auch hier: Bei der Differenzierungs- und Heterogenitätsthematik geht es ganz zentral um Zielfragen und Wertentscheidungen, den gesellschaftlichen Umgang mit Unterschieden betreffen“ (Trautmann/Wischer 2011, S. 90).

Zusammengefasst stehen bei der deskriptiven Bedeutungsdimension von Heterogenität ‚Unterschiede‘ im Fokus. Gemeint sind sowohl Unterschiede bzw. Unterschiedlichkeiten, die auf individuelle Persönlichkeitsmerkmale der Schüler zurückzuführen sind als auch kulturelle Unterschiede (Individualisierung, Pluralisierung, Mehrsprachigkeit, religiöse Pluralität). Hier ergeben sich viele Wechselbeziehungen zu den anderen Bedeutungsdimensionen von Heterogenität. Die Unterschiede sollen eine Wertschätzung erfahren, so die evaluative Bedeutungsdimension. Und sie sollen didaktisch produktiv aufgegriffen werden, so die didaktische Bedeutungsdimension. Der Gedanke, Heterogenität als Chance zu begreifen, wird mit den Fokus auf ‚Unterschiede‘ sicherlich am wenigsten kritisch hinterfragt.

Kontrovers diskutiert wird hingegen, ob Leistungsheterogenität ebenfalls nur unter dem Aspekt ‚Unterschiede‘ fokussiert werden kann. Es geht um die Frage, ob Leistungsunterschiede als ein individuelles Heterogenitätsmerkmal angesehen wird oder unter ungleichheitskritischen Gesichtspunkten in einen größeren Kontext gestellt werden muss, der die schulischen und gesellschaftlichen Bedingungen einbezieht. Diese Frage betrifft auch die didaktische Bedeutungsdimension von Heterogenität, die im nächsten Abschnitt im Fokus steht.

2.2.4 Didaktische Bedeutungsdimension: Heterogenität als didaktische Herausforderung

In einer vierten Bedeutungsdimension wird *Heterogenität als didaktische Herausforderung* fokussiert. Häufig findet sich hier auch die Formel ‚Umgang mit Heterogenität‘. Es geht demnach darum, welche handlungspraktischen Konsequenzen die Akzeptanz von Heterogenität für die Organisation und Gestaltung von Lernprozessen hat (Wischer 2009, S. 69). Wechselbeziehungen zur evaluativen Bedeutungsdimension ‚Heterogenität als Chance‘ sind hier deutlich erkennbar, denn implizit wird damit auch für eine Anerkennung von Heterogenität plädiert.

Da sich dieses Lehrbuch darauf konzentriert, die Konturen von Heterogenität nachzuzeichnen, werden im folgenden keine didaktischen Modelle präsentiert, wie Heterogenität im Unterricht konkret aufgegriffen werden kann. Es geht vielmehr darum, die didaktische Bedeutungsdimension von Heterogenität näher zu bestimmen. Dies geschieht allerdings auch in der Überzeugung, dass eine Reflexion der Bedeutungsdimensionen von Heterogenität (nicht nur der didaktischen Bedeutungsdimension) wichtig für pädagogisches Handeln ist.

In der didaktischen Bedeutungsdimension von Heterogenität werden Fragen behandelt, die den didaktischen Umgang mit heterogenen Lernvoraussetzungen betreffen: die Notwendigkeit förderorientierter Lerndiagnosen, die Entwicklung adaptiver Lernangebote, die Potenziale des jahrgangsübergreifenden Lernens, die didaktische Problematisierung von Leistungsheterogenität oder der gemeinsame Unterricht von behinderten und nicht-behinderten Schülern (Schwerdt 2005; Boller/Rosowski/Stroot 2007; Eckhart 2009; Buholzer 2011; Schilmöller 2011).

Zu diesem Themenkomplex gehört auch die übergeordnete Frage, wie Lerngruppen überhaupt zusammengesetzt sein sollen: ist Heterogenität eher zu maximieren oder zu minimieren, nach welchen Heterogenitätsmerkmalen werden Lerngruppen zusammengesetzt?, welche Heterogenitätsdimensionen sollen ignoriert werden? wie beeinflusst die äußere Differenzierung des gegliederten Schulsystems die Zusammensetzung von Lerngruppen? (vgl. Wischer 2009, S. 69).

Antworten auf diese Fragen werden insbesondere von Unterrichtskonzepten wie Individualisierung, Differenzierung, Projektunterricht oder zieldifferentem Lernen erwartet (Graumann 2002; Schwerdt 2005; Grunder 2009b; Prengel 2004 u. 2009). Lehrpersonen sollen sich vom Frontalunterricht verabschieden und mit dem variablen Einsatz von Materialien, Methoden und Sozialformen differenzierende Lernarrangements anbieten, die auf die individuellen Bedürfnisse der Lernenden eingehen (Prengel 2009).

Im Zentrum der didaktischen Bedeutungsdimension stehen nun auch die Lehrer und Lehrerinnen selbst. Beispielsweise werden ihre Einstellungen zu Heterogenität problematisiert (Preuss-Lausitz 2001; Reh 2005; Hirschauer/Kullmann 2010). Gefordert wird zudem, dass Lehrer Heterogenität bzw. die darin liegenden Chancen auch *wahrnehmen* müssen. Im Mittelpunkt stehen damit ebenfalls ihre diagnostisch-methodischen Kompetenzen.

Trautmann und Wischer fragen hier kritisch nach, warum Lehrer in der Heterogenitätsdebatte als eigentliche Reformmotoren identifiziert werden. Sie geben zu bedenken, dass auf diese Weise eine Verlagerung der Probleme von der Schulsystemebene auf die Unterrichtsebene bzw. dem Lehrerhandeln stattfindet. Unhinterfragt bleiben aus ihrer Sicht die äußeren Rahmenbedingung wie z.B. die Selektions- bzw. Allokationsfunktion von Schule, die Orientierung an Bildungsstandards oder die Orientierung der modernen Schule an ‚Massenlernprozessen' (im Gegensatz zum Hauslehrermodell) (Trautmann/Wischer 2011, S. 105-137).

Die in der Heterogenitätsdebatte angeführten didaktischen Modelle setzen häufig an reformpädagogischen Kindheits- und Menschenbildern an (Graumann 2003, S. 134f.; Prengel 2009; Schillmöller 2011, S. 6f.). Historisch gesehen ist die pädagogische Orientierung an einem heterogenitätssensiblen Unterricht demnach nicht neu. Die Forderung, dass Lehrer sich an den individuellen Bedürfnissen bzw. der Einzigartigkeit des Kindes orientieren sollen, wird bereits Anfang des 20. Jahrhunderts von Reformpädagogen erhoben. Ziele der Reformpädagogik waren ebenfalls Selbsttätigkeit bzw. Eigenverantwortung sowie ein entdeckendes, soziales und ganzheitliches Lernen (Trautmann/Wischer 2011, S. 23).

In gewisser Weise war Heterogenität auch bereits ein zentrales Thema in den 1970er Jahren, wenn es um die Bildungsreform bzw. die Gesamtschuldebatte ging. Diese Debatte wurde allerdings unter anderen Begriffen geführt, denn hier stand insbesondere die Frage nach geeigneten Formen der schulischen Differenzierung im Zentrum. Diese Frage wurde sowohl schulorganisatorisch (äußere Differenzierung) als auch didaktisch (innere Differenzierung/Fächerdifferenzierung) gestellt (Klafki/Stöcker 1976).

Der bisherige Überblick über das Themenfeld der didaktischen Bedeutungsdimension von Heterogenität macht möglicherweise ein paar Begriffsklärungen notwendig. Der Unterschied zwischen äußerer und innerer Differenzierung wurde bereits unter dem Aspekt der Leistungsheterogenität angesprochen (Kap. 2.2.3).

Äußere versus innere Differenzierung

Zitat: „‚Innere Differenzierung‘ meint dabei alle Differenzierungsformen, die *innerhalb* einer gemeinsam unterrichteten Klasse oder Lerngruppe vorgenommen werden, im Unterschied zu allen Formen so genannter *äußerer* Differenzierung, in der Schülerpopulationen nach irgendwelchen Auswahl- oder Gliederungskriterien – zum Beispiel den Gesichtspunkten unterschiedlichen Leistungsniveaus oder unterschiedlichen Interessen – in Gruppen aufgeteilt werden, die räumlich getrennt und von verschiedenen Personen bzw. zu verschiedenen Zeiten unterrichtet werden“ (Klafki 2007, S. 173, [1985]).

Die äußere Differenzierung betrifft demnach die Ebene der Schulorganisation bzw. den institutionellen Rahmenbedingungen von Schule. Äußere Differenzierung findet zudem nicht allein auf der Basis von Leistung statt, auch andere Differenzierungsmerkmale können hier relevant gesetzt werden wie Geschlecht, Religion oder Schulprofile (Sport, Musik, Sprachen).

Innere Differenzierung bzw. Binnendifferenzierung bezieht sich dagegen auf Lerngruppen. Didaktische Differenzierungsmerkmale können hier z.B. Lerninteressen, Motivation, Lerntempo oder Lernstile sein (Paradies/Linser 2001). Meyer-Willner unterscheidet zwischen zwei Formen der inneren Differenzierung:

1) Differenzierung durch Methoden und Medien bei gleichen Zielen
2) Differenzierung durch Variation der Inhalte und Ziele (Meyer-Willner 1979, S. 61). Diese Unterscheidung ist wichtig, da sie die fundamentale Frage berücksichtigt, ob ein differenzierter bzw. individualisierter Unterrichts alle zum gleichen Ziel führen will bzw. soll oder auf eine gemeinsame Zielerreichung verzichtet. Auf die damit einhergehenden potenzielle Probleme wird noch zurückgekommen.

Individualisierung bedeutet wiederum die „didaktische Orientierung an der Lern- und Leistungsfähigkeit des Einzelnen" (Tenorth/Tippelt 2012, S. 334). Ein individualisierter Unterricht berücksichtigt demnach die individuellen Lern- und Bildungsvoraussetzungen des Schülers bzw. der Schülerin. Innere Differenzierung kann dafür eine günstige Voraussetzung sein bzw. Individualisierung ergibt sich quasi automatisch in einem differenzierten Unterricht (Paradies/Linser 2001, S. 46). Es ist demnach nicht erstaunlich, dass Differenzierung und Individualisierung in der Heterogenitätsdebatte häufig begrifflich austauschbar erscheinen.

Adaptiver Unterricht bedeutet, dass das Lernen bzw. Lehren an die vorgegebenen individuellen Bedürfnisse, Interessen und Lernvoraussetzungen des Schülers bzw. der Schülerin angepasst werden. Es geht demnach um eine optimale Passung zwischen Lernvoraussetzung und Lernangebot (Corno/Snow 1986). Dies erfordert wiederum von Lehrerinnen und Lehrern hohe ***diagnostische Förderkompetenzen.*** Letztere sind deshalb ebenfalls ein zentrales Thema der didaktischen Bedeutungsdimension von Heterogenität (Lorenz 2002; Schwerdt 2005; Hanke 2005).

Trautmann und Wischer haben einige Bausteine für innere Differenzierung zusammengefasst, die sich in der Heterogenitätsdebatte wiederfinden (s. Kasten S. 47).

Einschränkend muss allerdings eingewandt werden, dass Differenzierung noch nicht mit einer positiven Bewertung von Heterogenität einhergehen *muss*. Differenzierung kann in jahrgangsübergreifenden Klassen bspw. erneut zur Homogenisierung von Lerngruppen führen (Wischer 2009). Des Weiteren müssen Differenzierung bzw. Individualisierung aus einer ungleichheitskritischen Perspektive auch nicht unbedingt positive Effekte haben. Gleichwohl es sich zunächst einmal positiv anhört, dass das Kind bzw. Individuum im Zentrum des pädagogischen Handelns steht. Allerdings können innere Differenzierung bzw. Individualisierung auch das Leistungsspektrum der Schüler immer weiter auseinanderziehen, wenn keine kompensatorischen Maßnahmen ergriffen werden.

Bausteine innerer Differenzierung *(Trautman/Wischer)*

Zitat:„Lerndiagnosen, die aktuellen Stärken und Defizite in spezifischen Teilbereichen eruieren, sowie *Lernaufgaben und -angebote*, die eine Passung zwischen Lernvoraussetzungen und Lernzielen ermöglichen.

- Unterschiedliche *Ziele und Unterrichtsinhalte*: Diese können sich von Schüler zu Schüler unterscheiden, mit dem Effekt eines differenzierten/differenzierenden Curriculums. Die Rede ist auch von ‚zielgleichem' und ‚zieldifferenten Lernen'. Oder es können im ‚Fundamentum' jene Lernziele festgehalten werden, die für alle SchülerInnen in gleicher Weise relevant sind; im ‚Additum' finden sich Zusatzaufgaben, interessante Anwendungen, Vertiefungen und Übertragungen für diejenigen, die von einer Erarbeitung im Durchschnittstempo unter- oder überfordert sind oder denen spezielle Übungsmöglichkeiten angeboten werden sollen.
- Dies alles ist eingebettet in *flexible Unterrichtsformen*, die das Lernen an unterschiedlichen Aufgaben zulassen. Hier werden oft reformpädagogische Konzepte wie Frei- und Planarbeit oder Projekte genannt. Daneben verbinden sich auch hohe Erwartungen mit verschiedenen Formen des kooperativen Lernens.
- Voraussetzung ist die Anbahnung *selbständigkeitsorientierter Lernformen*: unterschiedliche, aber zielgleich ablaufende Lernprozesse sind nur möglich, wenn die Lerner ihren Lernprozess eigenständig(er) organisieren können. Neben der Entwicklung und Vorgabe von Lernaufgaben wirkt die Lehrperson durch *Lernberatung* und durch *Instruktion*, wo diese helfen, Lernziele zu erreichen.
- Formen der *Leistungsbeurteilung*, die individualisierten Lernwegen nicht widersprechen, sowie ein ökonomisches System der *Leistungsdokumentation*, das es erlaubt, Lernstand, Fördermaßnahmen und Diagnosen festzuhalten (z.B. in Form eines ‚Förderplans').
- *Didaktische Materialien* und *Räumlichkeiten*, die innere Differenzierung erleichtern" (Trautmann/Wischer 2011, S. 121; *Herv. durch Verf.*).

Bereits in den 1970er Jahren wurde deshalb kritisiert, dass sich das Leistungsprinzip umso stärker durchsetzt, wenn nur noch die individuelle Förderung des Einzelnen im Blick genommen wird und nicht mehr die gemeinsame Zielerreichung (Trautmann/Wischer 2008, S. 164; Kiper 2008, S. 97). Es stellen sich somit für das Bildungssystem, aber auch für Lehrerinnen und Lehrer einige fundamentale Fragen: sollen Schülerinnen und Schüler den gleichen Lernstand erreichen oder soll jeder Schüler individuell soweit gefördert werden, wie er oder sie im Unterricht mit individualisierenden Methoden kommt? Soll also allen das Gleiche geboten werden oder jedem das seine? Wie steht es mit der Chancengleichheit, wenn auf kompensatorische Maßnahmen bzw. das Erreichen gleicher Lernziele verzichtet wird? (vgl. Kiper 2008, S. 97).

Auf diese Fragen wurde bereits in der Differenzierungsdebatte der 1970er Jahre kritisch aufmerksam gemacht (Trautmann/Wischer 2008, S. 164). Damals wurde diese Debatte allerdings noch in einen Zusammenhang mit der Kritik an eine ‚äußere Differenzierung' gebracht. Denn innere Differenzierung war in der Bildungsreformdebatte zentral mit der Realisierung von Chancengleichheit verbunden und sollte äußere Differenzierung verhindern. Im Gegensatz dazu, so Eckhart, findet in der aktuellen Heterogenitätsdebatte eine Entkoppelung von Fragen der inneren und äußeren Differenzierung statt (Eckhart 2010). So steht nach Wischer im gegenwärtigen Heterogenitätsdiskurs nicht mehr die Organisationsperspektive im Vordergrund, vielmehr wird Heterogenität eher von der Lernerseite aus reflektiert. Diese subjektbezogene Perspektive würde sich durch den Rekurs auf moderne konstruktivistische Lerntheorien in Heterogenitätsdebatten noch verstärken (Wischer 2009, S. 86f.; siehe auch Trautmann/Wischer 2008).

Wischers Kritik kann sicherlich nicht pauschal auf die gesamte Heterogenitätsdebatte übertragen werden, da sich -wie bereits gezeigt- in aktuellen Publikationen zu Heterogenität durchaus Bezüge zu sozialen Ungleichheiten finden. Darüber hinaus werden auch in einigen allgemeindidaktischen Beiträgen zu Heterogenität soziale Ungleichheiten reflektiert (z.B. Graumann 2003; Prengel 2009; Miller/Brinkmann 2012). Allerdings verweist Wischers Kritik auf die Risiken, die entstehen, wenn die Bedeutungsdimension ‚Heterogenität als didaktische Herausforderung' von der Thematisierung sozialer Ungleichheiten abgekoppelt wird. Die Berücksichtigung der Wechselbeziehungen zwischen diesen Bedeutungsdimensionen sind durchaus in erziehungswissenschaftlichen Beiträgen vorhanden, dennoch theoretisch nicht zwingend vorgegeben. Dies verweist nicht zuletzt auf ein theoretisches Desidarat im Konzept Heterogenität.

Aus der Perspektive der Integrationspädagogik wiederum, ist die Verabschiedung von gleichen Lernzielen eine Voraussetzung für gemeinsames Lernen. Ihnen stellt sich die Frage, wie Kinder mit Behinderungen an einem gemeinsamen Unterricht teilnehmen können. Die Integrationspädagogik warnt allerdings davor, dass Individualsierung zu einem unkoordinierten Nebeneinander der Lernenden führt und Lernprozesse nicht mehr aufeinander bezogen werden. Favorisiert werden deshalb didaktische Modelle wie das Lernen am gemeinsamen Gegenstand oder zieldifferentes Lernen. Bei diesen Formen des kooperativen Lernens stehen nicht die Unterschiede der Lernenden im Fokus, sondern die gemeinsamen Ziele, Aufgaben und Bedürfnisse bei unterschiedlichen Lernvoraussetzungen (Schwerdt 2005, S. 102; Müller/Brinkmann 2012).

Ein weiterer Einwand gegen Differenzierung bzw. Individualisierung aus einer ungleichheitskritischen Perspektive ist die Feststellung, dass entsprechende didaktische Modelle zum Teil sehr voraussetzungsvoll sind, was die Selbststeuerung eigener Lernprozesse betrifft. D.h. für bildungsbenachteiligte Schülerinnen und Schüler können unstrukturierte Lernsituationen auch Nachteile mit sich bringen.

So geben einige Autoren zu bedenken, dass Methoden wie Freiarbeit oder Stuhlkreise eher Kindern aus der Mittelschicht entgegenkommen, die gewohnt sind, sich verbal zu äußern oder bereits in der Familie Diskussionskulturen kennengelernt haben (Prengel 2009; Miller/Brinkmann 2012). Entsprechende Einwände werden durch die schichtspezifische Sozialisationsforschung gestützt (Bernstein 1972; Jünger 2008). Allerdings gilt es hier auch, entsprechende Stereotypisierung bzw. Konstruktionen von ‚schichtspezifischen Sozialcharakteren' zu vermeiden.

Schließlich kann innere Differenzierung auch zur Stigmatisierung führen, so die Kritik, da lernschwachen Schülern immer wieder vorgeführt wird, dass für sie nur bestimmte Lernmaterialien vorgesehen sind oder andere Kinder ein schnelleres Lerntempo vorlegen. Wobei entsprechende Probleme auch bei herkömmlichen Unterrichtsmethoden zum Tragen kommen können.

Zusammengefasst zeigen sich demnach erneut Wechselbeziehungen zu den anderen Bedeutungsdimensionen von Heterogenität. Es ist deutlich geworden, dass die didaktische Bedeutungsdimension in einer engen Wechselbeziehung zu ungleichheitskritischen Bedeutungsdimension von Heterogenität steht, denn es werden Grundsatzfragen der Anerkennung von Gleichheit oder Differenz aufgeworfen und damit „im Kern auch elementare Gerechtigkeitsfragen" (Trautmann/Wischer 2011, S. 14). Im Hinblick auf die Forderung, Heterogenität als Chance zu sehen stellt sich wiederum die Frage, wie sich die Wertschätzung von Heterogenität mit dem schulischen Auftrag der Selektion verträgt bzw. wie ein Unterricht gestaltet werden muss, um für Schülerinnen und Schülern tatsächlich zur Chance zu werden.

2.3 Kritik an Heterogenität

Innerhalb der schulpädagogischen Heterogenitätsdebatte lassen sich verschiedene Bedeutungsdimensionen von Heterogenität identifizieren. Wie wir gesehen haben, stehen diese Bedeutungsdimensionen dabei mitunter in Wechselbeziehungen und lassen sich folglich nur analytisch trennen. Im Unterschied zu Diversity oder Intersektionalität lassen sich allerdings keine Prämissen bzw. Bedeutungsdimensionen ausmachen, die von *allen* Autorinnen und Autoren in der Heterogenitätsdebatte gleichermaßen geteilt werden. Teilweise widersprechen sich die Bedeutungsdimensionen auch. Dies verweist nicht zuletzt auf ein Theoriedefizit in der Heterogenitätsdebatte (Walgenbach i.E.).

Auch Jürgen Budde kritisiert die unscharfe Verwendung des Heterogenitätsbegriffs, was ihn in der Konsequenz untauglich für eine systematische Verwendung machen würde. Er empfiehlt einen kulturtheoretisch informierten Perspektivenwechsel in der Schul- und Unterrichtsforschung, der nicht mehr nach dem ‚Umgang mit Heterogenität' fragt, sondern in einem reflexiven Selbstverhältnis die Konstruktionen bzw. Konzeptionen von Heterogenität analysiert. Denn die Definitionen von

Heterogenität laufen aus seiner Sicht ins Leere, wenn sie voraussetzen, was sie eigentlich beschreiben wollen (Budde 2012b).

Eine ganz andere Kritik formulieren einige Autoren und Autorinnen der Integrationspädagogik bzw. inklusiven Pädagogik. Sie hinterfragen die grundsätzliche Ablehnung einer pädagogischen Orientierung an einer ‚Normalentwicklung', die sie im Heterogenitätsdiskurs identifizieren. Mögliche Entwicklungsprobleme bzw. noch nicht realisierte Entwicklungspotenziale, so die Kritik, können bei einer an Wertschätzung von Heterogenität orientierten Perspektive nicht in den Blick genommen werden. Damit würden allerdings auch gesellschaftliche Benachteiligungen aus dem Fokus geraten, die Entwicklungspotenziale verhindern (Katzenbach 2000).

In diesem Sinne argumentiert etwa Ulrike Meister, dass jede pädagogische Intervention von einer Differenz zwischen momentan wahrgenommenen Zustand und Vermögen des Kindes gekennzeichnet ist. Dies würde allerdings auch die Identifizierung einer ‚erstrebenswerten Norm' als Orientierungslinie der Entwicklung erfordern sowie die explizite Benennung von Einschränkungen für den Menschen mit Behinderungen (Meister 2007, S. 25).

Emmerich und Hormel wiederum verweisen auf unbeantwortete Fragen im Heterogenitätsdiskurs. Sie würden auf ein ‚*Matching*'-Problem hinweisen, da die Frage, wie schulexterne Kategorien und schulinterne Kategorien (Lern- und Leistungsmerkmale) in ein Passungsverhältnis gebracht werden sollen nicht zu beantworten ist:

> „Daraus resultieren diskursimmanent erzeugte Aporien: An den Kindern beobachtete soziale Gruppenmerkmale sollen förderbezogen relevant und *zugleich* selektionsbezogen irrelevant sein; sie sollen für die ‚Verschiedenheit der Begabungen' sensibilisieren und *zugleich* sozial gefilterte Urteile verhindern; sie sollen die Gestaltung von Leistungsgruppierungen orientieren und zugleich für die Leistungsbewertung außer Kraft gesetzt werden. Die sachliche Plausibilität heterogenitätssensibler Differenzierungsstrategien, Didaktiken, Methodiken und Diagnostiken ist dabei konstitutiv an die *operative Fiktion* ‚realistischer' Begabungs- und vor allem Leistungszuschreibung im Prozess der pädagogischen Beobachtung gebunden" (Emmerich/Hormel 2013, S. 179- 180; *Herv. durch Verf.*).

Letztlich sprechen Emmerich und Hormel hier auch ein Problem an, auf das bereits Trautmann und Wischer hingewiesen haben. Wie bereits erwähnt, übernimmt Schule in modernen Gesellschaften eben auch eine Selektions- und Allokationsfunktion. Das heißt, Kinder und Jugendliche sollen auf der Basis ihrer Leistungen auf unterschiedliche bzw. ungleiche Positionen in der Gesellschaft verteilt werden. Für Lehrer ergibt sich daraus eine ambivalente Aufgabenstruktur, so Trautmann und Wischer, sie sind gewissermaßen Anwalt und Richter zugleich: sie sollen den Einzelnen fördern und sie müssen zugleich die erbrachten Leistungen vergleichend bewerten. Das heißt auch, die Schüler werden in eine Rangfolge gebracht, die wiederum über Qualifikationen, berufliche Laufbahnen und soziale Positionen entscheiden (Trautmann/Wischer 2011, S. 93-94).

Der Heterogenitätsdiskurs, so Trautmann und Wischer weiter, würde lediglich die systeminternen Selektionsprozesse fokussieren, nicht aber Lösungen bzw. Alternativen anbieten für die umweltrelevante Allokationsfunktion der Schule überhaupt (ebd. 103-104). Stattdessen würde die Heterogenitätsdebatte nur noch die innere Differenzierung thematisieren, womit die Selektionsproblematik unsichtbar gemacht wird, aber aufgrund verfeinerter Diagnostik womöglich umso stärker durchschlägt (ebd. 134). Alternativ dazu plädieren die Autoren für eine professionelle Ausbalancierung der Antinomie von Fördern *und* Auslesen:

> „Mit Blick auf die hohen Anforderungen auf der einen Seite und die nicht nur institutionell bedingten Grenzen auf der anderen Seite, käme es darauf an, sich als Lehrkraft ein realistisches Bild von den tatsächlich vorhandenen Möglichkeiten und Grenzen zu verschaffen, d.h. den eigenen Handlungsspielraum angemessen auszuloten. Dies könnte eine Selbstüberforderung, aber auch eine Selbstbeschränkung durch vorzeitige Reformabwehr vermeiden" (Trautmann/Wischer 2011, S. 135).

Zusammenfassung Heterogenität

Historische Traditionen:

- Differenz in der deutschen Schulgeschichte
- PISA als Gründungsnarrativ

Bedeutungsdimensionen von Heterogenität (Schulpädagogik)

- *Evaluative Bedeutungsdimension*: Heterogenität wird bewertet als Chance, Herausforderung oder Belastung. Chancen werden insbesondere in der Individualisierung von Lernprozessen sowie in kooperativen Lernformen gesehen.
- *Ungleichheitskritische Bedeutungsdimension*: Heterogenität als Produkt sozialer Ungleichheiten. Soziale Heterogenität wird von außen in die Schule hineingetragen und durch soziale Praktiken *innerhalb* der Schule selbst hergestellt. Heterogenitätsdimensionen: Schicht/soziales Milieu, Geschlecht, Migration, Behinderung.
- *Deskriptive Bedeutungsdimension*: Heterogenität im Sinne von ‚Unterschiede' wird beobachtet bzw. pädagogisch bearbeitet. Unterschiede werden sowohl im Individuum verortet (individuelle Persönlichkeitsmerkmale) als auch als Effekte gesellschaftlicher Entwicklungen gesehen (Individualisierung, Pluralisierung, kulturelle Unterschiede, Mehrsprachigkeit, religiöse Pluralität). Kontrovers diskutiert wird die Leistungsheterogenität (→ Wechselbeziehung ungleichheitskritische Bedeutungsdimension).
- *Didaktische Bedeutungsdimension:* Heterogenität als didaktische Herausforderung. Heterogenität wird unter dem Aspekt der Organisation bzw. Gestaltung von Lernprozessen fokussiert: Innere Differenzierung, Individualisierung, jahrgangsübergreifendes Lernen, Förderdiagnostik, adaptiver Unterricht, zieldifferentes Lernen, Gemeinsames Lernen etc.

Zum Weiterlesen

Faulstich-Wieland, Hannelore (Hrsg.) (2011): Professionswissen für Lehrerinnen und Lehrer. Umgang mit Heterogenität und Differenz. Baltmannsweiler.

Heinzel, Friederike/Prengel, Annedore (Hrsg.) (2002): Heterogenität, Integration und Differenzierung in der Primarstufe. Opladen.

Hinz, Renate/Walthes, Renate (Hrsg.) (2009): Heterogenität in der Grundschule. Den pädagogischen Alltag erfolgreich bewältigen. Weinheim/Basel.

Trautmann, Matthias/Wischer, Beate (2011): Heterogenität in der Schule. Eine kritische Einführung. Wiesbaden.

Wenning, Norbert (2004): Heterogenität als neue Leitidee der Erziehungswissenschaft. Zur Berücksichtigung von Gleichheit und Verschiedenheit. In: Zeitschrift für Pädagogik, Jg. 50, Heft 4, 565-582

3 Intersektionalität

3.1 Historische Traditionen von Intersektionalität
3.1.1 Differenzdebatten in der US-amerikanischen Frauenbewegung
3.1.2 Differenzdebatten in der deutschen Frauenbewegung

3.2 Das Diskursfeld Intersektionalität
3.2.1 Intersectionality (Crenshaw)
3.2.2 Intersektionalität, Interdependenzen, interdependente Kategorien
3.2.3 Fokus Macht- und Herrschaftsverhältnisse

3.3 Kontroversen um soziale Kategorien: Auswahl, Gewichtungen und methodologische Zugangsweisen
3.3.1 Das ‚Etcetera'- Problem
3.3.2 Warum Geschlecht etwas ‚Besonderes' ist (Rendtorff)
3.3.3 Anti-kategoriale, intrakategoriale, inter-kategoriale Zugangsweisen (McCall)
3.3.4 Quantitative Zugänge in der Intersektionalitätsforschung
3.3.5 Gesellschaftstheoretische Ansätze in der Intersektionalitätsforschung
3.3.6 Intersektionale Mehrebenenanalyse (Winker/Degele)

3.4 Intersektionalität in Erziehungswissenschaft und pädagogischen Handlungsfeldern
3.4.1 Wechselbeziehungen von sozialen Kategorien in pädagogischen Kontexten
3.4.2 Funktionen und Bedeutungen von sozialen Kategorien in pädagogischen Kontexten
3.4.3 Wechselbeziehungen von Ebenen in pädagogischen Kontexten
3.4.4 Intersektionalität in der pädagogischen Praxis

3.5 Kritik an Intersektionalität

3 Intersektionalität

Der Begriff *Intersectionality* wurde erstmals 1989 von der US-amerikanischen Juristin Kimberlé Crenshaw eingeführt (Crenshaw 1989). Der Terminus Intersektionalität ist damit historisch in einem antidiskriminierungsrechtlichen Kontext verortet mit Bezügen zum *Black Feminism* und der *Critical Race Theory* (Chebout 2011). Aufgrund seiner Herkunft wird Intersektionalität vor allem in den Gender Studies aufgegriffen. Intersektionalität hält allerdings auch Einzug in weitere theoretische und praktische Arenen wie *Cultural Studies, Diversity Education* oder Menschenrechtsdiskursen der *United Nations* (Czollek/Weinbach 2007; Davis 2008a; Yuval-Davis 2009).

In Deutschland wurde der Begriff Intersektionalität ursprünglich in der Erziehungswissenschaft von Helma Lutz eingeführt (Lutz 2001, S. 217). Als historische Zäsur der Intersektionalitätsdebatte wird allerdings häufig der Artikel von Gudrun-Axeli Knapp im Jahr 2005 wahrgenommen, in dem sie fragt, ob *Intersectionality* ein neues Paradigma feministischer Theorie sein könnte (Knapp 2005).

Für die Erziehungswissenschaft ist sowohl der antidiskriminierungsrechtliche Kontext wichtig als auch erweiterte Perspektiven der Sozialwissenschaften auf Intersektionalität[1]. Letztere begreifen Intersektionalität in einem breiteren Sinne als Analyseperspektive auf Ungleichheits- Macht- und Herrschaftsverhältnisse. Manche gesellschaftstheoretische Ansätze sehen in Intersektionalität auch ein umfassenderes Theorieprogramm (Klinger 2003; Winker/Degele 2009; Gutiérrez Rodríguez 2011). Gleichwohl eine nähere Bestimmung von Intersektionalität im deutschsprachigen Raum als *work in progress* angesehen werden muss, soll hier für einen ersten Zugang zum Themenfeld eine Definition präsentiert werden:

1 An der Erweiterung des Begriffs *Intersectionality* gibt es allerdings auch Kritik. Beispielsweise kritisiert Chebout die Pluralisierungstendenzen und Re-Artikulationsversuche in den deutschsprachigen Gender Studies, wenn die Arbeiten von Crenshaw aus dem antidiskriminierungsrechtlichen Kontext der Critical Race Studies herausgelöst werden (Chebout 2011).

Definition Intersektionalität

Unter Intersektionalität wird verstanden, dass historisch gewordene Macht- und Herrschaftsverhältnisse, Subjektivierungsprozesse sowie soziale Ungleichheiten wie Geschlecht, Sexualität/Heteronormativität, *Race*/Ethnizität/Nation, Behinderung oder soziales Milieu nicht isoliert voneinander konzeptualisiert werden können, sondern in ihren ‚Verwobenheiten' oder ‚Überkreuzungen' (*intersections*) analysiert werden müssen. Additive Perspektiven werden überwunden, indem der Fokus auf das *gleichzeitige Zusammenwirken* von sozialen Kategorien bzw. sozialen Ungleichheiten gelegt wird. Es geht demnach nicht allein um die Berücksichtigung mehrerer sozialer Kategorien, sondern ebenfalls um die Analyse ihrer *Wechselwirkungen.*

Intersektionalität kann keinen Alleinvertretungsanspruch für sich deklarieren, wenn es um die Analyse von Wechselbeziehungen sozialer Kategorien bzw. Machtverhältnisse geht. In der Geschlechterforschung gibt es bspw. durchaus Theorien, die ebenfalls die Wechselbeziehungen von sozialen Ungleichheiten adressieren. Allerdings konnten Ansätze wie *Doing Difference* (Fenstermaker/West) oder *Dreifache Vergesellschaftung* (Lenz) keine vergleichbare Relevanz in der erziehungswissenschaftlichen Forschung oder pädagogischen Praxis entfalten. Dies liegt vermutlich daran, dass Intersektionalität offen ist für unterschiedliche Theorien, Methodologien oder Methoden. Diese Offenheit bzw. Unbestimmtheit wird häufig als Stärke *und* Schwäche von Intersektionalität angesehen (McCall 2005; Davis 2008a; Walgenbach 2010).

Auf der anderen Seite ist Intersektionalität wiederum eng gefasst, denn das Diskursfeld zielt ausschließlich auf soziale Ungleichheiten bzw. Machtverhältnisse. Dadurch unterscheidet sich Intersektionalität auch von Diversity oder Heterogenität, die in dieser Hinsicht weitaus deutungsoffener angelegt sind. Beispielsweise sind ‚Leistungsheterogenität' oder ‚Fachkompetenz' kein Gegenstand von intersektionalen Analysen in der Erziehungswissenschaft. Das Forschungsfeld bzw. der gemeinsame Bezugspunkt von Intersektionalität sind vielmehr Macht-, Herrschafts- und Normierungsverhältnisse bzw. Subjektivierungsprozesse, die soziale Strukturen, Repräsentationen, Praktiken und Identitäten (re)produzieren.

3.1 Historische Traditionen von Intersektionalität

Historisch gesehen gingen der Einführung des Begriffs *Intersectionality* durch Kimberlé Crenshaw im Jahr 1989 zahlreiche Debatten voraus. Dazu gehörten sowohl theoretische Entwürfe in der Frauen- und Geschlechterforschung als auch politisch-theoretische Debatten innerhalb bzw. zwischen unterschiedlichen Frauenbewegung*en* (plural). In der Geschlechterforschung werden diese historische Traditionen auch als

Differenzdebatte bezeichnet. Hier geht es allerdings weniger um die Frage nach Gleichheit versus Differenz, welche bereits die I. Frauenbewegung beschäftigt hat, sondern um die kritische Thematisierung von Differenzen *zwischen* Frauen.

3.1.1 Differenzdebatten in der US-amerikanischen Frauenbewegung

Gleichzeitig lässt sich die historische Entwicklung von Intersektionalität nicht auf Auseinandersetzungen innerhalb der Frauenbewegungen reduzieren. *Women of Color* kritisierten bspw. nicht allein ihre Marginalisierung in einem *weißen*[2] *Mainstream*-Feminismus, sondern auch innerhalb der *Black Power*-Bewegung. Folgender Publikationstitel brachte diese besondere Position Schwarzer Frauen anschaulich zum Ausdruck: *All the Women Are White, All the Blacks Are Men, But Some of Us Are Brave: Black Women's Studies* (Hull/Scott/Smith 1982).

Der historische Entstehungskontext von Intersektionalität ist demnach zentral in den internationalen Debatten innerhalb der Frauenbewegungen und Frauenforschung der 1970er und 1980er Jahre verortet. Gleichwohl sich in beiden Feldern auch weitaus früher vergleichbare kritische Stellungnahmen ausmachen lassen (Walgenbach 2007, S. 25f.). Beispielsweise in der berühmten Rede der Schwarzen Frauenrechtlerin Sojourner Truth *Ai'nt I a woman*?, die sie 1851 auf einer Frauenversammlung in Ohio hielt (Davis 1982, S. 64).

Einer der Hauptargumente in diesen Debatten ist die Kritik, dass der *Mainstream*-Feminismus zwar im Namen ‚aller Frauen' spricht, letztlich aber lediglich die Interessen *weißer*, westlicher, heterosexueller Frauen aus der Mittelschicht repräsentiert. Das heißt, bei feministischen Themen wie Sexualität, Gewalt, Arbeitsteilung oder Sprache werden nur die Erfahrungen *weißer* Frauen problematisiert. Die Kategorie ‚Frau' wird somit als ‚homogen' bzw. ‚universal' repräsentiert.

Als ein Beispiel für diese Kritik soll die US-amerikanische Kulturtheoretikerin bell hooks[3] angeführt werden. Nach hooks stellen *weiße* Feministinnen ihre partikularen Interessen in den Fokus der Öffentlichkeit und nutzten dabei Ressourcen wie Universitäten, Verlage oder Massenmedien, die anderen Frauen nicht zugänglich sind (hooks 1981, 1984). In der Konsequenz werden die Erfahrungen Schwarzer Frauen in Theorie und Praxis marginalisiert. Deutlich macht hooks dies bspw. an den unterschiedlichen Erfahrungen, die Frauen mit der Reproduktionsarbeit in der Familie verbinden.

---

2 Die Kursivschreibung von *weiß* soll darauf verweisen, dass Weißsein als soziale Konstruktion verstanden wird und nicht als biologische Kategorie (für einen Überblick über die kritischen *Whiteness Studies* siehe Walgenbach 2005, S. 17-71). Dies gilt auch für den Begriff Schwarz, der im Folgenden allerdings großgeschrieben wird, da Schwarz auch eine politische Kategorie darstellt (z.B. *Black Power*).

3 Mit dem Pseudonym bell hooks benennt sich die Autorin Gloria Watkins nach ihrer Großmutter. Mit der bewussten Kleinschreibung des Namens will bell hooks den Inhalt ihrer Publikationen in den Vordergrund stellen und nicht ihre Person.

Das Combahee River Collective 1974

Die Gründung des *Combahee River Collective* im Jahr 1974 in Boston gilt in der Intersektionalitätsdebatte als wichtiges historisches Ereignis. Das Kollektiv Schwarzer, lesbischer, sozialistischer Feministinnen arbeitete zu unterschiedlichen Themen wie Reproduktionsrechte, sexuelle Gewalt, Gefängnisreformen, Gesundheitsversorgung etc. (Guy-Sheftall 1995, S. 15 f.; Smith 1998). Prominent geworden ist das *Combahee River Collective* durch ihre Erklärung *A Black Feminist Statement* (1977). Dort finden sich bereits wichtige theoretische Impulse für die Entwicklung von Intersektionalität. Die Autorinnen plädieren in ihrem *Statement* für die Entwicklung einer

> „*integrated analysis and practice based upon the fact that the major systems of oppression are interlocking. The synthesis of these oppressions creates the conditions of our lives. As Black women we see Black feminism as the logical political movement to combat the manifold and simultaneous oppressions that all women of color face*" (Combahee River Collective 1981, S. 210).

In diesem politischen Statement manifestiert sich zugleich ein theoretischer Input, der sich an Begriffen zeigt wie *integrated analysis* oder *interlocking* bzw. *simultaneous systems of oppression.* Gender, Race und Class werden hier nicht als getrennte Kategorien begriffen, sondern zusammengedacht.

Weitere internationale Pionierarbeiten von *Women of Color* sowie Vertreterinnen postkolonialer Theorie in den 1980er Jahren waren zum Beispiel: Angela Davis, Gloria Anzaldúa, bell hooks, Gloria Joseph, Audre Lorde, Trinh Minh-ha, Chandra Talpade Mohanty, Cherrie Moraga, Barbara Smith, Gayatri Chakravorty Spivak, Michel Wallace etc.

Nach hooks wurde Familienarbeit im *weißen* Feminismus der 1970er Jahre häufig mit Attributen belegt wie Monotonie, Isolation oder weibliche Selbstentwertung. Dies spiegelte die Erfahrungen von Frauen in der Mittelschicht wieder, die im Gegensatz zu Schwarzen Frauen nicht arbeiten mussten, um das Familieneinkommen zu sichern. Des Weiteren hatte die Familie für Schwarze Frauen im Kontext der Sklaverei eine ganz andere Bedeutung, so hooks, denn sie war ein Ort der Humanität bzw. des Rückzugs vor rassistischer Gewalt:

> „Historically, black women have identified work in the context of the family as humanizing labour, work that affirms their identity as women, as human beings sharing love and care, the very gestures of humanity White supremacist ideology claimed black people were incapable of expressing. In contrast to labour done in a caring environment inside the home, labour outside the home was most often seen as stressful, degrading, and dehumanizing" (hooks 1984, S. 133f.).

Schwarze Frauen, so hooks, können auf eine lange Tradition belastender Arbeitsbedingungen zurückblicken. Für *weiße* Frauen aus der Mittelschicht sei die feministische Kritik an monotoner Hausfrauenarbeit deshalb vielleicht treffend, aus Schwarzer Perspektive könnte sie allerdings auch als Beispiel für Selbstbezogenheit und Selbstmitleid gelesen werden (hooks 1984, S. 3).

3.1.2 Differenzdebatten in der deutschen Frauenbewegung

Intersektionalität lässt sich allerdings nicht als US-Import disqualifizieren, denn vergleichbare Kontroversen haben auch in Deutschland stattgefunden. Die US-amerikanische Diskussion diente zwar teilweise der Inspiration, die inhaltliche Debatte entwickelte sich in Teilen der Frauenbewegungen in der Bundesrepublik Deutschland allerdings auch völlig unabhängig davon. Wichtige Impulsgeberinnen der Intersektionalitätsdebatte in Deutschland waren bzw. sind bis heute Migrantinnen, Schwarze Deutsche, jüdische Frauen, Lesben sowie Frauen mit Behinderungen (für einen Überblick s. Walgenbach 2007, S. 27-38). Sie ebneten der Entwicklung des Diskursfeldes Intersektionalität inhaltlich und politisch den Weg.

Die Diskussionen in der Bundesrepublik Deutschland in den 1970er–1990er Jahren waren auch geprägt von europäischen Autorinnen wie Floya Anthias, Avtar Brah, Anja Meulenbelt oder Yuval-Davis. Lesbische und queerfeministische Perspektiven können zum Teil quer zu den hier genannten Ansätzen eingeordnet werden, zum Teil liegt der besondere Fokus auf den Wechselbeziehungen zwischen Geschlecht, Sexualität und Heteronormativität (Genschel 1996; Hark 1999; Engel 2002). Schließlich gibt es in Deutschland eine lange feministische Tradition, die Wechselbeziehungen von Geschlecht und Klasse zu reflektieren (Becker-Schmidt 1987; Beer 1990; Cyba 2000).

Die politisch-theoretischen Differenzdebatten in Deutschland lassen sich auch mit Schlüsselbegriffen der Erziehungswissenschaft bzw. Sozialen Arbeit in Beziehung bringen wie bspw. Identität, Sozialisation, Enkulturation. In den sozialen Bewegungen wurden in den 1970er und 1980er Jahren zudem unterschiedliche Formen der Zusammenarbeit entwickelt, die auch in die pädagogische Praxis eingingen: Selbsthilfegruppen, selbstorganisierte Beratungsarbeit, autonome Bildungsangebote etc.. Diese Praxisangebote richteten sich auf traditionelle pädagogische Arbeitsfelder wie Gesundheit, Antidiskriminierung, Gewalt, Armut, Care, Kultur. Ihre Ziele deckten sich mit erziehungswissenschaftlichen Leitmotiven wie Autonomie, Selbstbildung, Empowerment, Partizipation oder Inklusion. Die politisch-theoretischen Impulse beeinflussten schließlich auch die Entwicklung pädagogischer Teildisziplinen wie die Interkulturelle Pädagogik, Feministische Pädagogik oder Behindertenpädagogik (Prengel 1993).

Beispiele für politisch-theoretische Debatten, die auch erziehungswissenschaftliche Fragen betreffen, sind die Analysen von Schwarze Autorinnen in Deutschland, welche die Wechselbeziehungen von Rassismus und Sexismus in Sozialisationsprozessen herausarbeiten (z.B. Oguntoye/Opitz/Schultz 1992; Gelbin/Konuk/Piesche

1999; Kilomba Ferreira 2003). Jüdische Feministinnen wiederum reflektieren Christentum und Judentum nicht allein als religiöse Glaubensrichtungen, sondern auch unter Aspekten wie Sozialisation, geteilte Wissensarchive oder kulturelle Identität (Jacoby/Lwanga 1990; Baader 1993).

Für Migrantinnen waren Artikel in der sozialpädagogischen Zeitschrift *Informationsdienst zur Ausländerarbeit* in den 1980er Jahren ein wichtiger historischer Ausgangspunkt. Hier fragte bspw. Natascha Apostolidou, inwiefern Migrantinnen für die Frauenbewegung auch wieder nur ‚Arbeitsobjekte' seien (Apostolidou 1980). Kalpaka und Räthzel kritisierten am *Mainstream*-Feminismus einen Paternalismus gegenüber Migrantinnen (Kalpaka/Räthzel 1985). Dieser zeigt sich bspw., wenn die ‚Emanzipation' der so genannten ‚Dritte-Welt-Frauen' an einem westlich definierten ‚feministischen Bewusstsein' gemessen wird (Apostolidou 1980, S. 143; Uremović/ Oerter 1994, S. 9f.).

Im Hinblick auf die pädagogische Arbeit mit türkischen Migrantinnen wurde des Weiteren eine hierarchisierende Gegenüberstellung von ‚traditionell-patriarchal-islamischen' vs. ‚modern-westlich-christlichen' Gesellschaften kritisiert (Gümen 1996). In der Überzeugung der eigenen Überlegenheit, so die Kritik von Migrantinnen und Schwarzen Deutschen, zeigt sich eine historische Kontinuität von Kolonialismus und Rassismus (FeMigra 1994). Für die Erziehungswissenschaft bzw. pädagogische Praxis sind solche kritischen Perspektiven nicht allein relevant, wenn es um Bildungsinitiativen im Kontext geschlechtersensibler Entwicklungsarbeit geht, sie fordern auch die pädagogische Praxis in Deutschland zur kritischen Selbstreflexion heraus (Aktaş 1993).

Weitere Beispiele lassen sich in der ‚Krüppelfrauen'-Bewegung finden. Diese provokative Selbstbezeichnung wählten Frauen, die sich Anfang der 1980er Jahre in Frauengruppen, Gesprächskreisen, Frauengesundheitsläden oder Volkshochschulen organisierten (Boll et al. 1985; Barwig/Busch 1993). Ein wichtiges Thema war bspw. sexuelle Gewalt gegen Frauen mit Behinderungen (Degener 2003). Bis zur Reform des Sexualstrafrechts im Jahr 2003 konnte die Vergewaltigung von Frauen mit Behinderungen mit einem Jahr weniger bestraft werden als bei nichtbehinderten Frauen, da sie vom Gericht als ‚widerstandsunfähige Personen' eingestuft wurden.

Gleichwohl sexuelle Gewalt ein wichtiges Thema im *Mainstream*-Feminismus war, wurde diese Rechtsprechung nicht zum Gegenstand politischer Kampagnen. Darüber hinaus wurde sexualisierte Gewalt zwar in erster Linie als Machtausübung gesehen, doch selten problematisiert, dass pädagogische Institutionen wie Heime oder Sonderschulen besondere Abhängigkeitsverhältnisse produzieren und damit geeignete Räume für Machtmissbrauch bieten (Boll et al. 1985, S. 89ff.; Becker 1995, S. 81-89).

Behinderte Autorinnen wandten gegenüber der erziehungswissenschaftlichen Debatte über geschlechtsspezifische Sozialisation ein, dass ihre Erfahrungen gänzlich anders verlaufen als bei nichtbehinderten Mädchen und Frauen. Sie sehen sich weniger einem Diktat von Schönheitsidealen oder Geschlechterstereotypen gegenüber, sondern ihnen würde jede Geschlechtsidentität verweigert. Dies zeige sich nicht zuletzt an der symbolischen Anordnung von Toilettenschildern, nach der sie weder Männer noch Frauen sind (Zemp 1993; Arnade 1992). Behinderte gelten somit als Gruppe *zwischen* den Geschlechtern, sie sind quasi eine dritte Gruppe zwischen Männern und Frauen (Boll et al. 1985, S. 8).

Auch Sterilisation war ein wichtiges Thema der behinderten Frauenbewegung. Nach Schätzungen der Bundesregierung wurden vor dem Verbot der Sterilisation von Minderjährigen im Jahr 1992 ca. 1000 Mädchen unter 18 Jahren pro Jahr sterilisiert (Becker 1995, S. 106). Die Sterilisationspraxis betraf insbesondere geistig behinderte Frauen und Mädchen (ebd., S. 79ff.). Sterilisationen wurden nicht zuletzt von pädagogischen Einrichtungen forciert, welche die Sterilisation von Mädchen bzw. Frauen zu einem informellen Aufnahme- bzw. Verbleibe-Kriterium machten (Pixa-Kettner 2001, S. 283-284).

Zusammengefasst machten Migrantinnen, Schwarze Frauen, Jüdinnen, Lesben und Frauen mit Behinderungen in der Bundesrepublik Deutschland die Erfahrung, dass sie im feministischen *Mainstream* als ‚die Anderen' repräsentiert wurden. Ihre Themen und Forderungen wurden entweder nicht wahrgenommen oder als ‚Spezialinteressen' bagatellisiert. Infolgedessen stellten sie die Vereinnahmung durch ein ‚feministisches Wir' vehement in Frage. Insbesondere Migrantinnen und Schwarze Frauen verwiesen dabei auf Probleme von Sprecherpositionen und Repräsentationen: wer spricht? für wen? zu welchem Zweck? Wer wird adressiert? (Gelbin/Konuk/Piesche 1999; Steyerl/Gutiérrez Rodríguez 2003; Eggers et al. 2005).

3.2 Das Diskursfeld Intersektionalität

Inwiefern Intersektionalität ein Konzept bzw. Paradigma ist, wird durchaus kontrovers diskutiert. Nach Bührmann befindet sich Intersektionalität eher in einem „vorparadigmatischen Zustand", denn es würde an einer allgemein geteilten Gründungsnarration, einem klar umrissenen Forschungsfeld und einer kohärenten methodisch-methodologischen Forschungsrichtung fehlen (Bührmann 2009, S. 30f.). Katharina Walgenbach argumentiert hingegen, dass sich in der Intersektionalitätsdebatte ein allgemeiner Konsens ausmachen lassen würde, die eigene Theorietradition in den politisch-theoretischen Differenzdebatten innerhalb der Geschlechterforschung bzw. Frauenbewegungen zu sehen. Dies würde auch einen bedeutsamen Teil des *normativen commitments* ausmachen, der mit der Debatte über Intersektionalität einhergeht (Walgenbach 2010, S. 245; vgl. Davis 2008a, S. 75).

Auch identifiziert Walgenbach ein klar umrissenes Forschungsfeld in der Intersektionalitätsforschung, da sich diese auf Wechselbeziehungen von Macht-, Herrschafts- und Normierungsverhältnisse konzentriert. Insofern würde Intersektionalität durchaus den von Thomas S. Kuhn sehr offen angelegten Kriterien eines ‚Paradigmas' als Orientierungsrahmen einer *scientific community* erfüllen (Walgenbach 2010, S. 245).

Für Kathy Davis ist es durchaus umstritten, ob Intersektionalität eine Theorie, ein Konzept oder Analyseperspektive sein soll. Sie selbst bezeichnet Intersektionalität als Theorie, wobei sie argumentiert, dass die üblichen Gütekriterien wie Kohärenz oder Widerspruchfreiheit wissenssoziologisch gesehen für den Erfolg einer Theorie weniger entscheidend sind als deren Potenzial, auf drängende Fragen zu antworten, neue Perspektiven zu ermöglichen und durch ihre Offenheit bzw. Ambiguität vielfache Anschlussmöglichkeiten zu bieten (Davis 2008a, S. 68).

Da solche Fragen im vorliegenden Lehrbuch nicht geklärt werden können, wird im folgenden von Intersektionalität als Diskursfeld ausgegangen. Damit können auch kontroverse Debatten *innerhalb* der Intersektionalitätsforschung in den Blick genommen werden. Denn Intersektionalität ist eben auch eine kritische Analyseperspektive, die selbst vor den eigenen theoretischen bzw. methodologischen Offerten nicht halt macht.

3.2.1 Intersectionality (Kimberlé Crenshaw)

Die Einführung des Begriffs *Intersectionality* durch Kimberlé Crenshaw im Jahr 1989 muss demnach im Kontext der politisch-theoretischen Debatten gesehen werden, wie sie oben skizziert wurden. Gleichzeitig kann der Begriff *Intersectionality* nicht aus seinem historischen und disziplinären Kontext herausgelöst werden (Chebout 2011). Aus diesem Grund soll Crenshaw`s Verständnis von *Intersectionality* an dieser Stelle noch einmal gesondert herausgestellt werden.

Crenshaw entwickelte den Begriff *Intersectionality* auf der Basis juristischer Fallanalysen, bei denen sie zu dem Schluss kam, dass amerikanische Antidiskriminierungsgesetzte gemäß ihrer Lobbyisten entweder zu Gunsten Schwarzer Männer oder *weißer* Frauen operieren. Als Rechtswissenschaftlerin wollte sie folglich mit dem Begriff Intersektionalität auf spezifische Erfahrungen aufmerksam machen, die sich für Klägerinnen und Kläger ergeben, wenn unterschiedliche Diskriminierungen zusammenwirken und zu ganz eigenen Konstellationen amalgieren.

Prominent geworden ist in diesem Zusammenhang Crenshaw's Metapher einer Straßenkreuzung, bei der sich unterschiedliche Diskriminierungsformen überschneiden:

> „Nehmen wir als Beispiel eine Straßenkreuzung, an der der Verkehr aus allen vier Richtungen kommt. Wie dieser Verkehr kann auch Diskriminierung in mehreren Richtungen verlaufen. Wenn es an einer Kreuzung zu einem Unfall kommt, kann dieser von Verkehr aus jeder Richtung verursacht worden sein – manchmal gar von Verkehr aus allen Richtungen gleichzeitig. Ähnliches gilt für eine Schwarze Frau, die an einer „Kreuzung" verletzt wird; die Ursache könnte sowohl sexistische als auch rassistische Diskriminierung sein" (Crenshaw 2010, S. 38; [*Original Crenshaw 1989, S.149*]).

Gemäß dieser Metapher ist das Verletzungsrisiko für Personen auf der Kreuzung besonders hoch, da sie bspw. von rassistischer *und* sexistischer Diskriminierungen bedroht sind, manchmal auch durch eine Kombination aus beiden Diskriminierungsformen. Im letzten Fall ist zudem häufig unklar, ob die Gender-Ambulanz *oder* die Race-Ambulanz sich für den Unfall auf der Kreuzung zuständig fühlen soll.[4] Ein juristisches Fallbeispiel, das Crenshaws Argumentation besonders plastisch zum Ausdruck bringt, ist eine Klage gegen General Motors (1976), bei der den Klägerinnen verweigert wurde, ihr Anliegen als Schwarze Frauen zu formulieren.

Der Fall DeGraffenreid vs. General Motors (1976)

Im Jahr 1976 klagten fünf Schwarze Frauen gegen das Vergütungssystem von Generals Motors (GM), welches sich an die Dauer der Betriebszugehörigkeit orientierte. Hier sahen sich Schwarze Frauen im Nachteil, zumal GM vor dem *Civil Rights Act* 1964 überhaupt keine Schwarze Frauen eingestellt hatte. Diese Einstellungspraxis entsprach der damaligen rassistischen Segregationspolitik in den USA.

Das Gericht erkannte den Vorwurf der geschlechtlichen Diskriminierung allerdings nicht an, da GM in den Jahren *vor* 1964 sehr wohl weibliche Beschäftigte einstellte. Allerdings waren dies *weiße* Frauen. Auch der Klage wegen rassistischer Diskriminierung wollte das Gericht nicht nachgehen. Darüber hinaus verweigerte das Gericht den Klägerinnen, als *Schwarze Frauen* zu klagen. Handlungsbedarf wurde lediglich bei rassistischer *oder* sexistischer Diskriminierung gesehen, nicht aber beim Auftreten einer Kombination von beidem. Nach Crenshaw waren Schwarze Frauen im Fall von GM nur insoweit vom Recht geschützt, wie ihre Erfahrungen sich entweder mit *weißen* Frauen oder Schwarzen Männern deckten (Crenshaw 1989).

Die Metapher der Straßenkreuzung wäre allerdings verkürzt rezipiert, wenn man sie darauf reduziert, dass sich Rassismus und Sexismus kreuzen. Vielmehr will Crenshaw hier auch auf ein Gleichheits-Differenz-Paradox aufmerksam machen (Chebout 2011). Dieses Paradox wird deutlich, wenn man weitere Fälle von Crenshaw hinzuzieht.

Im Fall *Moore vs. Hughes Helicopter* wird nämlich den Schwarzen Klägerinnen abgesprochen, ihre Diskriminierungsklage im Namen ‚aller Frauen‘ zu formulieren. Hier entschied das Berufungsgericht einer Klage wegen sexistischer Diskriminierung nicht weiter nachzugehen, da die Klägerin sich ‚nur‘ auf die Gruppe Schwar-

4 Crenshaw im Interview mit der Zeitschrift Perspective: http://www.abanet.org/women/perspectives/Spring2004CrenshawPSP.pdf (Zugriff: 27.04.12). Siehe auch die Präsentation Gender and Race Discrimination. Backgroundpaper for the Expert Group Meeting (21.-24.November, Zagreb, Croatia). 2000. http://womensplace.osu.edu/Archives/crenshaw.pdf (Zugriff: 15.06.07).

zer Frauen bezog (Crenshaw 1989, S. 143ff.). Nach Crenshaw wäre das einer weißen Frau nicht passiert. Im Fall *Payne vs. Travenol* hingegen, wurde gerade die *Besonderheit* der Schwarzen Klägerinnen hervorgehoben, eine Ausweitung der Klage auf Schwarze Männer wurde vom Gericht in der Konsequenz abgelehnt (ebd., S. 146f.).

Zusammengefasst wird in allen drei juristischen Fällen deutlich, dass amerikanische Gerichte dem Aspekt der Intersektionalität nicht gerecht werden können, da die jeweiligen Antidiskriminierungsrechte im Sinne eines *single-issue-framework* konzeptualisiert sind. Das Gleichheits-Differenz-Paradox zeigt sich zudem darin, dass die Kritik an den drei Fällen inkonsistent erscheinen muss: entweder man kritisiert, dass Schwarze Frauen gleich seien, aber dadurch zu Schaden kommen, dass sie different behandelt würden oder man problematisiert, dass Schwarze Frauen different seien, aber dadurch beschädigt werden, dass sie gleich behandelt würden. Aber man könne doch nicht beides sagen!

Doch gerade dies sei ihr Argument, so Crenshaw. Schwarze Frauen können auf vielfältige Weise Diskriminierung erfahren und der oben skizzierte Widerspruch entstehe nur dadurch, dass angenommen wird, Diskriminierungserfahrungen müssten eindirektional sein. Die Analogie der Straßenkreuzung soll genau dies verdeutlichen: wenn es zu einem Unfall kommt, kann Diskriminierung aus einer Richtung kommen oder aus allen Richtungen gleichzeitig. Die Diskriminierungserfahrungen von Schwarzen Frauen könnten demnach gleich oder different zu den Erfahrungen *weißer* Frauen oder Schwarzer Männer verlaufen. Manchmal erfahren sie auch eine Diskriminierung als *Schwarze Frauen*, die dann mehr ist als die Summe rassistischer und sexistischer Diskriminierung (Crenshaw 1989, S. 148ff.).

Crenshaws theoretische Interventionen lassen sich aber nicht auf die Metapher der Straßenkreuzung reduzieren. In ihren Publikationen finden sich vielmehr ganz unterschiedliche Bedeutungsebenen von *Intersectionality*:

1. *Intersectionality* in Bezug auf die Überkreuzung oder Überschneidung von Kategorien und Herrschaftsstrukturen (*race/gender* und *racism/sexism*). Deutlich wird dies auch in Formulierungen wie *intersectional subordination* oder *structural intersectionality* (Crenshaw 1995, S. 358 u. 359).
2. *Intersectionality* als Konzeptualisierung der sozialen Position Schwarzer Frauen innerhalb sich überlappender Systeme (*overlapping systems*) von Subordinationen und am Rande von Feminismus und Antirassismus. Diese Ebene findet sich ebenfalls in Begriffen wie *intersectional locations* (Crenshaw 1995, S. 367) oder *intersectional experiences* (Crenshaw 1998, S. 315).
3. *Intersectionality* als politisches Identitätskonzept, das sich nicht auf eine Kategorie beschränkt: *multiple identities* (Crenshaw 1995, S. 358).

Crenshaws Begriff *Intersectionality* muss im Kontext ihrer rechtswissenschaftlichen Disziplin gesehen werden. Zum einen, da es ihrer Disziplin um multiple Diskriminierungserfahrungen (Mehrfachdiskriminierungen) von Gruppen bzw. Subjekten geht, die sich direkt auf dem Schnittpunkt der Straßenkreuzung befinden. Zum anderen, da die Achsen der Straßenkreuzung Crenshaws Kritik an einem *single-issue-framework* von Antidiskriminierungsrechten verdeutlichen.

3.2.2 Intersektionalität, Interdependenzen, interdependente Kategorien

Die Kritik an additiven Perspektiven auf soziale Kategorien und Machtverhältnisse gehört demnach zu den zentralen Prämissen des Diskursfeldes Intersektionalität. Auch Begriffe wie *Doppeldiskriminierung*, *doppelte Benachteiligung* oder *Dreifache Vergesellschaftung* werden in der Intersektionalitätsdebatte zwar gewürdigt, gleichzeitig allerdings kritisiert, da die zugrunde liegende Metaphorik immer noch eine Addition von Diskriminierung nahe legt. Man wird allerdings nicht als Türkin plus als Mädchen diskriminiert, sondern als *türkisches Mädchen*. Durch additive Modelle, so die Kritik der Intersektionalitätsdebatte, kann das *Spezifische* einer Unterdrückungskonstellation nicht herausgestellt werden (Meulenbelt 1988, S. 56f.; Schultz 1990, S. 52f.).

Auf der Suche nach Modellen, welche die additive Perspektive überwinden, gab es auch neue Begriffsinterventionen wie *RasseGeschlecht* (Wollrad 2005), *Klasse-Geschlecht* (Frerichs 1997) oder *Heterogender* (Ingraham 1994). Solche Termini bleiben allerdings auf spezifische Zweierkombinationen beschränkt: was ist z.B. mit Sexualität, Behinderung oder Religion?

An Crenshaws Metapher der Straßenkreuzung angelehnt finden sich in der Intersektionalitätsdebatte häufig heuristische Termini wie Verschränkungen, Schnittpunkte, Durchkreuzungen, Überschneidungen oder Achsen (z.B. Leiprecht/Lutz 2003, S. 119; Weber 2008, S. 54; Westphal 2010, S. 193). Nach Katharina Walgenbach können solche Begriffe allerdings ebenfalls problematisch sein, wenn sie aus ihrem juristischen Entstehungskontext gelöst werden. In den Sozialwissenschaften stehen Termini wie ‚Überschneidungen' bzw. ‚Überkreuzung' dann nicht mehr für ein Gleichheits-Differenzparadox, so Walgenbach, sondern problematisieren im allgemeineren Sinne Wechselbeziehungen von sozialen Kategorien bzw. Machtverhältnissen. Das heißt, die eindimensionalen Achsen sind nicht mehr Gegenstand der Kritik, sondern werden tendenziell affirmativ in die eigene Theoriebildung übernommen (Walgenbach 2012).

Für die Sozialwissenschaften stellt sich demnach die Frage der Übertragbarkeit der Metapher der Straßenkreuzung auf die eigenen Erkenntnisinteressen. Denn die Metapher einer Straßenkreuzung suggeriert, dass die Kategorien Gender und Race *vor* (und auch *nach*) dem Zusammentreffen an der Kreuzung voneinander getrennt existieren. Mit anderen Worten: Gender und Race werden, mit Ausnahme der spezifischen Situation der Straßenkreuzung, immer noch als isolierte Kategorien gefasst (Walgenbach 2007, S. 49).

Walgenbach spricht dabei den Autoren in den Sozialwissenschaften nicht ab, dass es ihnen darum geht, eindimensionale Perspektiven auf Macht- und Herrschaftsverhältnisse zu überwinden. Dennoch würden die verwendeten Termini wie ‚Überkreuzungen' auf einer visuellen Ebene nach wie vor nahelegen, dass soziale Kategorien einen ‚genuinen Kern' hätten, der sich mit weiteren Kategorien ‚verkettet' oder ‚verschränkt' (Walgenbach 2007, S. 59). Was aber, so fragt Walgenbach, soll diesen ‚genuinen Kern' ausmachen?

Alternativ entwickelt die Erziehungswissenschaftlerin gemeinsam mit ihren Kolleginnen der Humboldt Universität Berlin deshalb den Begriff *interdependente Kategorien* (Dietze et al. 2007; Walgenbach 2007). Dabei rekurriert Walgenbach auf den Begriff *Interdependenzen*, da dieser die *gegenseitige Abhängigkeit* von sozialen Kategorien fokussiert und damit die komplexen Beziehungen von Dominanzverhältnissen in den Vordergrund stellt (El-Tayeb 2003, S. 129). Darüber hinaus wird von Walgenbach der Terminus *Konfigurationen* als produktiv identifiziert (Gutiérrez Rodríguez 1996, S. 170). Im Sinne einer integralen Perspektive auf soziale Kategorien bzw. Machtverhältnis schlägt die Autorin vor, nicht allein von Interdependenzen *zwischen* Kategorien, sondern gleichzeitig von *interdependenten Kategorien* auszugehen (Walgenbach 2005, S. 48). Das heißt, soziale Kategorien werden als *in sich* heterogen strukturiert konzeptualisiert (Walgenbach 2005, S. 48). Für pädagogische Konzepte bedeutet dies, dass soziale Kategorien wie Geschlecht, Behinderung, soziales Milieu, Ethnizität, Nation oder ‚Rasse' *in sich* bereits heterogen strukturiert sind.

Trotz dieser begrifflichen Auseinandersetzungen kann festgestellt werden, dass Intersektionalität sich als Oberbegriff durchgesetzt hat. Wie Yuval-Davis pragmatisch argumentiert, hat der Terminus Intersektionalität den Vorteil, dass er breit rezipiert wird und sofort ein intuitives Verständnis über den Gegenstand der Debatte hervorruft (Yuval-Davis 2010, S. 188). Hinzuzufügen wäre, dass Intersektionalität sich eindeutig der feministischen Theoriebildung zuordnen lässt, während Termini wie ‚Konfigurationen' oder ‚Interdependenzen' auch in anderen wissenschaftlichen Kontexten eine, wenn auch anders konnotierte, Verwendung finden (Walgenbach 2010).

Nicht zuletzt demonstriert der positive Bezug auf Intersektionalität nach Kathy Davis auch ein *normatives commitment* hinsichtlich feministischer Theorietraditionen bzw. theoretisch-politischer Debatten in den Frauenbewegungen (Davis 2008a, S. 75). Diese Feststellung ist für die Geschlechterforschung nicht unwichtig, zumal sie mit dem Paradigma Intersektionalität ihre eigene Masterkategorie gewissermaßen zur Disposition stellt. Denn Geschlecht wird nun nicht mehr zentral oder übergeordnet gesetzt, sondern in Wechselbeziehungen zu weiteren sozialen Kategorien bzw. Machtverhältnissen analysiert.

3.2.3 *Fokus Macht- und Herrschaftsverhältnisse*

Wie eingangs erwähnt, konzentriert sich das Diskursfeld Intersektionalität im Gegensatz zu Diversity oder Heterogenität ausschließlich auf soziale Ungleichheiten bzw. Macht- und Herrschaftsverhältnisse. Den Fokus auf Macht- und Herrschaftsverhältnisse definieren Leiprecht und Lutz sogar als ‚Mindeststandards' für die intersektionale Theoriebildung: in der Intersektionalitätsforschung sollen Differenzen bzw. soziale Ungleichheiten stets als Resultat von Macht- und Verteilungskämpfen sowie als Legitimationsdiskurse für Ausbeutung, Marginalisierung und Benachteiligung gesehen werden (Leiprecht/Lutz 2005, S. 221ff.).

Unter soziale Ungleichheit versteht Kreckel, dass „die Möglichkeiten des Zugangs zu allgemein verfügbaren und erstrebenswerten sozialen Gütern und/oder sozialen Positionen, die mit ungleichen Macht- und/oder Interaktionsmöglichkeiten ausgestattet sind, dauerhafte Einschränkungen erfahren und dadurch die Lebenschancen der betroffenen Individuen, Gruppen oder Gesellschaften beeinträchtigt bzw. begünstigt werden" (Kreckel 1992, S. 17).

In dieser sozialwissenschaftlichen Definition von sozialer Ungleichheit, wird der Zugang zu Ressourcen bzw. sozialen Positionen zum Ausgangspunkt der Definition gemacht. Soziale Ungleichheiten strukturieren in unserer Gesellschaft demnach fundamental die Lebenschancen von Individuen (s. auch Hradil 1999). Für Subjekte haben soziale Ungleichheiten damit eine Allokationsfunktion, d.h. sie dienen als gesellschaftliche Platzanweiser: Sie bestimmen z.B. die Wahrscheinlichkeit, welche Schulform man besucht oder regulieren den Zugang zu bezahlter Erwerbstätigkeit bzw. zu spezifischen Segmenten des Arbeitsmarktes (vgl. Winker/Degele 2009, S. 25ff.).

Der Bezug auf Macht- und Herrschaftsverhältnisse geht nochmal über die oben genannte Definition von sozialer Ungleichheit hinaus. Hier geht es nicht allein um Lebenschancen, die primär auf Bildung, Qualifikation oder Erwerbsarbeit bezogen werden. Vielmehr wird davon ausgegangen, dass Machtverhältnisse wie Sexismus/Patriarchat/Geschlechterverhältnisse, Heteronormativität, Rassismus oder Klassenverhältnisse/Klassenherrschaft/Klassismus strukturell in der Gesellschaft verankert sind (Walgenbach 2007; Kerner 2009; Winker/Degele 2009). Das heißt, Macht-und Herrschaftsverhältnisse operieren auf unterschiedlichen Ebenen. In den Sozialwissenschaften unterscheidet man auch zwischen Makroebene, Mesoebene und Mikroebene:

- *Soziale Strukturen* (z.B. Produktionsweisen, internationale und geschlechtliche Arbeitsteilungen, staatliche Regulationen)
- *Institutionen* (z.B. Schule, Familie, Militär, Kirchen)
- *symbolische Ordnungssysteme* (z.B. Repräsentationen, Normen, Diskurse, Wissensarchive, Anerkennungspraktiken, symbolische Gewalt)
- *soziale Praktiken* (z.B. Interaktionen, Performanz, Distinktion, körperliche Gewalt)
- *Subjektformationen* (z.B. Identitätsbildung, Subjektivierungsprozesse, Subjektpositionen, sozialpsychologische Prozesse) (Walgenbach 2007, S. 57).

Macht- und Herrschaftsverhältnisse bestimmen somit, ob wir uns in gesellschaftlichen Repräsentationsregimen wiederfinden. Ist die Sprache von Lehrerinnen und Lehrern bspw. vorherrschend männlich geprägt oder wird von ‚Ausländern' gesprochen, gleichwohl es sich um Jugendliche handelt, die in der dritten Generation in Deutschland leben?. Inwiefern finden sich Migranten, Homosexuelle oder Behinderte in Medien wie Schulbücher, Nachrichtensendungen und Fernsehserien wieder? Und wenn sie sich wiederfinden, repräsentieren sie dann wiederum nur Stereotype?

Macht und Herrschaftsverhältnisse zeigen sich darüber hinaus in körperlicher und symbolische Gewalt. Diese muss nicht unbedingt angewendet werden, um eine grundsätzliche Angst vor gewalttätigen Übergriffen zu verspüren, nur weil man Mädchen, Migrant, Homosexueller oder Behinderter ist. Diese Angst führt dazu, dass öffentliche Räume nicht mehr ohne Vorsichtsmaßnahmen genutzt werden. Nach Bourdieu zeigen sich Macht- und Herrschaftsverhältnisse sogar in einem bestimmten Habitus, der bspw. Studenten mit geringen ökonomischen, kulturellen und sozialen Kapital den Weg in höhere Bildungsinstitutionen erschwert (Bourdieu/Passeron 1997). Diese Beispiele ließen sich noch unendlich fortführen. Wichtig ist hier sich zu vergegenwärtigen, dass Intersektionalität diese Macht- und Herrschaftsverhältnisse nicht isoliert voneinander analysiert, sondern in ihren Wechselbeziehungen.

Gleichwohl der Fokus von Intersektionalität auf soziale Ungleichheiten bzw. Macht- und Herrschaftsverhältnisse liegt, besteht kein Konsens in der Intersektionalitätsforschung, welche soziale Kategorien in die Analyse einbezogen werden müssen. Gegen die Beliebigkeit der Postmoderne wandte Haraway Anfang der 1990er Jahre ein: „*Some differences are playful; some are poles of world historical systems of domination. ‚Epistemology' is about knowing the differences*" (Haraway 1999, S. 281).

Doch welche Differenzen werden als ‚spielerisch' identifiziert und welche gehören zu den ‚welthistorischen Dominanzsystemen'? Vielfach wurde bspw. das Schwerpunktheft der *Feministischen Studien* ‚Kulturelle und sexuelle Differenzen' (Schilling/Weigel 1991) dafür kritisiert, dass sie die Kategorie ‚Rasse' lediglich als kulturelle Differenz fasste und nicht als Dimension sozialer Ungleichheit (Lutz 1993, S. 139f.). Ein weiteres Beispiel ist Regina Dackweiler's Unterscheidung von Geschlecht, Klasse, Hautfarbe und Ethnie als ‚Achsen sozialer Differenz' gegenüber ‚sexueller Orientierung' als ‚Lebensentwurf' (Dackweiler 2001, S. 182). Sexualität wird hier demnach auf ‚sexuelle Orientierung' reduziert und nicht mit Heteronormativität in Verbindung gebracht. In einer gesellschaftstheoretischen Sicht ist Heteronormativität hingegen fundamental in die Geschlechterordnungen eingeschrieben. Dies betrifft nicht allein den Zwang zur Zweigeschlechtlichkeit, sondern z.B. auch die Legitimation geschlechtsspezifischer Arbeitsteilung (Hark 2005, S. 322 ff.).

In der Erziehungswissenschaft werden Jugendliche mit Migrationshintergrund häufig mit dem Begriff ‚kulturelle Differenzen' in Verbindung gebracht. Dabei bleibt unklar, ob damit Sprache, kulturelle Repräsentation bzw. Anerkennung gemeint ist oder ob es um soziale Lebenslagen bzw. ungleiche Ressourcenzugänge geht? Diese Unklarheit hängt nicht zuletzt damit zusammen, dass der Differenzbegriff mehrdeutig angelegt ist und disparate Bedeutungsebenen anspricht wie Gleichwertigkeit, qualitative Verschiedenheit oder horizontale Ungleichheit (vgl. Diehm 2002, S. 163f.).

Weitere Fragen schließen sich für die Erziehungswissenschaft an: Soll die Kategorie Alter lediglich auf ihren Machtaspekt bezogen werden – also bspw. generationale Ordnungen fokussieren- oder auch entwicklungstheoretische Aspekte berücksichtigen? Sollte die erziehungswissenschaftlich bedeutsame Kategorie der Generation bzw. das Verhältnis der generationalen Differenz (vgl. Kelle 2008) auf Aspekte sozialer Ungleichheit reduziert werden? Diese disziplinäre Diskussion muss in der Erziehungswissenschaft erst noch geführt werden.

Letztlich stellt sich hier die grundsätzliche Frage, welche Reichweite bzw. welchen Geltungsbereich das Paradigma Intersektionalität haben soll. Man könnte meinen, dass Intersektionalität eine erhöhte Reichweite erlangt, wenn es auf weitere soziale Phänomene bzw. soziale Kategorien ausgedehnt wird. Dagegen ließe sich allerdings einwenden, dass damit eher eine Verengung des Diskursfeldes Intersektionalität stattfindet. Denn Intersektionalität bedeutet dann nicht viel mehr als die Analyse von ‚Wechselbeziehungen'. Intersektionalität wird dann nicht mehr als Paradigma mit eigenem Entstehungskontext, politisch-theoretischen Traditionen und Prämissen begriffen (Walgenbach 2010).

3.3 Kontroversen um soziale Kategorien: Auswahl, Gewichtungen und methodologische Zugangsweisen

Bei der Berücksichtigung mehrerer sozialer Kategorien in erziehungswissenschaftlicher Forschung und pädagogischer Praxis, stellt sich unweigerlich die Frage nach deren Auswahl und Gewichtung: Welche Kategorien werden relevant gesetzt in Bildung und Erziehung, welche tendenziell marginalisiert, abgewertet oder ausgeblendet? Oder noch viel grundsätzlicher: ab wie vielen Kategorien ist eine Analyse eigentlich intersektional?

Ein häufig zitiertes Beispiel aus der Erziehungswissenschaft ist die Liste von 13 bipolaren Differenzlinien von Helma Lutz und Nobert Wenning. Als Auswahlkriterium der aufgelisteten Kategorien führen sie an, dass diese historisch wandelbaren Differenzlinien darstellen würden, welche die Grundlage der Organisation moderner Gesellschaften bilden (Lutz/Wenning 2001, S. 21).

13 bipolare hierarchische Differenzlinien (Lutz/Wenning)

Kategorie	Grunddualismus
Geschlecht	Männlich – weiblich
Sexualität	hetero – homo
„Rasse"/Hautfarbe	weiß – schwarz
Ethnizität	Dominante Gruppe – ethnische Minderheit(en) = nicht ethnisch – ethnisch
Nation/Staat	Angehörige – Nicht-Angehörige
Klasse	oben – unten, etabliert – nicht etabliert
Kultur	„zivilisiert" – „unzivilisiert"
Gesundheit	nicht-behindert – behindert
Alter	Erwachsene – Kinder, alt – jung
Sesshaftigkeit/Herkunft	sesshaft – nomadisch/angestammt – zugewandert
Besitz	reich/wohlhabend – arm
Nord – Süd/Ost – West	the West – the rest
Gesellschaftlicher Entwicklungsstand	modern – traditionell (fortschrittlich – rückständig, entwickelt – nicht entwickelt)

Quelle: Lutz/Wenning 2001, S. 20

Nach Lutz und Wenning erscheinen die angeführten Grunddualismen zunächst komplementär, allerdings sind sie in modernen Gesellschaften hierarchisch angeordnet: die linke Seite repräsentiert sich als Norm, die rechte Seite wird als Abweichung definiert. Die beiden Autoren betonen, dass sie diese Liste keineswegs als vollständig oder abschließend betrachten, sondern zur Diskussion stellen (Lutz/Wenning 2001, S. 20). In einem späteren Artikel mit Rudolf Leiprecht fügt Helma Lutz dieser Liste noch die Kategorien Religion und Sprache hinzu (Leiprecht/Lutz 2005).

Da die Intersektionalitätsdebatte in der Tradition der US-amerikanischen *Gender-Race-Class*-Diskussion steht, gehört diese Triade wohl zu der häufigsten Aufzählung. Ebenfalls lässt sich historisch ableiten, warum die Kategorie Geschlecht eine feste Größe im Diskursfeld Intersektionalität ist. Insbesondere in der europäischen Intersektionalitätsforschung werden allerdings auch weitere Analysedimensionen wie Alter, Sexualität oder Nation einbezogen (Davis 2008b).

3.3.1 Das ‚Etcetera'- Problem

Doch selbst solche erweiterten Aufzählungen werden oft durch ein hilflos wirkendes etc. beendet. Die Frage, die sich hier aufdrängt ist: Welche Kategorien werden von Erziehungswissenschaftlerinnen und Pädagogen benannt, welche auf ein ‚etc.' reduziert?. Für die Intersektionalitätsforschung ist die ‚etcetera'-Frage nicht zuletzt deshalb relevant, da sie doch eigentlich mit dem Anspruch angetreten ist, Hierarchisierungen von Kategorien zu vermeiden. Nach Judith Butler sind Platzhalter wie ‚etc.' oder ‚usw.' allerdings nicht zuletzt ein Beweis dafür, dass der Bezeichnungsprozess von Subjekten im Prinzip unbegrenzbar ist (Butler 1990, S.143).

Ein prägnantes Beispiel für die Frage nach der Gewichtung von Kategorien ist die Kontroverse über den so genannten Haupt- und Nebenwiderspruch. Für die Erziehungswissenschaft lässt sich diese bspw. in der Sozialisationsforschung nachzeichnen. So konstatierte Basil Bernstein in den 1970er Jahren im Sinne der schichtspezifischen Sozialisationsforschung: „Ohne Zweifel bewirkt aus soziologischer Sicht die soziale Schichtzugehörigkeit den größten Einfluß auf Sozialisationsverfahren" (Bernstein 1972, S. 262). Im selben Jahrzehnt kontert Alice Schwarzer „Nichts, weder Rasse noch Klasse, bestimmt so sehr ein Menschenleben wie das Geschlecht" (Schwarzer 1975, S. 178). In diesen Beispielen wird eine soziale Kategorie dominant gesetzt, während andere Kategorien in ihrer Bedeutung herabgestuft werden.

3.3.2 Warum Geschlecht etwas ‚Besonderes' ist (Rendtorff)

Auf den ersten Blick lässt sich ein vergleichbares Motiv vermuten, wenn man einen Publikationstitel von Barbara Rendtorff liest, den die Erziehungswissenschaftlerin in einem Sammelband zur Intersektionalitätsforschung veröffentlichte: ‚*Warum Geschlecht etwas „Besonderes" ist*' (2008). Allerdings versteht Rendtorff ihre Argumentation weniger als kritischen Beitrag zur intersektionalen Debatte über die Gewichtung von Kategorien, ihr geht es vielmehr darum, auf eine besondere Logik der Geschlechterdifferenz zu verweisen. Geschlecht ist es etwas ‚Besonderes', so Rendtorff, da es eine spezifische Form von Bedeutung bzw. Bedeutungszuschreibung systematisch generiert, die sich von anderen sozialen Kategorien unterscheidet, die in der Intersektionalitästdebatte diskutiert werden (Rendtorff 2012, S. 2).

Rendtorff argumentiert aus einer psychoanalytischen Perspektive, dass Geschlecht als symbolische Ordnung anders als Race oder Alter für die Subjektkonstitution wirksam ist. Denn die symbolische Ordnung der Geschlechter verweist auf eine beunruhigende „Angewiesenheit auf den Anderen und der eigenen Unvollständigkeit" (Rendtorff 2008, S. 75). Die Autorin bezieht sich dabei auf Differenztheorien in der Geschlechterforschung, die ‚sexuelle Differenz' mit der Unabgeschlossenheit, Nicht-Vollständigkeit und Gespaltenheit von Subjekten in Verbindung bringen. Dabei geht es auch um die schmerzliche Konfrontation mit der Tatsache, so Rendtorff, dass wir immer nur über *eine* der möglichen geschlechtlichen Formen menschlicher Existenz verfügen. Die Geschlechterdifferenz wird somit zu einem zutiefst beunruhigen Aspekt menschlicher Existenz (ebd., S.75-77).

Des Weiteren repräsentiert Geschlecht bezogen auf das sexuelle Erleben bzw. die Fortpflanzung eine Unabschließbarkeit, „eine Öffnung zum Anderen hin (im

Akt und in der Zeit)" (ebd., S. 75). Diese elementare Angewiesenheit verweist darüber hinaus auf die Tatsache des Geborenseins aus zwei Verschiedenen, so Rendtorff, sowie auf die Endlichkeit des menschlichen Lebens (ebd.). Hier wird Geschlechterdifferenz demnach mit fundamentalen Themen menschlicher Existenz in Verbindung gebracht wie Geburt, Sterben, Sexualität und Fortpflanzung.

Rendtorff schließt daraus, dass Geschlecht für jedes Individuum eine elementare, strukturierende Bedeutung hat und es somit immer Geschlechterordnungen geben wird. Letztere sei zwar historisch wandelbar, allerdings müsse sie immer die Funktion erfüllen, die Spannungen bzw. Beunruhigungen erträglich zu gestalten, die mit Sexualität bzw. Geschlechterdifferenz einhergehen (ebd., S. 76).

Rendtorff selbst möchte ihren Beitrag weniger als fundamentale Kritik an dem Konzept Intersektionalität verstanden wissen, sondern als kritischen Einwurf gegen potenzielle Verkürzungen. Ihr würde es auch nicht darum gehen, die Kategorie Geschlecht erneut zur Masterkategorie zu erheben (Rendtorff 2012, S. 2). In der Analyse symbolischer Geschlechterordnungen sieht sie vielmehr Anschlüsse für die Intersektionalitätsdebatte. Denn die binarisierende Geste, weiblich und männlich gegenüberzustellen, trägt nicht nur zu deren Vereindeutigung bzw. Hierarchisierung bei, so Rendtorff, sondern unterstützt die generelle Gewohnheit, Oppositionen zu bilden sowie die Gewöhnung an kontrastierende Trennungen und Spaltungen (ebd., S. 10). Interessanter als die Frage in der Intersektionalitätsdebatte, wieviele Kategorien zum Einsatz kommen, findet Rendtorff deshalb die Analyse *wie* bzw. die Tatsache *dass* kategorisiert wird. Damit verbunden wäre auch eine Untersuchung, welche Effekte damit erzeugt werden, nämlich eine Gewöhnung an Vereindeutigung und Hierarchisierung (Rendtorff 2012, S. 10).

Rendtorffs Beitrag ist ein Beispiel dafür, dass die Frage nach der Auswahl von Kategorien auch davon abhängig ist, welche Theorieansätze oder Forschungsinteressen man heranzieht. Weitere Einflussgrößen wären bspw. historische, geographische, politische oder kulturelle Faktoren (vgl. Walgenbach 2007, S. 42ff.). Historisch gesehen waren z.B. Machtverhältnisse zwischen den Generationen viel ausgeprägter als heute. Dies zeigte sich u.a. darin, dass Kinder ihre Eltern in höheren Schichten sowie in ländlichen Regionen noch bis weit in das 18. Jahrhundert siezten (Besch 1998, S. 107). Das heißt, dass sich die Bedeutungen bzw. Gewichtungen von Kategorien historisch ändern können. Die Vielzahl an Kriterien, welche zur Auswahl bzw. Gewichtung von Kategorien herangezogen werden, weisen folglich darauf hin, dass Wissensproduktion auch in Intersektionalitätsdebatten stets ‚situiert' und ‚partikular' verläuft (Haraway 1995).

Einen produktiven Beitrag zur Frage der Auswahl bzw. Gewichtungen von Kategorien offerieren Degele und Winker, die die Relevanz von Kategorien aus unterschiedlichen Analyseebenen ableiten. Die Autorinnen unterscheiden in ihrer Mehrebenenanalyse zwischen drei Ebenen, die miteinander in Wechselwirkung stehen: Strukturebene, Repräsentationsebene und Identitätsebene (Winker/Degele 2009, S. 18-62). Auf ihren Ansatz der *intersektionalen Mehrebenenanalyse* wird noch einmal zurückgekommen.

3.3.3 Antikategoriale, intrakategoriale, interkategoriale Zugangsweisen (McCall)

In der Intersektionalitätsdebatte wird zudem häufig der Ansatz von Leslie McCall (2005) rezipiert, die zwischen drei Zugangsweisen beim Umgang mit sozialer Komplexität unterscheidet: antikategorial, intrakategorial und interkategorial. Nach McCall resultieren die Unterschiede zwischen den drei Zugängen in der Intersektionalitätsforschung primär aus der jeweiligen Perspektive auf soziale Kategorien:

Antikategoriale Komplexität: Im Sinne dekonstruktivistischer und poststrukturalistischer Ansätze werden kategoriale Zugänge grundsätzlich problematisiert. Soziale Kategorien bzw. Identitäten werden als Effekte von Macht-Wissens-Komplexen ausgewiesen, die Ausschlüsse produzieren und Subjektivitäten normieren.

Intrakategoriale Komplexität: hier wird insbesondere auf Differenzen bzw. Ungleichheiten innerhalb einer Kategorie bzw. Gruppe abgezielt. Zum Beispiel Differenzen innerhalb des Kollektivs ‚Frauen', die sich durch weitere Formen sozialer Ungleichheiten und Machtverhältnisse ergeben. Im Mittelpunkt der Analysen stehen insbesondere Fragen der Identität und Subjektivität. Soziale Kategorien werden als historisch, sozial und kulturell produziert konzeptualisiert und kritisch reflektiert.

Interkategoriale Komplexität: dieser Ansatz fokussiert Ungleichheitsrelationen zwischen sozialen Kollektiven bzw. Kategorien und ist tendenziell auf einer Makroebene verortet. Dabei geht es um die Verhältnisse und Wechselwirkungen zwischen Kategorien. Hier verorten sich insbesondere quantitative Intersektionalitätsanalysen sowie gesellschaftstheoretische Perspektiven.

Die Soziologin McCall verortet sich selbst innerhalb interkategorialer Zugangsweisen. Dies liegt nicht zuletzt daran, dass sie ihren Forschungsschwerpunkt auf quantitative Studien zu sozialen Ungleichheiten legt. McCall geht es dabei primär um die Untersuchung von Relationen zwischen sozialen Gruppen, die sie im Sinne der Intersektionalitätsforschung allerdings komplex fassen will.

Gegen die dekonstruktivistische Kritik, dass interkategoriale Zugangsweisen sich durch ein fixes Kategoriensystem auszeichnen würden, wendet McCall ein, dass soziale Kategorien in quantitativen Studien zu Intersektionalität in einer provisorischen bzw. strategischen Weise genutzt werden, um Relationen von sozialen Ungleichheiten zu untersuchen (McCall 2005, S. 1773 u. 1785). Sie versteht soziale Kategorien zunächst einmal als Analyseinstrumente, die Ausgangspunkte für komplexe Vergleichsanalysen liefern, welche die Intersektionalitätsforschung bereichern. Nach Mc Call erscheint der interkategoriale Ansatz eventuell zunächst reduktionistisch, doch das Resultat der systematischen komparativen Analyse sei ein synthetischer bzw. holistischer Prozess, der die unterschiedlichen Analysesegmente zusammenführt und somit eine *structure of inequality* herausarbeitet (Mc Call 2005, S. 1784-1791).

Intersektionale Modelle in der quantitativen Forschung zeichnen sich nach McCall dadurch aus, dass Kategorien miteinander kombiniert werden. Des Weiteren wird untersucht, wie die zugrunde liegenden Relationen (z.B. Männer/Frauen) komplexe Konfigurationen herausbilden. Dabei werden auch Differenzen quer zu den ausgewählten Kategorien analysiert. Somit wird das gesamte Set von Konfigurationen Gegenstand einer systematisch komparativen Analyse.

Wie das in der Forschungspraxis aussieht, führt McCall am Beispiel ihrer eigenen quantitativen Studie zu Lohnungleichheiten von Männern und Frauen in unterschiedlichen Regionen der USA an. Wie die Tabelle zeigt, setzen sich McCalls *Multigroups* in dieser Studie aus den sozialen Kategorien Gender, Race, Class und Region zusammen.

Interkategoriale Zugangsweise (McCall)

Type of Wage Inequality	St. Louis (High-Tech Manufacturing)	Miami (Immigrant)	Dallas (Postindustrial)	Detroit (Industrial)
Class Inequality among men	Lower	Higher	Higher	Lower
Class Inequality among women	Lower	Higher	Lower	Higher
Racial Inequality among men	Higher	Higher	Higher	Lower
Racial Inequality among women	Higher	Higher	Higher	Lower
Gender inequality (average level)	Higher	Lower	Lower	Higher
Gender inequality (among college educated)	Higher	Lower	Higher	Lower
Gender inequality (among non-college educated)	Higher	Lower	Lower	Higher

Quelle: McCall 2005, S. 1790

Auf welche besonderen Ergebnisse kann McCalls interkategorialer Analysezugang verweisen, die eventuell durch weniger komplex angelegte Studien übersehen worden wären? In der obigen Tabelle lassen sich nach McCall verschiedene Konfigurationen von Ungleichheit (*configurations of inequality*) identifizieren. Die Muster rassistischer, geschlechtsspezifischer und klassenspezifischer Ungleichheiten, so McCall, sind nicht dieselben zwischen den Konfigurationen. Zum Beispiel lässt sich in einer Industrieregion wie Detroit, die sich durch eine hohe gewerkschaftliche Organisierung auszeichnet, lediglich eine moderate Lohnungleichheit zwischen Männern feststellen, wenn man Class und Race berücksichtigt. Aber in derselben Region zeigt sich – bezogen auf das nationale Durchschnittseinkommen in den USA – eine hohe Lohnungleichheit zwischen Männern und Frauen sowie klassenspezifische Lohnungleichheiten *zwischen* Frauen. Nach McCall wären in solchen Regionen *affirmative action* Programme zur Reduktion von geschlechtsspezifischen Lohnungleichheiten ein wichtiges politisches Instrument.

In Dallas hingegen, würde sich eine gegenteilige Ungleichheitsstruktur zeigen. Diese postindustrielle Region ist nach McCall mehr durch klassenspezifische und ethnische Lohnungleichheit gekennzeichnet und weniger durch Geschlechterungleichheiten. Das politische Instrument müsste demnach eher die Einführung eines Mindestlohns o.ä. sein. McCall bilanziert ihre Studie mit der Feststellung, dass keine singuläre Dimension die Komplexität sozialer Ungleichheiten erfassen kann. Dies würde zeigen, dass die traditionellen Indikatoren für soziale Ungleichheit inadäquat für die Analyse multipler, intersektionaler und konflikthafter Dimensionen von Ungleichheiten sind (McCall 2005, S. 1789-1791).

3.3.4 Quantitative Zugänge in der Intersektionalitätsforschung

In der deutschsprachigen Erziehungswissenschaft sind quantitative Zugänge in der Intersektionalitätsforschung noch selten. Nach Wassilis Kassis und Ursula Maria Stalder zeichnet sich die empirische Erziehungswissenschaft gegenwärtig eher durch eine künstliche Stichprobenhomogenisierung aus. In ihrer Studie zur Lesesozialisation beziehen sie die Differenzlinien Geschlecht, Ethnizität und Bildungsstatus der Eltern gleichzeitig ein und nicht erst nachgeschaltet. Sie gehen damit bei der empirischen Anlage ihrer Studie von heterogenen Gruppenzugehörigkeiten der untersuchten Schülerinnen und Schüler aus. Ihre These zur Lesesozialisation ist, dass es im Themenbereich der Resilienz nicht um einzelne Schutz- bzw. Belastungsfaktoren geht, sondern um Kontexte bzw. multifaktorielle und komplexe Sozialisationsprozesse.

Über Strukturgleichungsmodelle zeigen Kassis und Stalder, dass Lesesozialisation vom *Verhältnis* der Kategorien Geschlecht, Ethnizität und Bildungsstatus der Eltern abhängt. Ein weiteres Ergebnis ihrer Studien ist, dass es für unterschiedliche Teilgruppen (z.B. Jungen/einsprachig oder Mädchen/mehrsprachig) unterschiedlicher Strukturgleichungsmodelle bedarf, die das spezifische der Lesesozialisation herausstellen. Ihr Resümee: pädagogische Förderungen zur Lesekompetenz müssen stichprobenspezifisch verlaufen (Kassis et al. 2009, S. 340-342).

Nach Kathy Davis lassen sich die unterschiedlichen methodologischen Zugänge auch internationalen Theorietraditionen zuordnen: In den USA hat *Intersectionality* eine ausgeprägte rechtlich-politische Dimension. Hier stehen primär die strategische Relevanz von Identitätspolitik sowie die materiellen Effekte von Rassismus im Fokus. In Europa hingegen werden neben der Triade *Race*, *Class* und *Gender* weitere soziale Kategorien einbezogen. Des Weiteren wird Intersectionality mit postmodernen bzw. dekonstruktivistischen Macht- und Identitätstheorien in Verbindung gebracht sowie die Handlungsfähigkeit *(Agency)* innerhalb von Machtverhältnisse herausgearbeitet. *Intersectionality* wird in Europa demnach eher als theoretische Analyseperspektive adaptiert (Davis 2008b).

3.3.5 Gesellschaftstheoretische Ansätze in der Intersektionalitätsforschung

Gesellschaftstheoretische Ansätze in der Intersektionalitätsdebatte lassen sich wohl am ehesten den interkategorialen Zugangsweisen zuordnen. Wobei sich diese Zuordnung weniger aus der Orientierung an quantitativen Methoden ergibt wie es bei McCall der Fall ist. Ausschlaggebend ist vielmehr das Erkenntnisinteresse gesellschaftstheoretischer Ansätze, das sich auf die Verhältnisbestimmungen zwischen den ‚Achsen der Ungleichheit' richtet (Klinger/Knapp/Sauer 2007).

Nach Gudrun-Axeli Knapp ist Gesellschaftstheorie eine „historisch fundierte Form des theoretischen Zugriffs auf gesellschaftliche Gesamtkonstellationen" (Knapp 2008, S. 143). Im Rekurs auf Adorno, einem Vertreter der Kritischen Theorie, definiert Knapp Gesellschaft wie folgt: „Gesellschaft ist eine genuine Kategorie der Vermittlung (...), ein historischer Funktions- und Verhältnisbegriff und kein empirisch-deskriptiver Terminus, obwohl er gelegentlich missverstanden wurde im Sinne eines Sozialatlas von ‚Land und Leuten' (...)" (ebd.).

Vertreterinnen und Vertreter gesellschaftstheoretischer Ansätze plädieren dafür, dass die Auswahl und Gewichtung von Kategorien nicht beliebig sein kann, denn es würden sich durchaus eine begrenzte Anzahl sozialer Kategorien identifizieren lassen, die moderne Gesellschaften in besonderer Weise prägen. Diese Kategorien werden in gesellschaftsanalytischen Ansätzen als Strukturkategorien bezeichnet. Es wird folglich davon ausgegangen, dass die Anzahl von Differenzkategorien auf der Identitäts- bzw. Subjektebene unbegrenzt sei, auf der Strukturebene hingegen nicht (Klinger 2008, S. 40; Knapp 2011, S. 267; Winker/Degele 2009, S. 24).

Ein Beispiel dafür ist Cornelia Klingers Artikel *Ungleichheit in den Verhältnissen von Klasse, Rasse und Geschlecht* (Klinger 2003). Klinger identifiziert Klasse, Geschlecht und ‚Rasse' als Grundmuster gesellschaftlich-politischer Ungleichheit. Dabei sind die Dimensionen *Arbeit* und *Fremdheit* zentrale Bezugspunkte ihrer Definition von Strukturkategorien. Unter Fremdheitseffekten versteht Klinger Ausgrenzung (Externalisierung) mit dem Ziel, Ausbeutung zu legitimieren und den Wert der Arbeit zu minimieren (Klinger 2003, S. 26).

Nach Klinger unterscheiden sich die Kategorien Klasse, ‚Rasse' und Geschlecht durch die *Art* der Arbeit sowie die spezifischen *Formen* der Fremdheit. Was die Art der Arbeit betrifft, beruht Klasse auf den Besitz von Produktionsmitteln bzw. der primären Asymmetrie zwischen Kapital und Arbeit. Geschlecht hingegen würde auf der Aufgabe der Reproduktion von Gesellschaft basieren. Damit sei sowohl die

Herstellung von neuem Leben gemeint als auch der *Lebensprozess in seiner Gesamtheit* (Sozialisation, Krankheit, Alter, Tod). ‚Rasse' schließlich stehe ebenfalls unter dem Vorzeichen der Ausbeutung (Naturressourcen und menschliche Arbeit) im Kontext von Kolonialisierung und Postkolonialisierung (ebd., S. 28).

Die *Fremdheitseffekte* bewegen sich nach Klinger auf unterschiedlichen Ebenen: In Bezug auf Klasse werden Subjekte spezifische Leistungsmerkmale zugeschrieben, die ihre Position in der Gesellschaft legitimieren sollen. Die Fremdheitseffekte in Bezug auf ‚Rasse' würden sich hingegen in räumlichen Beziehungen zeigen: „Im Begriff Rasse lassen sich die Beziehungen zum räumlichen, d.h. geographisch-geopolitisch Fremden zusammenfassen, also zum Fremden in seiner äußerlichsten und äußeren Gestalt" (ebd., 27). Dabei stellt Klinger einen Zusammenhang zwischen diesen räumlichen Beziehungen und den oben angeführten Ausbeutungsverhältnissen her. Die Fremdheitseffekte bei der Kategorie Geschlecht seien dagegen in das Innere verlagert, womit Klinger die intimsten soziale Nahbeziehungen meint (ebd., 29).

	Arbeit	Fremdheit: innen/außen	Legitimation: Gesellschaft/Natur	Herrschaftsform
Klasse	Herstellung von Sachen körperlich: ‚schmutzig'/schwer	innerhalb des Nationalstaats	Gesellschaft	Kapitalismus ↕
Rasse	Herstellung von Sachen körperlich: ‚schmutzig'/ schwer Dienst	geographisch-geopolitisch außerhalb kolonial/postkolonial	Natur Rassismus	Imperialismus ↕
Geschlecht ↕	Herstellung von Leben körperlich: ‚schmutzig'/ schwer	innerhalb des Staates, der Gesellschaft, der Familie	Natur Sexismus	Patriarchat

Sexualität

Quelle: Klinger 2003, S. 31

Neben den beiden Größen *Arbeit* und *Fremdheit*, führt Klinger noch die *Legitimationsformen* von Ungleichheiten an. Bei Rassismus und Sexismus sei dies der Rekurs auf Natur und bei Klasse die Gesellschaft. Abschließend ordnet sie den Kategorien Klasse ‚Rasse' und Geschlecht zudem die Herrschaftsformen Kapitalismus, Imperialismus und Patriarchat zu. Diese drei Herrschaftsformen haben zwar ihre jeweiligen *Eigengesetzlichkeiten*, so Klinger, doch sind sie als gleichwertig zu betrachten und hinsichtlich ihrer vielfältigen Konvergenzen, Überschneidungen und Verflechtungen zu analysieren (ebd., S. 36).

3.3.6 Intersektionale Mehrebenenanalyse (Winker/Degele)

Die intersektionale Mehrebenenanalyse von Winker und Degele lässt sich ebenfalls gesellschaftstheoretischen Ansätzen zuordnen. Sie soll hier allerdings gesondert ausgewiesen werden, da das praxeologische Analysemodell der beiden Soziologinnen häufig in empirischen Studien aufgegriffen wird. Degele und Winker schlagen ein Analyseraster mit vier Kategorien vor: Geschlecht, Klasse, ‚Rasse' und Körper. Darüber hinaus gehen sie von drei Untersuchungsebenen aus, die ebenfalls miteinander in Wechselbeziehungen stehen: Struktur, Identität, Repräsentation (Winker/Degele 2009).

Ihr Modell liefert eine differenzierte Lösung für die oben diskutierte Frage nach der Auswahl und Gewichtung von sozialen Kategorien. Für die gesellschaftliche Strukturebene, so Winker und Degele, ist die Anzahl der relevanten Kategorien begrenzt. Dies sind Geschlecht, Klasse, ‚Rasse' und Körper (Alter, körperliche Verfasstheit, Gesundheit und Attraktivität). Diese Kategorien werden als *Strukturkategorien* klassifiziert und ergeben sich *deduktiv* aus der Gesellschaftsanalyse eines modernen Kapitalismus (ebd., S. 37-53).

Nach Degele und Winker muss für die Identitätsebene dagegen eine prinzipielle Offenheit von Differenzkategorien angenommen werden (ebd., S. 59). Das heißt für die Subjekte *selbst* können darüber hinaus andere Dimensionen eine besondere Brisanz haben wie etwa Religion oder Familienformen. Sie werden somit *induktiv* aus dem Forschungsprozess gewonnen. Dieselbe Offenheit gilt für die symbolische Repräsentationsebene, die sich auf Normen bzw. Ideologien bezieht (ebd. S. 54-59). Nach Ansicht der Autorinnen ermöglicht der Ansatz der Mehrebenenanalyse damit Vielfältigkeit und vermeidet zugleich Beliebigkeit bei der Auswahl von Kategorien (Degele/Winker 2008, S. 206).

Die hier angeführten Thesen und Begriffe sollen im folgenden noch einmal vertieft erläutert werden. *Strukturkategorien* werden bei Degele und Winker herrschaftssoziologisch hergeleitet. Für die Autorinnen sind Klassenverhältnisse/Klassismen, Geschlechterverhältnisse/Heteronormativismen, ‚Rassenverhältnisse'/Rassismen und Körperverhältnisse/Bodyismen Strukturprinzipien *innerhalb* der kapitalistischen Gegenwartsgesellschaft. Die Betonung auf *innerhalb* verdeutlicht, dass Degele und Winker dabei den Kapitalismus „vor die Klammer" setzen (Winker/ Degele 2009, S. 37).

Die *Strukturebene* wird bei Degele und Winker demnach in einer gesellschaftstheoretischen Theorietradition definiert. Den Strukturkategorien Klasse, Geschlecht, ‚Rasse' und Körper ist gemeinsam, so die Autorinnen, dass sie in einem kapitalistischen System zu einer möglichst kostengünstigen Verwertung der Ware Arbeitskraft beitragen. Sie steuern den Zugang zum Erwerbsmarkt, differenzieren die Verteilung gesamtgesellschaftlicher Ressourcen über den Lohn und sorgen für eine ungleiche Zuweisung der Reproduktionsarbeit. In der Gesamtschau tragen sie zu einer gesamtgesellschaftlichen Verbilligung der Ware Arbeitskraft bei (ebd., S. 51-52).

Auf der *Strukturebene* sind die Kategorien Klasse, Geschlecht, ‚Rasse' und Körper demnach festgelegt (deduktiv). Es wird davon ausgegangen, dass sie in einer kapitalistischen Gesellschaft stets eine strukturierende Wirkung haben. Insofern sind sie auch immer zu berücksichtigen, wenn man mit der intersektionalen Mehrebenenanalyse empirisches Material untersucht. Wie bereits angeführt soll die Analyse von Differenzkategorien nach Degele und Winker auf der *Repräsentationsebene* und der *Identitätsebene* hingegen offen gehalten werden (induktiv).

Unter der *Repräsentationsebene* verstehen Degele und Winker eine symbolische Ordnung, welche die angegebenen Herrschaftsverhältnisse stützt und diese gleichzeitig mit hervorbringt. Beispiele dafür sind Normen, Werte und Stereotype, die Identitätskonstruktionen formieren. Im Sinne Judith Butlers stabilisieren diese Subjektivierungsprozesse wiederum symbolische Repräsentationen durch performative Wiederholungen (ebd., S. 54). Hier wird also bereits auf eine Wechselbeziehung zwischen Repräsentationsebene und Identitätsebene aufmerksam gemacht.

Im Hinblick auf die Repräsentationsebene verweisen Degele und Winker für die Kategorie Klasse bspw. auf meritokratische Leistungsideologien, die die soziale Position von Individuen in der Gesellschaft rechtfertigen sollen. In Bezug auf Geschlecht und ‚Rasse' seien wiederum naturalisierende Diskurse besonders relevant für die Absicherung von Herrschaftsverhältnissen. Diese würden sich bspw. in dichotomen Konstruktionen wie ‚zivilisiert' versus ‚unzivilisiert' oder ‚männlich' versus ‚weiblich' zeigen. Diskurse bezogen auf Körper hingegen, so Degele und Winker, beziehen sich heute primär auf dessen Gestaltbarkeit, Optimierbarkeit oder Veränderbarkeit (ebd., S. 54-58).

Auf der *Identitätsebene* findet nach Degele und Winker eine ‚Verortungsarbeit' von Individuen statt (Degele/Winker 2008, S. 200). Identitätskategorien bestimmen ein Verhältnis zu sich selbst: „Identität unterscheidet zwischen dem Selbst und dem Anderen – ob aufgrund von Sprache, Territorialität, Geschlecht oder anderem" (Winker/Degele 2009, S. 59). Manche Identitätskonstruktionen könnten für Individuen in einer bestimmten Lebenssituation wiederum auch keine oder eine nachgeordnete Relevanz haben. Identitätskonstruktionen entlang unterschiedlicher Differenzkategorien haben nach Degele und Winker die Funktion, Unsicherheiten (etwa auf dem Arbeitsmarkt) durch Ab- und Ausgrenzung von Anderen zu vermindern sowie die Funktion der Erhöhung von Sicherheit durch Zusammenschlüsse und eine verstärkte Sorge um sich selbst in einer als unsicher empfundenen Welt (ebd. S.61).

Darüber hinaus stehen die Strukturebene, Repräsentationsebene und Identitätsebene in Wechselbeziehungen zueinander:

> „Auf allen diesen Ebenen spielen Differenzierungen, Naturalisierungen und Hierarchisierungen eine zentrale Rolle. Denn auf der Grundlage von Differenzkategorien konstruieren Individuen unterschiedlichste Identitäten und reproduzieren verschiedenartige symbolische Repräsentationen und damit gleichzeitig materialisierte Strukturen" (Degele/Winker 2008, S. 200).

Die intersektionale Mehrebenenanalyse zeichnet sich damit durch eine hohe Komplexität aus: es werden nicht allein Wechselbeziehungen zwischen sozialen Kategorien untersucht, sondern auch zwischen unterschiedlichen Analyseebenen. Um diese Komplexität methodisch bzw. methodologisch zu bewältigen, schlagen Winker und Degele vor, im Sinne Bourdieus praxeologischen Ansatzes von den *sozialen Praxen* der Individuen auszugehen. Denn Degele und Winker sehen die Praxen sozialer Positionierung im Schnittfeld von Identitätskonstruktionen, sozialen Strukturen und symbolischen Repräsentation (ebd., S. 63f.).

Unter Praxen verstehen Degele und Winker dabei Handlungen, die auch sprachliche Interaktionen einschließen:

> „Ausgehend vom empirischen Handeln und Sprechen von Personen fragen wir nach den Identitäten, die sie herstellen sowie Strukturen und Normen, auf die sie rekurrieren. Wir beginnen also mit der Perspektive der AkteurInnen. Methodisch heißt das, bei Praxen anzufangen und dann zu relationieren: Auf welche Kategorien beziehen sich die AkteurInnen bei ihren Subjektivierungsprozessen? Welche Normen, Leitbilder und Deutungsmuster sind bei ihnen (unbewusst) wirksam? In welche strukturellen Zusammenhänge ist ihr Handeln eingebettet? Mit solchen Fragen gilt es, die drei Untersuchungsebenen zueinander in Beziehung zu setzen und dabei die Wechselwirkungen verschiedener Differenzkategorien nicht aus den Augen zu verlieren" (Winker/Degele 2009, S. 67).

Gleichwohl die intersektionale Mehrebenenanalyse nicht festlegt, mit welchen methodischen Instrumenten diese Praxen untersucht werden, wird häufig auf Interviews als Erhebungsmethode zurückgegriffen. Beispiele für erziehungswissenschaftlich orientierte Studien, die mit der intersektionalen Mehrebenenanalyse arbeiten, sind Kathrin Schraders Untersuchung über drogengebrauchende Sexarbeiterinnen (Schrader 2013) oder Nicole von Langsdorffs Fallrekonstruktionen von Mädchen auf ihrem Weg in die Jugendhilfe (v. Langsdorff 2012).

Für die Bearbeitung des empirischen Materials empfehlen Winker und Degele folgende acht methodische Schritte:

Analyseschritte Mehrebenenanalyse *(Winker/Degele)*

Block I: Auswertung einzelner Interviews

1. Identitätskonstruktionen beschreiben
2. Symbolische Repräsentationen identifizieren
3. Bezüge zu Sozialstrukturen finden
4. Wechselbeziehungen zentraler Kategorien auf drei Ebenen benennen

Block II: Analyse aller Interviews einer Untersuchung

5. Identitätskonstruktionen vergleichen und clustern
6. Strukturdaten ergänzen und Herrschaftsverhältnisse analysieren
7. Analyse von benannten Repräsentationen vertiefen
8. Wechselwirkungen in der Gesamtschau herausarbeiten

(Winker/Degele 2009, S. 80)

Die Autorinnen weisen darauf hin, dass alle acht Schritte für die intersektionale Mehrebenenanalyse notwendig sind, allerdings müssen diese nicht in der empfohlenen Reihenfolge durchgeführt werden. Vielmehr sei ein zyklisch wiederholendes Vorgehen, das wieder von vorne beginnt bzw. Schritte zurückgeht, um sie noch einmal zu durchlaufen, durchaus sinnvoll (Winker/Degele 2009, S. 79).

Intersektionale Analysen müssen nicht der hier angeführten Mehrebenenanalyse entsprechen. Die intersektionale Mehrebenenanalyse von Winker und Degele ist gegenwärtig auch nicht unbedingt *die* am häufigsten angewandte Methode bzw. Methodologie in der Erziehungswissenschaft. Es gibt durchaus zahlreiche andere methodische Herangehensweisen in der Intersektionalitätsforschung. Auffällig ist allerdings, dass auch in diesen Untersuchungen häufig unterschiedliche Ebenen miteinander in Beziehung gesetzt werden. Wobei meist von einer Ebene ausgegangen wird, um dann Bezüge zu anderen Machtebenen zu thematisieren.

In diesem Sinne findet in vielen intersektionalen Publikationen eine Komplexitätssteigerung in zwei Richtungen statt: zum einen werden mehrere soziale Kategorien in ihren Wechselbeziehungen analysiert, zum anderen wird versucht, die unterschiedlichen *Ebenen*, auf denen Machtverhältnisse operieren – also soziale Strukturen, Institutionen, soziale Praktiken, symbolische Ordnungssysteme oder Subjektformationen- miteinander in Beziehung gesetzt.

3.4 Intersektionalität in Erziehungswissenschaft und pädagogischen Handlungsfeldern

In der Erziehungswissenschaft gibt es eine längere Tradition, soziale Kategorien zusammenzudenken. Eine Reihe von Studien analysierte bspw. bereits vor der Einführung des Begriffs Intersektionalität den Zusammenhang von Klasse, Migration, Geschlecht und Bildung. Manche Autorinnen interpretieren ihre früheren Forschungsprojekte gegenwärtig neu im Paradigma der Intersektionalität (z.B. Riegel 2007; Weber 2008; King 2009).

Wichtige theoretische Impulse für das Diskursfeld Intersektionalität kamen Anfang der Jahrtausendwende aus der interkulturellen Pädagogik. Wie bereits angeführt, wurde der Begriff ‚Intersektionalität' erstmals im Jahr 2001 von Helma Lutz eingeführt (Lutz 2001, S. 217ff.). In ihrem Artikel *Sitting at the crossroad* konstatieren Lutz und Krüger-Potratz noch 2002, dass es bisher wenige Forscherinnen und Forscher gibt, die ihre Fragen und Perspektiven konsequent *von dem Kreuzweg her* entwickeln (Krüger-Potratz/Lutz 2002).

Nach Leiprecht und Lutz sollte die Erziehungswissenschaft in der Intersektionalitätsforschung nicht allein Strukturen in den Fokus nehmen, sondern auch das Individuum in seinen spezifischen Eigenbewegungen, Biographien, Lebenslagen sowie subjektiven Deutungsmustern berücksichtigen. Das heißt, Differenzlinien sollten nicht als Makrofaktoren angesehen werden, die das Individuum vollständig determinieren. Stattdessen wollen Leiprecht und Lutz das *besondere Verhältnis* der Individuen zu den Differenzlinien hervorheben (Leiprecht/Lutz 2005, S. 221-225).

Das Diskursfeld Intersektionalität wird in der Erziehungswissenschaft gegenwärtig primär in der Geschlechterforschung sowie in der interkulturellen Pädagogik bzw. Migrationspädagogik aufgegriffen. Insbesondere von Wissenschaftlerinnen und Wissenschaftlern, die beide Perspektiven verbinden. Das Forschungsfeld ist innerhalb kurzer Zeit so expandiert, dass hier lediglich ein exemplarischer Überblick gegeben werden kann. So wird Intersektionalität von ersten Autorinnen für die Biographieforschung produktiv gemacht (z.B. Davis /Lutz 2005; Lehmann 2008; Daigler 2008). Des Weiteren analysieren intersektionale Studien die Lebenslagen, Sozialisationskontexte und Repräsentationen von Jugendlichen (Herwartz-Emden/ Schurt/Warburg 2010; Groß 2010; Thielen 2011). Besonders häufig werden dabei die Wechselbeziehungen zwischen Migration, Männlichkeit und Klasse/Schicht untersucht (z.B. Spindler 2006; Huxel 2008; King 2009; Spieß 2010). Abschließend sollen einige Beispiele präsentiert werden, welche die Verwendungsweisen von Intersektionalität in Forschung und Praxis exemplarisch verdeutlichen.

3.4.1 Wechselbeziehungen von sozialen Kategorien in pädagogischen Kontexten

Ein erziehungswissenschaftlich relevantes Beispiel ist die Feldstudie von Stefan Wellgraf an Berliner Hauptschulen. Anhand dieser intersektionalen Studie lässt sich die Analyse von Wechselbeziehungen sozialer Kategorien gut illustrieren. Wellgrafs ethnographische Untersuchung basiert auf einer teilnehmenden Beobachtung an Berliner Hauptschulen in den Jahren 2008-2009. Die folgende Szene wurde an einer Hauptschule im Berliner Stadtteil Wedding beobachtet, der einen Migrantenanteil von über 80% aufweist (Wellgraf 2012, S. 77).

Feldstudie Hauptschule *(Wellgraf)*

Feldtagebuch: „Mehmet hat einen Ohrring und wird deshalb von zwei anderen Jungen im Unterricht als ‚schwul' beschimpft, andere Jungen stimmen mit ein und attackieren Mehmet: „Jetzt mal ehrlich, sag, ob du schwul bist?" „Nein!" „Alles klar, er ist schwul. Jeder der einen Ohrring trägt ist schwul." Die Lehrerin greift ein, doch ihre Bemerkung „Bei euch in der Türkei gibt es auch Schwule und selbst wenn er schwul ist, wäre es auch egal" trägt nicht wirklich zur Beruhigung der Situation bei. Die Jungen sind so aufgebracht, dass sie Mehmet auch in der nächsten Stunde immer wieder attackieren (...). Auch die Kunstlehrerin ist empört, sie verweist darauf, dass auch männliche „Sinti und Roma oder Zigeuner, wie sie früher hießen" Ohrringe tragen. „Zigeuner sind schwul", schallt es prompt zurück. Die Anspannung will sich einfach nicht lösen, weshalb sich die Lehrerin schließlich entscheidet zwei der aggressivsten Jungen nach Hause zu schicken, allerdings ohne einen Eintrag in das Klassenbuch, denn offensichtlich schreibt sie deren Schwulenfeindlichkeit weniger ihrer individuellen Verantwortung als ihrem kulturellem Hintergrund zu" (Wellgraf 2012, S. 86).

In dieser Szene lassen sich die Wechselbeziehungen mehrerer sozialer Kategorien herausarbeiten: Geschlecht, Ethnizität (Türkei/Deutschland/Sinti/Roma), Sexualität (Homosexualität/Heteronormativität) und Generation (Schüler/Lehrerin). Gleichwohl das soziale Milieu von den Gesprächsteilnehmenden nicht direkt adressiert wird, kann zudem angenommen werden, dass die soziale Herkunft wie ein Subtext mitläuft. Dies wird von Wellgraf allerdings nicht thematisiert, da es sich nicht am Material nachweisen lässt.

Nach Wellgraf veranschaulicht die obige Szene vielmehr, wie fragil die Geschlechterarrangements an Hauptschulen sind. Er weist darauf hin, dass Homophobie in der beobachteten Szene der Betonung und Durchsetzung männlicher Dominanzansprüche dient. Zugleich inszenieren sich die attackierenden Jugendlichen damit selbst als heterosexuell. Aggressive Männlichkeit und Homophobie, so Wellgraf, lassen sich sowohl als Oppositionsstrategie gegen die Institution Schule interpretieren als auch als Machtressource gegenüber weiblichen und männlichen Mitschülern (ebd., S. 86-89). Die Kategorie Ethnizität wird hingegen von den Lehrerinnen in die Szene hineingetragen. Nach Wellgraf bringen die Lehrerinnen dabei ethnische Zuschreibungen in eine Verbindung mit Vorstellungen zivilisatorischer Rückständigkeit (ebd., S. 87).

Diese Interpretation lässt sich noch weiter vertiefen. Mit der Aussage „bei euch in der Türkei" verweist die Lehrerin auf eine Wir – Sie Dichotomie, nämlich Deutschland versus Türkei. Die Tabelle von Lutz und Wenninger hat deutlich gemacht, dass solche Dichotomien in der westlichen Moderne nicht wertneutral sind, sondern mit impliziten Hierarchien einhergehen. Entsprechend verbindet Wellgraf diese Aussage auch mit Zuschreibungen zivilisatorischer Rückständigkeit. Dies geschieht allerdings auf subtile Weise, denn die Lehrerin sagt keineswegs explizit, dass Türken homophob sind. Des Weiteren scheint sie die Gruppe der Türken auch nicht zu homogenisieren, denn sie verweist ja auf Unterschiede zwischen ihnen (homosexuell/heterosexuell). Sie aktiviert allerdings die Kategorie Ethnizität im Zusammenhang mit den homophoben Äußerungen der männlichen Schüler mit Migrationshintergrund.

Mit der Aussage „bei euch in der Türkei" wird Homophobie zudem außerhalb Deutschlands platziert. Als würde es in Deutschland bzw. unter deutschen Schülern keine Homophobie geben, sondern nur in ‚vormodernen Gesellschaften'. Eine intersektionale Perspektive kann hier demnach Prozesse der Ethnisierung von Homophobie in der beobachteten Szene herausarbeiten. Unter pädagogischen Gesichtspunkten ist zudem die vollständige Aussage interessant: „Bei euch in der Türkei gibt es auch Schwule und selbst wenn er schwul ist, wäre es auch egal". Die Lehrerin changiert hier zwischen Anerkennungsdiskursen (es gibt Schwule) und der pädagogischen Strategie der Entdramatisierung von sozialen Unterschieden (es ist egal, ob jemand schwul ist). Auf diese Weise sendet sie eine doppelte Botschaft an ihre Schüler und Schülerinnen. Im Endeffekt verfehlt die Lehrerin demnach ihre Absicht, eine pädagogische Orientierung vorzugeben.

3.4.2 Funktionen und Bedeutungen von sozialen Kategorien in pädagogischen Kontexten

Das kritische Potenzial intersektionaler Studien in der Erziehungswissenschaft, reduziert sich allerdings nicht auf die Analyse von Wechselbeziehungen. Nach Jürgen Budde sollten intersektionale Untersuchungen sich nicht darauf beschränken, Wechselbeziehungen alleine deskriptiv zu beschreiben. Denn ansonsten würde sich der Erkenntnisgewinn auf den Nachweis reduzieren, *dass* soziale Kategorien sich überschneiden. Um soziale Ungleichheiten aufzuspüren, so Budde, müsse es vielmehr um die *strukturierende Bedeutung der Kategorien für das soziale Feld* gehen.

Dafür schlägt Budde vor, pädagogische Praktiken zum Ausgangspunkt zu nehmen und davon ausgehend zu fragen, wie entlang dieser Aspekte Intersektionalität das soziale Feld strukturiert (Budde 2013, S. 254).

Das machtkritische Potenzial von intersektionalen Studien zeigt sich zudem darin, dass auch nach der *Funktion* der Aufrufung mehrerer Kategorien in pädagogischen Kontexten gefragt wird. Ein Beispiel dafür ist Martina Webers bereits erwähnte Studie *Heterogenität im Schulalltag* (Weber 2003, s. ausführlich Kap. 2.2.2), welche die Autorin im nachhinein intersektional interpretiert. Webers Untersuchung zielt auf die Analyse von Konstruktionsprozessen von Geschlecht und Ethnizität an gymnasialen Oberstufen in Deutschland. Sie verweist darauf, dass gegenderte Ethnisierungsprozesse in der Schule die Funktion haben, sozioökonomische Disparitäten zu dethematisieren:

> „Die dominante Deutung von Lebenslagen als kulturelle Praxis verbirgt materielle Unterprivilegierung und die diskriminierende Rechtslage Zugewanderter und ihrer Nachkommen. Die unterschiedliche Verteilung sozialer Ressourcen erscheint, wie am Beispiel der gymnasialen Oberstufe verdeutlicht werden kann, nicht als Konsequenz von sozialen Machtverhältnissen, sondern resultiert dann aus ‚falschen' kulturellen Orientierungen" (Weber 2008, S. 54).

Des Weiteren verweist Weber darauf, dass die Ethnisierung von Geschlechterkonstruktionen die Funktion erfüllt, dass Geschlechterhierarchien auf Zugewanderte projiziert werden, womit die Residenzgesellschaft sich als immun gegen vergleichbare Probleme präsentieren kann. In ihrem pädagogischen Fazit resümiert Weber, dass geschlechtliche, ethnische und sozioökonomische Zuschreibungen mehr sind als bloße Vorurteile, sie haben vielmehr die Funktion, eine hierarchisch gegliederte Sozialstruktur zu reproduzieren und legitimieren (Weber 2008, S. 54-55).

3.4.3 Wechselbeziehungen von Ebenen in pädagogischen Kontexten

Intersektionale Studien in der Erziehungswissenschaft verweisen allerdings nicht allein auf die Wechselbeziehungen von sozialen Kategorien. Das besondere an diesen meist qualitativen empirischen Studien ist, dass es dabei nicht allein um eine Dekonstruktion von Stereotypen geht – etwa im Hinblick auf die Wechselbeziehungen von Migration und Männlichkeit –, sondern darüber hinaus um die Herausarbeitung der zugrunde liegenden materiellen Strukturen. Demnach zeigt sich auch in empirischen Studien der erziehungswissenschaftlichen Intersektionalitätsforschung der fundamentale Bezug auf Macht- und Herrschaftsstrukturen. Dies gilt auch für Untersuchungen, die nicht mit der intersektionalen Mehrebenenanalyse arbeiten.

Ein Beispiel dafür ist die Studie von Susanne Spindler (2006), die nach den Wechselwirkungen von Männlichkeit, Herkunft und Kriminalität fragt. Ihre qualitative Untersuchung basiert auf biographische Interviews mit männlichen Migrantenjugendlichen in Justizvollzugsanstalten. Spindler interessiert sich für unterschiedliche Sozialisationskontexte der Jugendlichen wie etwa Familie, Schule, Peers oder das Gefängnis.

Ein besonders interessanter Befund von Spindlers Studie ist, dass viele ihrer Interviewpartner Erfahrungen mit sexualisierter Gewalt haben. In den Opfererfahrungen der Jugendlichen zeigt sich ein komplexes Zusammenwirken von Geschlecht, Staatsbürgerschaft und soziale Lage. Das Schweigen über die eigenen Missbrauchserfahrungen lässt sich bspw. damit erklären, dass die Jugendlichen sich selbst nicht als Opfer sehen möchten, da dies ihre männliche Identität gefährden würde. Da die Täter in der Regel ebenfalls Männer sind bzw. waren (oft Verwandte oder Stiefväter) erzeugt dies für einige Jugendliche den Druck, sich gegen Homosexualität abzugrenzen, um die eigene Männlichkeit zu betonen.

Das Schweigen der Jugendlichen bezogen auf ihre sexualisierten Gewalterfahrungen hat allerdings auch staatsbürgerschaftliche Dimensionen. Denn der Aufenthaltsstatus der Familie ist meist von deutschen Stiefvätern bzw. der Arbeitserlaubnis des Vaters abhängig. Ein Konflikt mit dem Täter bringt somit nicht allein das Opfer in Gefahr, sondern die ganze Familie. Wenn die Jugendlichen keinen legalen Aufenthaltsstatus besitzen, riskieren sie zudem die eigene Abschiebung sofern sie den sexuellen Missbrauch zur Anzeige bringen.

Die materiellen Dimensionen der von Spindler untersuchten intersektionalen Konstellationen zeigen sich zudem darin, dass die sexualisierten Gewalterfahrungen der interviewten Jugendlichen nicht allein im familialen Nahraum stattfanden, sondern auch in pädosexuellen Milieus. Nach Spindler sind die Übergänge zwischen pädosexuellen Milieu und männlicher Prostitution fließend. Dies würde nicht zuletzt daran liegen, dass Jugendlichen ohne Aufenthaltserlaubnis keine legalen Verdienstmöglichkeiten offen stehen. Die Jugendlichen bieten folglich ihren Körper als Ware an.

Der Aufenthalt in pädosexuellen Milieus beschleunigt nach Spindler wiederum Kriminalisierungsprozesse, da den Jugendlichen besondere Zugänge zum kriminellen Milieu ermöglicht werden. Professionelle Hilfen, so resümiert Spindler, würden diese Wechselverhältnisse zu wenig reflektieren und somit keine angemessenen Hilfen bereitstellen können.

3.4.4 Intersektionalität in der pädagogischen Praxis

In der pädagogischen Praxis findet das Paradigma Intersektionalität bspw. Anwendung in der Bildungsarbeit, Social Justice-Trainings, Mädchenarbeit bzw. Jungenarbeit oder Programmen zur Gewaltprävention (Stuve/Busche 2007; Czollek/Weinbach 2007; Garske 2009; Busche/Cremers 2009; Goel/Stein 2012). Die Verbreitung intersektionaler Praxisprojekte seit der Jahrtausendwende kann nicht zuletzt auf europäische Gesetzesinitiativen und Förderprogramme zur Antidiskriminierung zurückgeführt werden. Insbesondere der Amsterdamer Vertrag (1997) führte zu einer Reihe von Verträgen, Richtlinien, Förderprogrammen, Aktionsplänen und beschäftigungspolitischen Leitlinien gegen Diskriminierung. Für die Bildungsarbeit eröffnet die europäische Antidiskriminierungspolitik damit neue Wirkungsbereiche, da sie auch Schulungen und Sensibilisierungsmaßnahmen finanziell fördert.

Im folgenden werden einige Beispiele für EU-Projekte genannt, die sich positiv auf Intersektionalität beziehen: *Peer Think-* Projekt zur intersektionalen Gewaltprävention für Jugendliche (Dissens e.V. 2007-2009), *ADAT-Aversive Discrimination Awareness Training* E-Learning Weiterbildungskurs mit den Themenmodulen Aversive Diskriminierung, Behindertenfeindlichkeit, Homophobie, Sexismus, Intersektionalität (KomBi 2008-2009) oder das Projekt *EMpower Young Women from Ethnic Minorities* (SALTO-Youth 2008). Daneben gibt es allerdings eine Reihe von intersektionalen Projekten in Deutschland, die sich nicht über EU-Programme finanzieren.

In intersektionalen Bildungsprojekten mit Jugendlichen oder Erwachsenen ist die Auseinandersetzung mit der eigenen Biographie häufig Ausgangspunkt der Reflexion unterschiedlicher Macht- und Diskriminierungsformen. Auf diese Weise wird von den Lebenswirklichkeiten, Bedürfnissen und Interessen der Teilnehmenden ausgegangen. Dabei arbeiten intersektionale Bildungsansätze mit offenen Identitätskonzepten. D.h. Jugendliche bzw. Erwachsene werden nicht auf spezifische Identitäten festgelegt, vielmehr wird ihnen ein Auseinandersetzungs- und Verhandlungsraum angeboten, in dem sie ihre eigenen Identitäts- und Selbstkonzepte entwerfen können. Darüber hinaus wird die Verortung von Identitäten in Machtstrukturen stets mit reflektiert (Stuve 2009, S. 261; respect 2004, S. 8).

Das Jugendbildungsprojekt *respect* greift bspw. jugendliche Selbststilisierungen als ‚Gangsta' oder ‚Jungfrau' auf, um mit Jugendlichen gesellschaftliche Strukturen und Prozesse der Selbst- und Fremdethnisierungen zu reflektieren sowie für deren gesellschaftlichen Herstellungsprozesse und Exklusionsmechanismen zu sensibilisieren. Selbstethnisierungen von Migrantenjugendlichen werden im Projekt *respect* aber auch als Form der Selbstbehauptung verstanden, die ein intaktes Selbstbild ermöglichen und vor alltäglichen Demütigungen der Mehrheitsgesellschaft schützen. Durch Wertschätzung und produktive Irritationen sollen schließlich neue Möglichkeitsräume der Identitätsbildung geschaffen werden (vgl. Akka/Polkamp 2010). Vergleichbar mit intersektionalen Forschungsansätzen legen intersektionale Bildungsprojekte zudem einen besonderen Fokus auf materielle Strukturen. Dies soll abschließend anhand des Projekts *Intersektionale Gewaltprävention* von Dissens e.V. aufgezeigt werden (Stuve/Busche 2007).

Intersektionale Gewaltprävention *(Dissens e.V.)*

In dem Modellprojekt *Intersektionale Gewaltprävention* von Dissens e.V. wurde eine praxisnahe Qualifizierung für pädagogische Fachkräfte entwickelt, die mit Jugendlichen arbeiten. Dazu gehörte die Bereitstellung von Fortbildungsbausteinen, Methoden, Selbstlern-Modulen und Hintergrundtexten zur intersektionalen Gewaltprävention.

In der Konzeption des Projekts Intersektionale Gewaltprävention wird ein besonderer Schwerpunkt auf *strukturelle Gewaltverhältnisse* gelegt (ebd., S. 6). Damit unterscheidet sich Dissens e.V. von Projekten zur Gewaltprävention mit Jugendlichen, die sich primär auf die individuelle Kontrolle aggressiver Verhaltensweisen konzentrieren. Besonders prägnant zeigt sich dies in lerntheoretischen bzw. triebtheoretischen Programmen wie der Konfrontativen Pädagogik (Kilb/Weidner 2013). Stattdessen ist bspw. die Reflexion von Erfahrungen mit rassistischer Diskriminierung ein wichtiger Bestandteil intersektionaler Gewaltprävention.

Stuve und Busche definieren Intersektionale Gewaltprävention wie folgt:

> „Ein intersektionaler Ansatz beinhaltet ein Verständnis von Gewalt, welches den Zusammenhang mit Dominanz- und Hierarchisierungsverhältnissen als zentral ansieht. Die Einzelnen setzen sich gewalttätig miteinander in Beziehung unter Bezug auf gesellschaftliche Kategorisierungen. Zugleich ist die Bezugnahme der Einzelnen zueinander wegen der gesellschaftlichen Kategorien oftmals gewalttätig – sie gebrauchen sie und sie sind durch sie beeinflusst. Auch Jugendliche agieren unter Bezugnahme auf diese hierarchischen Differenzierungen. Institutionen wie Schule, Sozialarbeit, Bildung etc. können diese Hierarchien verstärken oder sie können sie verändern im Sinne der Ent-Hierarchisierung“ (Stuve/Busche 2007, S. 24).

Mit dieser Definition wendet sich intersektionale Gewaltprävention auch gegen jede kulturalistische Deutung von Gewalt männlicher Jugendlicher mit Migrationshintergrund (ebd., S. 14). Sie kritisiert demnach die so genannte Kulturkonfliktthese, nach der Jugendgewalt bspw. auf kulturelle Orientierungen an der jeweiligen Herkunftskultur zurückführt bzw. auf Modernitätsdefizite verwiesen wird, die an einem gewaltakzeptierenden Ehrbegriff oder traditionellen Geschlechterorientierungen festgemacht werden.

Eine intersektionale Perspektive leugnet nicht, dass Jugendliche mit Migrationshintergrund spezifische Formen von Männlichkeiten herausbilden, die mitunter auch hypermaskuline Inszenierungen mit einschließen. Doch werden diese auf der Folie von rassistischen bzw. sozialen Ausgrenzungserfahrungen diskutiert und nicht auf vermeintliche kulturelle Traditionen zurückgeführt. Vergleichbar mit intersektionalen Forschungsstudien, werden soziale Kategorien demnach nicht allein beschrieben, sondern in ihren Herstellungsprozessen analysiert (Stuve/Busche 2007, S. 19).

Die intersektionale Kritik an kulturalistischen Erklärungsmustern von Jugendgewalt muss auch nicht bedeuten, dass es keine migrations*spezifischen* Einflussfaktoren gibt. Diese werden allerdings weniger in der ‚anderen Kultur‘ gesehen, sondern bspw. in geringem Einkommen, Bildungsniveau oder Wohnverhältnissen (zu migrationsspezifischen Lebensbedingungen siehe Walter/Trautmann 2003, S. 69ff.; Walburg 2007). Dazu gehören auch unsichere Aufenthaltsrechte, traumatisierende Fluchterfahrungen, getrennte Familien, Kontrolle durch Behörden oder Abwertung von Bildungsabschlüssen. Hier zeigt sich also erneut der Fokus auf materielle Strukturen in der intersektionalen Gewaltprävention.

Männliche Jugendliche mit Migrationshintergrund geraten somit auch als *Opfer* struktureller Gewaltverhältnisse in den Blick. Zudem können hypermaskuline Inszenierung von Männlichkeit unter den angeführten materiellen Bedingungen für Jugendliche eine Ressource sein, über die sie Anerkennung erfahren. Dies gilt nicht unbedingt gesamtgesellschaftlich, aber immerhin in der eigenen subkulturellen Peer-Kultur. Eine intersektionale Perspektive stellt die männlichen Inszenierungspraktiken von Migrantenjugendlichen demnach in einen gesellschaftlichen Kontext, der von einer Erosion der sozialen Position des männlichen Erwerbsarbeiters sowie ethnischen Marginalisierungsprozessen gekennzeichnet ist.

Intersektionalität in der pädagogischen Praxis weist demnach mehrere Parallelen zur intersektionalen Forschung aus: es werden z.B. Wechselbeziehungen von sozialen Kategorien analysiert, Herstellungsweisen von Machtverhältnissen rekonstruiert und der Bezug zu materiellen Strukturen hergestellt. Da intersektionale Bildungsansätze jedoch am konkreten Individuen bzw. an konkreten pädagogischen Zielgruppen ansetzen, müssen sie -im Sinne von Lutz und Leiprecht- allerdings auch immer einen offenen Blick behalten für die spezifischen Eigenbewegungen von Subjekten und Biographien (Leiprecht/Lutz 2005).

3.5 Kritik an Intersektionalität

Auffällig ist gegenwärtig, dass Migrantinnen oder People of Color zwar der Intersektionalitätsdebatte in Deutschland den Weg bereitet haben, der gegenwärtigen Konjunktur des Diskursfeldes Intersektionalität allerdings auch skeptisch gegenüberstehen. Beispielsweise wird befürchtet, dass die politisch-theoretischen Traditionen nur eine historische Fußnote in der Geschichtsschreibung der Intersektionalitätsforschung bleiben könnten. Insbesondere wenn die theoretischen Impulse von People of Color sowie Feministinnen mit einem Migrations- Exil- und Diaspora Hintergrund verleugnet oder als prä-theoretische Erfahrungsberichte disqualifiziert werden (Erel et al. 2007). Des Weiteren werden die Pluralisierungstendenzen und Re-Artikulationsversuche der deutschsprachigen Gender Studies kritisiert, mit denen die Arbeiten von Crenshaw aus dem Kontext der *Critical Race Studies* herausgelöst würden (Chebout 2011).

Es sei zudem auffallend, dass Intersektionalitätsforschung in der BRD zunehmend von exklusiven bzw. institutionalisierten Netzwerken betrieben wird (Chebout 2011: 55f.; Erel et al. 2007, S. 239; Castro Varela/Dhawan 2009, S. 314). Unmittelbar damit zusammenhängend wird angesichts der akademisch prekären Situation, in denen sich die kritischen *Race Studies* in der BRD befinden, gefragt, ob die Diskussion über Intersektionalität zu einer Relativierung von Rassismusanalysen führen könnte (Erel et al. 2007, S. 247; Chebout 2011, S. 56).

Darüber hinaus, so Castro Varela und Dhawan, berücksichtigen intersektionale Ansätze in Deutschland die transnationalen Dimensionen sozialer Ungleichheit nicht ausreichend. Damit würde auch die eigene Geschichte des Kolonialismus ausgeblendet. Durch den Fokus auf metropolitane Räume zeichnet sich die deutsche Intersektionalitätsdebatte darüber hinaus durch einen impliziten Eurozentrismus aus, so die Autorinnen, womit die Strukturen internationaler Arbeitsteilung und Ausbeutung vernachlässigt werden (Castro Varela/Dhawan 2009, S. 317ff.).
Die Kritikerinnen und Kritiker plädieren demnach dafür, die historisch-materiellen Kontexte herauszuarbeiten, die soziale Kategorien hervorbringen (Castro-Varela/ Dhawan 2009). Intersektionalität dürfe nicht allein eine Beschreibungsformel sein, sondern muss sich durch einen antirassistischen, postkolonialen und gesellschaftskritischen Analyserahmen auszeichnen, um der Beliebigkeit bei einer simplen Aufzählung von Differenzen zu entgehen (Erel et al. 2007, S. 245).

Zusammenfassung Intersektionalität

Historische Traditionen:

- Politisch-theoretische Differenzdebatten in Frauenbewegungen

Zentrale Prämissen von Intersektionalität

- Kritik an additiven und eindimensionalen Perspektiven (z.B. Doppeldiskriminierung/Mehrfachdiskriminierung)
- Fokus auf mehrere soziale Kategorien bzw. Machtverhältnisse und deren Wechselbeziehungen
- Konzentration auf Machtverhältnisse, Herrschaftsformen und Subjektivierungsprozesse (sowie Normierungs-, Normalisierungs- und Marginalisierungsprozesse)
- Hervorhebung von strukturellen Gesellschaftsbedingungen und Ablehnung von Kulturalisierung sozialer Ungleichheiten
- Intersektionale Analysen bleiben nicht bei der Beschreibung von sozialen Kategorien stehen, sondern interessieren sich für deren Herstellungsprozesse und gesellschaftliche Funktionen
- Einbezug und Analyse der Wechselbeziehungen unterschiedlicher Ebenen, auf denen Macht operiert: Soziale Strukturen, Institutionen, Praktiken, symbolische Ordnungssysteme, Subjektformationen

Zum Weiterlesen

Erel, U./Haritaworn, J/Gutiérrez Rodríguez, E./Klesse, C. (2007): Intersektionalität oder Simultaneität?! – Zur Verschränkung und Gleichzeitigkeit mehrfacher Machtverhältnisse – Eine Einführung. In: Hartmann, J./Klesse, C./Wagenknecht, P./Fritzsche, B./Hackmann, K. (Hrsg.): Heteronormativität. Empirische Studien zu Geschlecht, Sexualität und Macht. Wiesbaden.

Knapp, G.-A. (2005): ‚Intersectionality' – ein neues Paradigma feministischer Theorie? Zur transatlantischen Reise von ‚Race, Class, Gender'. In: Feministische Studien 23, 1, S. 68-81.

Lutz, H./Herrera Vivar, M.T./Supik, L. (Hrsg.): Fokus Intersektionalität – Bewegungen und Verortungen eines vielschichtigen Konzeptes. Wiesbaden.

Spindler, S. (2006): Corpus Delicti. Männlichkeit, Rassismus und Kriminalisierung im Alltag jugendlicher Migranten. Münster.

Winker, G./Degele, N. (2009): Intersektionalität. Zur Analyse sozialer Ungleichheiten, Bielefeld.

www.portal-intersektionalitaet.de Online Portal zu Intersektionalität (Schlüsseltexte, Literaturdatenbank, Forschungsprojekte, Veranstaltungshinweise etc.)

4 Diversity

4.1 Historische Traditionen von Diversity
4.1.1 Differenzdebatten in der Erziehungswissenschaft
4.1.2 Diversity Management zwischen Antidiskriminierung und Profitsteigerung

4.2 Diversity in Erziehungswissenschaft und pädagogischen Handlungsfeldern
4.2.1 Affirmative Diversity-Management Ansätze
4.2.2 Machtsensible Diversity Ansätze

4.3 Das Diskursfeld Diversity
4.3.1 Bezug auf soziale Gruppenzugehörigkeiten und -identitäten
4.3.2 Fokus auf Organisationen
4.3.3 Wertschätzung von Ressourcen
4.3.4 Diversity-Kompetenz und positiver Umgang mit Diversity

4.4 Kritik an Diversity

4 Diversity

Der Begriff Diversity ist dem angloamerikanischen Sprachraum entnommen und bedeutet Vielfalt (Mecheril/Plößer 2011, S. 279). Vergleichbar mit Intersektionalität lässt sich Diversity demnach als *Travelling Concept* identifizieren. Ein *Travelling Concept* ist Diversity sogar im doppelten Sinne: Historisch gesehen wird hier ein Fachdiskurs, der in den Wirtschafts- und Betriebswissenschaften entwickelt wurde, in die Erziehungswissenschaft hineingetragen. Wie wir noch sehen werden, zeigt sich dies auch in wirtschaftlichen Leitbildern und Begriffen, die in der Erziehungswissenschaft in gewisser Weise übernommen werden. Im Sinne eines *Travelling Concept*, wandert Diversity demnach *zwischen den Disziplinen*.

In einer weiteren Theorietradition bezieht sich Diversity auf pädagogische Konzepte aus Einwanderungsländern wie den USA oder Kanada. In dieser Tradition bezieht sich Diversity auf eine multikulturelle Gesellschaft, die als Bereicherung für Erziehung und Bildung angesehen wird. Diversity wird hier zudem als Antidiskriminierungsstrategie verstanden (z.B. Appelbaum 2002; Banks 2006). Geographisch hat Diversity als *Travelling Concept* demnach eine transatlantische Reise angetreten.

In der Erziehungswissenschaft lassen sich aufgrund dieser unterschiedlichen Bezugspunkte gegenwärtig zwei Strömungen identifizieren: affirmative Diversity-Management-Ansätze und machtkritische Diversity-Ansätze. Dies macht es auch schwierig, eine allgemeingültige Definition von Diversity zu präsentieren. Dennoch lassen sich einige Gemeinsamkeiten identifizieren, die in der folgenden Definition zusammengefasst werden:

Definition Diversity

Diversity zielt auf die Wertschätzung sozialer Gruppenmerkmale bzw. -identitäten für Organisationen. Diversity-Merkmale werden als *positive Ressource* für Bildungsorganisationen gesehen. Die Vielfalt der Organisationsmitglieder erhält somit Anerkennung. Das pädagogische Ziel ist der *positive Umgang* mit Diversity sowie die Entwicklung von Diversity-Kompetenzen.

Diversity hat somit eine empirisch-analytische Dimension und eine normativ-präskriptive Dimension (Mecheril/Plößer 2011, S. 278). Die empirisch-analytische Dimension zeigt sich darin, dass zunächst einmal nur festgestellt wird, dass in modernen Gesellschaften unterschiedliche Identitäten, soziale Zugehörigkeiten und Gruppenmerkmale existieren. Beispiele dafür sind: Ethnizität, Nation, sexuelle Orientierung, Behinderung, Geschlecht, Alter etc. Es wird davon ausgegangen, dass diese Gruppenmerkmale wirkmächtig sind in Erziehungs- und Bildungsprozessen. Wie wir noch sehen werden, existieren allerdings durchaus unterschiedliche Erklärungsansätze dazu, ob diese Kategorien das Ergebnis gesellschaftlicher Ungleichheiten sind oder biologisch vorgegebene bzw. individuelle Merkmale.

Die normativ-präskriptive Dimension zeigt sich darin, dass diese Unterschiede auch eine Wertschätzung in pädagogischen Handlungsfeldern erfahren sollen. Die Ressourcen der Organisationsmitglieder wie Mehrsprachigkeit, unterschiedliche kulturelle Perspektiven oder altersspezifische Erfahrungshintergründe sollen für die Bildungsorganisation bzw. pädagogische Arbeit nutzbar gemacht werden. Dabei wird allerdings davon ausgegangen, dass ein positiver Umgang mit Diversity in Bildungsorganisationen nicht voraussetzungslos umgesetzt werden kann. Daher wird dafür plädiert, dass pädagogische Fachkräfte auch Diversity-Kompetenz erwerben sollen.

Die zentralen Prämissen von Diversity, die sich im obigen Zitat bereits identifizieren lassen, werden im folgenden vertieft dargestellt. Für deren Verständnis ist es allerdings notwendig, sich noch einmal die historischen Traditionslinien des Diskursfeldes Diversity zu vergegenwärtigen. Der historische Rückblick kann auch zum Teil erklären, warum sich unterschiedliche Strömungen von Diversity-Ansätzen in der deutschsprachigen Erziehungswissenschaft herausgebildet haben.

4.1 Historische Traditionen von Diversity

Im Folgenden sollen zwei historische Traditionslinien von Diversity in den Fokus genommen werden. Zum einen die Entstehung von Diversity-Management-Konzepten in den Wirtschafts- und Betriebswissenschaften und der wirtschaftsorientierten Beratungsliteratur. Zum anderen die Differenzdebatten in der Erziehungswissenschaft in den 1980er und 1990er Jahren. Letztere werden von Vertreterinnen und Vertretern des Diskursfeldes Diversity zwar nicht explizit als eigene Tradition ausgewiesen, sie sind allerdings wichtig für die Einordung von Diversity-Ansätzen im Kontext der Erziehungswissenschaft. Des Weiteren ist eine Kenntnis der Differenzdebatten wichtig, um die Kritik an Diversity-Ansätzen sowie deren interne Kontroversen zu verstehen.

4.1.1 Differenzdebatten in der Erziehungswissenschaft

Die Differenzdebatten entwickelten sich in Opposition zu einer so genannten Defizitperspektive auf pädagogische Zielgruppen. Dies ist übrigens eine erste Überschneidung zum Diskursfeld Diversity. Bereits in den 1970er Jahren wurde argumentiert, dass diese Defizitperspektiven u.a. dadurch entstehen, dass Arbeiterkindern, Mädchen, Migrantinnen oder Schülern mit Behinderungen zwar der *formale* Zugang zu Bildungsinstitutionen gewährt wird, allerdings ohne deren Inhalte, Methoden oder Organisationsformen neu auszurichten. In der Folge konnte eine erfolgreiche Bildungsbiographie, so die Kritik, nur über die Anpassung an eine tradierte Norm erreicht werden (Rolff 1967; Opp et al. 2001; Bönold 2003; Krüger-Potratz 2005).

Die Öffnung der Jungengymnasien für Mädchen wurde demnach ab den 1960er Jahren institutionell vorangetrieben, allerdings ohne sich Gedanken über Koedukation bzw. temporärer Monoedukation zu machen. Es wurde zwar in den 1970er Jahren immer deutlicher, dass so genannte ‚Gastarbeiterkinder' dauerhaft in Deutschland bleiben, doch das Bildungssystem stellte sich nicht auf die Mehrsprachigkeit ihrer neuen Schüler und Schülerinnen ein. Formal war Schülern mit Behinderungen der Besuch von Regelschulen erlaubt, doch waren nur wenige auf einen integrativen Unterricht eingestellt.

Als Beispiele für eine Defizitperspektive auf pädagogische Zielgruppen lassen sich Programme der 1970er Jahre anführen, durch die Mädchen mehr Technikinteresse entwickeln oder ‚Ausländerkinder' ihre Sprachdefizite ausgleichen sollten. Auch bei Menschen mit Behinderungen dominierte die Defizitperspektive, wodurch Maßnahmen der Fürsorge eher im Vordergrund standen als der Abbau gesellschaftlicher Diskriminierung. Kritisiert wurde an solchen Defizitansätzen, dass durch sie nur eine Angleichung an die deutsche bzw. männliche Norm stattfinden würde. In dem folgenden Auszug aus einem Kinderlied des Gripstheaters aus dem Jahr 1969 wird deutlich, dass Jungen die implizite Norm sind, an denen Mädchen gemessen werden. Gleichwohl der Liedtext in emanzipatorischer Absicht geschrieben wurde, sind es die Qualitäten der Jungen, die als erstrebenswert herausgestellt werden.

„Wer sagt, dass Mädchen dümmer sind?“ *(Liedtext Gripstheater)*

Wer sagt, dass Mädchen dümmer sind
wer sagt, dass Mädchen immer albern sind
wer sagt, dass Mädchen schüchtern sind
der spinnt, der spinnt, der spinnt!
Wer sagt, die Mädchen traun sich nicht
wer sagt, sie seien immer weinerlich
und meckerig und zappelig
der hat'n Stich, 'n Stich, 'n Stich!
(...)

Mädchen sind genau – so schlau – wie Jungen
Mädchen sind genau – so frech – und schnell
Mädchen haben so viel Mut wie Jungen
Mädchen haben auch ein dickes Fell

(*Ludwig 1969*)

Als Reaktion auf diese Defizitperspektiven wurde von Vertreterinnen und Vertretern des Differenzansatzes gefordert, dass ‚kulturelle Differenzen‘ oder ‚Geschlechterdifferenzen‘ eine positive Wertschätzung erfahren sollten.

An dieser Stelle muss angemerkt werden, dass der Differenzbegriff in der Erziehungswissenschaft unterschiedliche Bedeutungsdimensionen umfasst. Einige Autoren fassen Differenz als soziale Ungleichheit (Lutz/Wenning 2001), andere wiederum verstehen darunter in einem eher deskriptiven Sinn ‚Unterschiede‘ (Luhmann 1990). In postmodernen bzw. poststrukturalistischen Debatten bedeutet Differenz u.a. das Nicht-Identische bzw. Andere (Casale 2001). Schließlich gibt es noch den Begriff der Differenzierung, der sich mit dem Terminus Differenz verbinden lässt. Der hier in Frage stehende Differenzbegriff zeichnet sich dadurch aus, dass Differenz in einem evaluativen Sinne gefasst wird. D.h. Differenz wird als positive Ressource angesehen.

Die positive Markierung von ‚ethnischen Differenzen‘ lässt sich historisch darauf zurückführen, dass ‚Gastarbeiterkinder‘ oder ‚ausländische Schüler‘ – so der Sprachgebrauch in den 1970er Jahren – nicht mehr als Mängelwesen angesehen werden sollten. Das Argument war vielmehr, dass diese Kinder und Jugendlichen ‚anders‘ seien aufgrund ihrer Herkunft, Kultur oder Sprache. Das pädagogische Ziel sollte folglich die gegenseitige Anerkennung des ‚Anderssein‘ sein. Mit dieser Differenzorientierung wurde die Gleichwertigkeit der Kulturen bzw. ‚kulturellen Differenzen‘ herausgestellt. Dabei wurde nun auch die Kultur der Mehrheitsgesellschaft zum Gegenstand einer Begegnungs- oder Vermittlungspädagogik (für einen Überblick siehe z.B. Krüger-Potratz 1999; Hohmann 1987).

Als Beispiel für die positive Markierung von ‚Geschlechterdifferenzen' lassen sich Ansätze der feministischen Mädchenarbeit anführen, die ab den 1970er Jahren entwickelt wurden. Die feministische Mädchenarbeit wollte sich nicht an Defizitperspektiven auf Mädchen orientieren, sondern an deren Fähigkeiten, Bedürfnissen und Interessen anknüpfen. Eine zentrale Orientierung, die sich in der Mädchenarbeit herausbildete, war deshalb das Prinzip der Parteilichkeit (Bitzan/Daigler 2001). Für Mädchen sollten eigene Räume geschaffen werden, die ihnen als Schutz,- Entwicklungs- und Freiräume dienen. In diesem Sinne ging es dem Differenzansatz auch um den Entwurf einer eigenständigen weiblichen Gegenkultur (Möhlke/Reiter 1995, S. 11). Weiblichkeit sollte hier allerdings *jenseits* patriarchaler Normen entwickelt werden. Entgegen einem häufig geäußerten Vorwurf gegen den Differenzansatz, geht es hier also um *mehr*, als lediglich vormals patriarchal definierte weibliche Eigenschaften (wie Emotionalität, Fürsorge oder Naturnähe) positiv zu bewerten.

Die Differenzdebatte beschränkte sich allerdings nicht allein auf die interkulturelle Pädagogik und Geschlechterpädagogik. Vergleichbare Verschiebungen von einem Defizitansatz zu einem Differenzansatz lassen sich auch in der Sonderpädagogik, der schichtspezifischen Sozialisationsforschung, der Jugendarbeit sowie der Antipsychiatriebewegung identifizieren. Annedore Prengel führte in ihrer *Pädagogik der Vielfalt* (1993) schließlich Anfang der 1990er Jahre die verschiedenen Diskursstränge der feministischen Pädagogik, interkulturellen Pädagogik und Integrationspädagogik zusammen. Dabei plädierte sie für den Begriff der ‚egalitären Differenz' als pädagogische Orientierung. Denn Differenz ohne Gleichheit würde zu Hierarchisierungen führen, so Prengel, und Gleichheit ohne Differenz wiederum zur Angleichung an eine Norm (Prengel 1993). Letztendlich hebt Prengel mit dem Begriff der ‚egalitären Differenz' den Differenzansatz allerdings nicht auf, sondern bleibt ihm verpflichtet.

Die angeführten Differenzansätze wurden allerdings auch bereits in den 1980er Jahren in der Erziehungswissenschaft kritisiert (Jacobi-Dittrich/Kelle 1988). In der interkulturellen Erziehungswissenschaft wurde bspw. problematisiert, was unter ‚kulturellen Differenzen' zu verstehen sei, wie diese Differenzen historisch und sozial entstehen bzw. legitimiert werden, inwiefern Differenzen auf Normalitätsvorstellungen zurückgreifen oder ob ‚Kultur' die angemessene Kategorie ist, um Differenzen zu beschreiben. So merkten einige Autoren an, dass soziale Ungleichheit die Differenzen zwischen deutschen und nicht-deutschen Schülerinnen bzw. Schülern sehr viel plausibler erklären würden (Bukow /Llaryora 1988; Diehm/Radtke 1999, 93ff.; Krüger-Portratz 2005, S. 173ff).

Kritisch angemerkt wurde zudem, dass in Differenzansätzen statische Identitätskonzepte, Stereotypisierungen sowie Naturalisierungen von sozialen Zugehörigkeiten zum Ausdruck kommen. Beispielsweise wenn in Unterrichtsmaterialien *die* Türkei mit Deutschland verglichen wird. Wenn in einem solchen Vergleich eine Homogenität beider Nationen angenommen wird, geraten hybride Identitäten oder transkulturelle Durchdringungen von Kulturen aus dem Blick (kritisch: Höhne/

Kunz/Radtke 2005). In der Konsequenz trägt der Begriff ‚kulturelle Differenz' somit Gefahren einer Essentialisierung, Ethnisierung und Kulturalisierung in sich.

Zum Beispiel kann ein Unterricht, der eigentlich auf die Wertschätzung ethnischer Differenzen abzielt, die Unterscheidung zwischen ‚Wir' und ‚Sie' eher noch verfestigen. Wenn bspw. ein Schüler mit Migrationshintergrund aufgefordert wird, aus ‚seiner Kultur' zu berichten, dann können dadurch auch Vorstellungen reproduziert werden, dass dieser Schüler im Grunde nicht zugehörig in Deutschland ist. Die Wertschätzung seines Andersseins führt demnach geradezu zu einem symbolischen Ausschluss.

Vergleichbar wird ein System von Zweigeschlechtlichkeit reproduziert, wenn ein Lehrer seine Klasse wiederholt in Mädchengruppen und Jungengruppen einteilt. Mit dieser pädagogischen Handlung bestätigt er in seinen alltäglichen Praktiken, dass es relevante Unterschiede zwischen Mädchen und Jungen *gibt*. In der erziehungswissenschaftlichen Geschlechterforschung haben sich in den 1990er Jahren deshalb zunehmend Theorieansätze durchgesetzt, die das System der Zweigeschlechtlichkeit insgesamt in Frage stellen (z.B. Schmidt 2002).

Entsprechend kritisch werden aus einer dekonstruktiven Perspektive die Einführung von spezifischen Unterrichtsmaterialen für Jungen und Mädchen gesehen. Das eigentliche Motiv, dadurch die Heterogenität der Schülerinnen und Schüler zu berücksichtigen, so die Kritik, verfestigt noch die Zweigeschlechtlichkeit in Schule und Gesellschaft. Dekonstruktive Perspektiven plädieren vielmehr dafür, die eigene pädagogischen Praxis an einer Vervielfältigung von Geschlechtsidentitäten auszurichten. Dazu gehört auch, Heteronormativität und Geschlechterordnungen grundsätzlich in Frage zu stellen und Räume für die Erprobung alternativer Identitäten zu eröffnen (Howald 2001; Plößer 2013, S. 265).

Diese kontroversen Debatten haben dazu geführt, dass die Ablehnung eines essentialistischen Verständnisses von ‚kulturellen Differenzen' oder ‚natürlichen Geschlechterdifferenzen' in der erziehungswissenschaftlichen Forschung weitgehend Konsens ist, während entsprechende Vorstellungen in pädagogischen Fachtexten sowie gesellschaftlichen Problemerklärungen mitunter nach wie vor vorhanden sind (kritisch: Gogolin/Krüger-Potratz 2006, S. 118).

Mit dem Diskursfeld Diversity wird seit Ende der 1990er Jahre nun erneut eine pädagogische Perspektive stark gemacht, die sich gegen Defizitperspektiven wendet und sich für eine Ressourcenorientierung ausspricht. Die vorangegangenen Differenzdebatten in der Erziehungswissenschaft trägt der Diversiy-Ansatz dabei allerdings im Gepäck. Wie wir noch sehen werden, haben diese Debatten zum Teil zu einer höheren Sensibilisierung gegenüber Problemen einer positiven Markierung von Differenz geführt. Zum Teil ist das Dilemma allerdings nicht gelöst, dass die Perspektive der sozialen (De)Konstruktion von sozialen Zugehörigkeiten bzw. Identitäten in einem widersprüchlichen Verhältnis zu einer Anerkennungspädagogik steht (Auernheimer 2011, S. 414).

4.1.2 Diversity Management zwischen Antidiskriminierung und Profitsteigerung

Um das pädagogische Diskursfeld Diversity zu verstehen, gilt es sich zudem dessen Herkunft aus der Wirtschaft bzw. Antidiskriminierungspolitik zu vergegenwärtigen. Nach Günther Vedder entstanden Diversity-Management Ansätze zunächst in den 1990er Jahren in den USA. Das historische Fundament legten in den 1950er bis 1970er Jahre diverse soziale Bewegungen und Bürgerrechtsorganisationen wie die Black Power Bewegung, Frauenbewegungen sowie Schwulen- und Lesbenbewegungen. Ihre politischen Kämpfe und sozialen Proteste mündeten in unterschiedlichen Antidiskriminierungsgesetzen sowie *Affirmative Action* Plänen. Arbeitgeber und Arbeitgeberinnen wurden gesetzlich verpflichtet, die Chancengleichheit ihrer Beschäftigten zu berücksichtigen.

Zudem wies der *Workforce 2000*-Report bereits im Jahr 1987 darauf hin, dass der Anteil *weißer* Männer in der Erwerbsbevölkerung zukünftig stark abnehmen wird. Einige Unternehmen mussten demnach mit Rekrutierungsproblemen von *high potentials* rechnen (Vedder 2006, S. 2-6). In diesem gesellschaftlichen Klima setzte sich Diversity-Management als Strategie der Organisationsentwicklung sowie des Human-Ressource-Managements durch.

Darüber hinaus lässt sich die Erfolgsgeschichte von Diversity-Management auf gesellschaftliche Prozesse wie Globalisierung, europäische Integration sowie Pluralisierung von Lebensstilen zurückführen (Stuber 2004; Berninghausen/Hecht-El Minshawi 2011). Auch in Deutschland wird von Vertreterinnen und Vertretern des Diversity-Management Ansatzes auf den demographischen Wandel bzw. den erwarteten Fachkräftemangel verwiesen, der die Erschließung neuer ‚(Begabungs-)Potenziale' notwendig machen würde (Kimmelmann 2009, S.7; Stuber 2004, S. 64; Bruchhagen 2008, S. 83).

Zentral für den betriebswirtschaftlichen Diversity-Management Ansatz ist schließlich die Annahme, dass personelle Vielfalt auch den Profit von Unternehmen steigern kann. Zum Beispiel indem das Personal ‚spezifisches Gruppenwissen' in die Optimierung von Werbekonzepten oder Produktentwicklungen einbringt. In diesem Sinne soll Diversity auch die Bedürfnisse heterogener Kunden, Lieferanten, Geldgeber etc. aufnehmen. Diversity wird hier aus einer *Business Perspektive* heraus fokussiert: es sollen strategische Wettbewerbsvorteile, positive Produktivitätseffekte und Effizienzsteigerungen erzeugt werden (Vedder 2006, S. 8). Als geschäftszentrierter Ansatz verspricht Diversity demnach eine Steigerung von Erfolg, Produktivität und Kundennähe (Stuber/Wittig 2007, S. 68).

Historisch orientiert sich das betriebswirtschaftliche Konzept von Diversity-Management folglich auf Antidiskriminierung *und* Profitsteigerung. Im US-amerikanischen Kontext muss dies kein Widerspruch sein, denn die Diskriminierung von Beschäftigten kann für Unternehmen aufgrund weitreichender Antidiskriminierungsrechte und Affirmative-Action-Programme enorme ökonomische Nachteile bringen. Auch in den Fällen, in denen *Diversity Management* von Unternehmen primär verwertungslogisch ausgelegt wird, ist die Orientierung an Diskriminierung demnach ein wichtiger Faktor (Stuber 2004, S. 26).

Neben solchen betriebswirtschaftlichen Motiven gibt es aber auch emanzipatorische Adaptionen des *Diversity Management*-Ansatzes bspw. durch Betriebsräte, Gewerkschaften oder Frauenbeauftragte. Diese Akteure bemühen sich häufig auch um eine Integration traditionell gleichstellungsorientierter Politik in Konzepte des *Diversity Managements*. Ihr Aktionsfeld reduziert sich schließlich nicht allein auf Wirtschaftsbetriebe, sondern bezieht sich auch auf Non-Profit-Organisationen.

In diesem Zusammenhang kann auch die Europäische Kommission als Motor für eine gesellschaftspolitische und juristische Antidiskriminierungspolitik ausgemacht werden (Hormel 2007, S. 245). Wegweisend für die Implementierung einer Diversity Programmatik in der Europäischen Union waren eine Reihe von Richtlinien bzw. Direktiven zu Antidiskriminierung, die im Jahr 2000 verabschiedet wurden. Die neuen Rechtsvorschriften verbieten Diskriminierung im Bereich Ausbildung und Beschäftigung bezogen auf ethnische Herkunft, ‚Rasse', Religion, Weltanschauung, Behinderung und sexuelle Orientierung.

Darüber hinaus wurden Richtlinien zur Bekämpfung von ‚Rassendiskriminierung' erlassen, diese umfassen die Bereiche Bildung, soziale Sicherheit, Gesundheit, Zugang zu öffentlichen Gütern und Dienstleistungen sowie Wohnraum. Der Kampf gegen Diskriminierung aufgrund des Geschlechts wird in unterschiedlichen europäischen Rechtsvorschriften und EU Initiativen zur Gleichstellung berücksichtigt (EU-Kommission 2005, S. 5 u. 12).

Schließlich enthält auch die UN-Behindertenrechtskonvention (2006), die vom deutschen Bundestag im Dezember 2008 ratifiziert wurde, Elemente einer Diversity Perspektive. So wird in der Präambel der wertvolle Beitrag von Menschen mit Behinderungen für die Gesellschaft hervorgehoben. Die UN-Behindertenrechtskonvention sei verfasst worden

> „ (...) in Anerkennung des wertvollen Beitrags, den Menschen mit Behinderungen zum allgemeinen Wohl und zur Vielfalt ihrer Gemeinschaften leisten und leisten können, und in der Erkenntnis, dass die Förderung des vollen Genusses der Menschenrechte und Grundfreiheiten durch Menschen mit Behinderungen sowie ihrer uneingeschränkten Teilhabe ihr Zugehörigkeitsgefühl verstärken und zu erheblichen Fortschritten in der menschlichen, sozialen und wirtschaftlichen Entwicklung der Gesellschaft und bei der Beseitigung der Armut führen wird" (Beauftragter der Bundesregierung für die Belange behinderter Menschen 2010, S. 9).

Des Weiteren werden in der UN-Behindertenrechtskonvention Aspekte der Mehrfachdiskriminierung angesprochen sowie Bezüge zu weiteren Diskriminierungsformen wie Geschlecht, ethnische Herkunft oder Alter hergestellt.

Das Konzept des *Diversity-Management* enthält demnach sowohl gerechtigkeitsorientierte bzw. emanzipatorische als auch utilitaristische Traditionslinien. Auf der Basis internationaler Publikationen zu Diversity-Management-Ansätzen, entwickelt Vedder folgendes Übersichtsmodell.

Diversity Management-Ansatz	Resistenz-ansatz	Fairness-ansatz	Marktzutritts-ansatz	Lern- und Effektivitäts-ansatz
Grundlage	Diversity kein Thema oder eine Gefahr	Vielfalt verursacht Probleme	Vielfalt führt zu Marketing-vorteilen	Unterschiede gezielt + integrativ nutzen
Verständnis	Monokultur; Homogenität erhalten	Keine Diskriminierung; Assimilierung	„Optimales Ausmaß an Vielfältigkeit"	Multikultur, Pluralismus
Zielsetzung	Status quo verteidigen	Minderheiten gleich behandeln	Zugang zu Kunden und Märkten	Langfristiges Lernen aus Diversity

Quelle: Vedder 2006, S. 18

Die unterschiedlichen Schwerpunktsetzungen der Diversity-Ansätze in der Tabelle demonstrieren, dass es verkürzt wäre, Diversity-Management lediglich auf eine Business Case Perspektive zu reduzieren. Vergleichbar mit Konzepten wie Gender Mainstreaming, Interkulturelle Öffnung oder Inklusion, wird Diversity vielmehr sehr unterschiedlich definiert und umgesetzt. Gerade im Bereich Erziehung und Bildung scheint es deshalb erforderlich, differenziert nach der jeweiligen Auslegung des *Diversity*-Begriffs zu fragen.

4.2 Diversity in Erziehungswissenschaft und pädagogischen Handlungsfeldern

In der Erziehungswissenschaft wird das Diskursfeld Diversity seit Mitte der 1990er Jahren vor allem in der Sozialen Arbeit aufgegriffen (z.B. Leiprecht 2008a; Scherr 2008a; Aschenbrenner-Wellmann 2009; Mecheril/Plößer 2011; Archiv 2012). Mecheril und Vorrink sehen den Umgang mit Differenz sogar als konstitutiv für die Soziale Arbeit an:

> „Denn das Interventionsbündel Soziale Arbeit wird erst durch Differenz ermöglicht und legitimiert: Die (deklassierte) Differenz der Anderen ist Voraussetzung für sozialarbeiterisches Handeln, das einen disziplinierenden Einbezug forciert und zugleich disziplinierende normative Ordnungen zurückweist – die genuine Paradoxie der Profession Sozialer Arbeit" (Mecheril/Vorrink 2012, S. 95).

Differenz kann für die Offene Kinder- und Jugendarbeit, so Melanie Plößer, als Voraussetzung pädagogischer Interventionen gesehen werden. Denn die Orientierung an Differenz ist notwendig, um auf die besonderen Bedarfe von Zielgruppen der Sozialen Arbeit einzugehen. Gleichzeitig können Differenzlinien in der Sozialen Arbeit allerdings auch als Bezugsrahmen für normierenden Anpassungen und Disziplinierungen herangezogen werden (Plößer 2013, S. 259).

Nach Lamp gibt es in der Sozialen Arbeit zwar eine lange Tradition, Differenzen zu thematisieren, allerdings stand häufig lediglich *eine* Differenzlinie im Fokus (Lamp 2007). Rudolf Leiprecht ergänzt, dass es in der Sozialen Arbeit historisch gesehen auch nicht immer um einen *bewussten Umgang* mit Differenzlinien wie Geschlecht, Ethnizität oder Klasse ging (Leiprecht 2008a, S. 428). Diversity wird demnach als Diskursfeld gesehen, das an Traditionen in der Sozialen Arbeit anknüpfen kann und zugleich neue Impulse bietet. Zudem ist Diversity anschlussfähig an weitere Konzepte wie Interkulturelle Öffnung oder Gender Mainstreaming (Mecheril/Plößer 2011, S. 278).

Darüber hinaus wird das Konzept Diversity-Management in Beiträgen zur Schulentwicklung aufgegriffen (Gather-Thurler 2006; Hameyer 2006; Wiltzius 2011). Thea Stroot sieht darin bspw. eine Antwort auf PISA, da Schulen sich als lernende Organisationen begreifen müssten, um bessere Ergebnisse zu erzielen (Stroot 2007, S. 52). Seit einigen Jahren wird Diversity Management auch in der Hochschulentwicklung bzw. Hochschulbildung diskutiert. Dabei geht es bspw. um Zugangsbarrieren und Exklusionsmechanismen an deutschen Hochschulen, Aspekte einer diversitätssensiblen Hochschullehre oder Diversity-Kompetenz im Kontext von Universitäten und Fachhochschulen (Klappenbach 2009; Klammer/Matuko 2010; Heitzmann/Klein 2012).

Emmerich und Hormel sehen die Implementierung von Diversity-Management in Schulen und Hochschulen als Teil von bildungspolitischen Modernisierungsstrategien, die nach PISA einsetzten. Das Konzept Diversity-Management würde sich hier als anschlussfähig für Strategien des *New Public Managements* erweisen (Emmerich/Hormel 2013, S. 185). Beispiele für solche Strategien sind bildungspolitische Diskussionen und Programme zur Schulautonomie, Outputsteuerung oder Qualitätsmanagement.

Emmerich und Hormel verweisen damit auf einen Zusammenhang zwischen der Popularität des Diversity-Management Konzepts und neoliberalen ökonomischen bzw. politischen Entwicklungen, die sich seit Ende der 1990er Jahren in Deutschland beobachten lassen: „In Folge dieser ‚Verbetriebswirtschaftlichung' wohlfahrtsstaatlicher Leistungsbereiche werden auch in den staatlichen Sektoren Strategien effizienzorientierter Prozessoptimierung und ein angepasstes Personalmanagement relevant" (Emmerich/Hormel 2013, S. 187).

Während sich die bisher angeführten Beispiele auf pädagogische Handlungsfelder bezogen, die dem Non-Profit Bereich zuzuordnen sind, gibt es schließlich auch Überschneidungen zwischen Wirtschaftsbetrieben und pädagogischen Angeboten wie Weiterbildung, Beratung und Coaching. So weist Sieckendiek darauf hin, dass Diversity-Management auch ein professionelles Betätigungsfeld für Pädagogen und Pädagoginnen geworden ist (Sickendiek 2007).

Inhaltlich lassen sich gegenwärtig in der deutschsprachigen Erziehungswissenschaft zwei Strömungen identifizieren, die an unterschiedlichen Traditionslinien des Diversity-Managements anknüpfen. Diese beiden Strömungen werde im folgenden als affirmative Diversity-Management-Ansätze und machtsensible Diversity-Ansätze bezeichnet. Wobei es zwischen beiden Strömungen auch inhaltliche Überschneidungen gibt. Und wie wir noch sehen werden, sind affirmative Diversity-Management Ansätze auf ihre Weise ebenfalls ‚machtsensibel'.

4.2.1 Affirmative Diversity-Management-Ansätze

Affirmative Diversity-Management-Ansätze können historisch in eine Traditionslinie mit betriebswirtschaftlichen Diversity-Diskursen gestellt werden. Aus diesem Grund werden sie allerdings gerade von machtsensiblen Diversity-Ansätzen mit dem kritischen Hinweis begleitet, dass Pädagogik sich nicht an ökonomischen Profitlogiken orientieren dürfe (z.B. Perko/Czollek 2007, S. 162; Scherr 2008b, S. 53; Leiprecht 2009a, S. 203). Exemplarisch führt Hubertus Schröer aus:

> „Diversity Management in seiner ökonomischen Logik folgt einem zweckrationalen Ansatz. Die Gestaltung von Vielfalt ist Mittel zum Zweck: Sie hat die Funktion, mit der Berücksichtigung von Unterschieden zum Erfolg des Unternehmens beizutragen, den Prozess der Wertschöpfung zu verbessern, höhere Gewinne zu erzielen, Wettbewerbsvorteile beim Kampf um die besten Arbeitskräfte ebenso zu erreichen wie bei der Gewinnung von Kundinnen und Kunden. Für eine Soziale Arbeit mit interkultureller Orientierung dagegen ist die Gestaltung von Vielfalt schon selbst ein Zweck. Die sensible Berücksichtigung von Unterschieden trägt zum Erhalt des sozialen Friedens bei, zur Gleichbehandlung und sozialen Gerechtigkeit, zur gleichberechtigten Teilhabe sowie zur Integration und Inklusion" (Schröer 2012, S. 10).

Auch Leiprecht weist darauf hin, dass Soziale Arbeit und betriebswirtschaftliche Managing Diversity-Ansätze unterschiedliche Grundlagen haben würden. Während bei letzteren der *Business Case* im Vordergrund stehen würde, seien es im Bereich Bildung und Soziale Arbeit vielmehr Ziele wie Chancengleichheit und soziale Gerechtigkeit (Leiprecht 2009a, S. 203).

Trotz dieser vehementen Abgrenzung muss festgestellt werden, dass sich auch die Vertreter und Vertreterinnen affirmativer Diversity Management Ansätze in der Erziehungswissenschaft durchweg von ökonomischen Profitlogiken distanzieren (z.B. Gessler/Stübe 2008; Klappenbach 2009; Kimmelmann 2010). So schreibt Saalfrank: „Wenn man nun Diversity Management für Schulen betrachtet, dann kann dies natürlich nicht eins zu eins übernommen werden. Gerade die Kriterien, nach denen Diversität in Unternehmen beurteilt wird, ist für Schulen nicht in dem Maße relevant" (Saalfrank 2008, S. 338).

Die Autoren und Autorinnen übernehmen in ihren pädagogischen Adaptionen des Diversity-Management-Ansatzes allerdings gewisse Logiken bzw. Handlungsorientierungen von betriebswirtschaftlichen Konzepten. Beispielsweise zeigt sich dies daran, dass es ihnen um die Förderung der *Potenziale* und *Kompetenzen* pädagogischer Zielgruppen geht. Gessler und Stübe interessieren sich z.B. insbesondere für *Age Diversity* in Unternehmen im Kontext des demographischen Wandels. Die pädagogische Relevanz dieser Frage sehen sie in den möglichen Folgen für die berufliche Weiterbildung. Im Mittelpunkt ihres lernorientierten Ansatzes steht die

Kompetenzentwicklung der Beschäftigten. Die personelle Vielfalt im Unternehmen bildet für sie die Basis für ein ganzheitlich organisationales Lernen. Dies würde auch die Weiterbildungsorientierung begünstigen (Gessler/Stübe 2008, S. 42-43).

Mitunter wird zudem auf einen prognostizierten Fachkräftemangel verwiesen, um die Einführung von Diversity Management in pädagogischen Handlungsfeldern zu legitimieren (Wiltzius 2011, S.16). Nicole Kimmelmann plädiert in diesem Zusammenhang für die Implementierung von *Cultural Diversity* in der beruflichen Bildung. Durch Diversity Management könnten besonders die Potenziale von Jugendlichen mit Migrationshintergrund stärker wahrgenommen werden: „Der aufgrund demographischer Veränderungen prognostizierte Mangel an Fachkräften für die deutsche Wirtschaft in naher Zukunft sowie die Bedeutung interkultureller Kompetenzen für das Exportland Deutschland verlangen nach einer beruflichen Ausbildung, die das Potential dieser Lernenden einbindet“ (Kimmelmann 2012, S. 117).

Auffällig ist zudem, dass manche Autorinnen und Autoren offenbar Management Rhetoriken mit weniger Distanz begegnen als machtsensible Diversity Ansätze. Dies zeigt sich bspw. in affirmativen Begriffsverwendungen wie ‚Kompetenzstandards‘, ‚Personalmanagement‘, ‚Leitbilder‘ oder ‚Qualitätsentwicklung‘ (Kimmelmann 2010). Des Weiteren wird das Ziel der Leistungssteigerung von Organisationen offensiv hervorgehoben. Im *Journal für Schulentwicklung* weist Gather-Thurler darauf hin, dass Diversität auch in ‚Leistungsumgebungen‘ ein Erfolgsfaktor sein kann (Gather-Thurler 2006, S. 5).

Doch auch affirmative Diversity-Management Ansätze in der Erziehungswissenschaft beziehen sich explizit auf soziale Gerechtigkeit und Chancengleichheit. Dies belegt erneut ein Zitat von Kimmelmann:

> „Berufliche Bildung wird durch einen professionellen Umgang mit Cultural Diversity zunächst vor allem ihrem demokratischen Auftrag gerecht und erfüllt dadurch auch eine gesellschaftliche Verantwortung: Eine funktionierende gesellschaftliche Einheit ist in unserem auf Demokratie und Chancengleichheit ausgelegten Staatswesen nur möglich, wenn die Integration aller in diesem Land lebenden Menschen gelingt“ (Kimmelmann 2010, S. 35).

Diese ‚sozio-moralische‘ Perspektive sieht Kimmelmann ebenfalls in betriebswirtschaftlichen Diversity-Management-Konzepten angelegt. Für sie steht eine sozio-moralische Perspektive „im Bildungsbereich klar vor einer ökonomischen oder nutzenorientierten Argumentation“ (ebd., S. 85).

Dieses Zitat verdeutlicht zugleich die Überschneidungen zwischen affirmativen Diversity-Management Ansätzen und machtsensiblen Diversity-Ansätzen. Die Gemeinsamkeiten lassen sich nicht zuletzt darauf zurückführen, dass das Thema Antidiskriminierung, wie wir gesehen haben, historisch in den USA bereits in vielen betriebswirtschaftlichen Diversity-Management-Ansätzen integriert ist (Gardenswartz/Rowe 1998).

4.2.2 Machtsensible Diversity-Ansätze

Machtsensible Diversity-Ansätze sind in der deutschsprachigen Erziehungswissenschaft gegenwärtig sowohl institutionell als auch personell stärker vertreten als affirmative Diversity Management Ansätze. Sie sehen ihre theoretischen Bezüge zudem nicht unbedingt in betriebswirtschaftlichen Diversity-Management-Ansätzen, sondern (auch) in machtkritischen Diversity-Diskursen aus Einwanderungsländern wie den USA oder Kanada (Adams/Bell/Griffin 1997; Anderson/Collins 2004).

Darüber hinaus sind machtsensible Diversity-Ansätze durch kritische Theorietraditionen in der Migrationspädagogik, Geschlechterpädagogik oder Integrationspädagogik beeinflusst. Dabei findet in den letzten Jahren die Forderung nach einer *Diversity Education*, welche diese unterschiedlichen Differenzlinien in ein Konzept zusammenführt, eine immer größere Resonanz (Hormel/Scherr 2004; Leiprecht 2008a; Tuider 2008; Hauenschild/Robak/Sievers 2013).

Machtkritische Diversity-Ansätze sehen soziale Identitäten und Zugehörigkeiten als Produkte von Herrschaftsverhältnissen wie Rassismus, Antisemitismus, Heteronormativität, Sexismus oder Behindertenfeindlichkeit. Nach Albert Scherr interessieren sich machtkritische Diversity-Ansätze deshalb für die komplexen Verschränkungen von Identitätskonstruktionen mit Strukturen sozialer Ungleichheit bzw. Machtverhältnissen (Scherr 2008b, S. 53). Damit gehen machtsensible Diversity-Ansätze über die Kritik an Vorurteilen bzw. Stereotype hinaus, durch welche sich pädagogische Vielfalts-Programme häufig auszeichnen. Exemplarisch dafür sei ein Zitat von Scherr angeführt.

Vorurteile versus soziale Ungleichheit *(Scherr)*

Zitat: „Die Relevanz einer solchen Perspektive für die politische Bildung ist meines Erachtens offenkundig: Sie besteht erstens in der Aufforderung, Machtbeziehungen und Ungleichheiten in ihrer Verschränkung mit diskriminierenden Klassifikationen differenziert in den Blick zu nehmen und offensiv zu thematisieren. Dies erfordert zweitens eine kritische Auseinandersetzung mit einem gesellschaftlich einflussreichen Diversity-Diskurs, der diese Verschränkungen systematisch ausblendet und auf eine Überwindung tradierter Stereotype und Vorurteile zielt, der aber den sozioökonomischen Zusammenhang systematisch ausklammmert" (Scherr 2008b, S. 61).

Selbstverständlich wenden sich auch machtsensible Diversity-Ansätze gegen Vorurteile und Stereotype etwa gegen Homosexuelle, Migranten oder Behinderte. Allerdings lassen sich allein durch den Abbau von Vorurteilen in pädagogischen Interaktionsbeziehungen, so die kritische Annahme, nur bedingt die dahinterliegenden sozialen Strukturen verändern. Eine Begegnungspädagogik, die darauf setzt, dass sich

Mitglieder verschiedener Kulturen nur kennenlernen müssen, um Vorurteile abzubauen, kann somit nur begrenzt wirksam sein.

Wenn machtsensible Diversity-Ansätze sich demnach auf soziale Identitäten und Zugehörigkeiten beziehen, dann geht es ihnen auch um eine Kritik an gesellschaftlichen Strukturen, die jene überhaupt erst hervorbringen und mit unterschiedlichen Ressourcenzugängen verbinden (Hormel/Scherr 2004; Perko/Czollek 2007; Leiprecht 2008a; Mecheril 2008; Tuider 2008; Castro Varela 2010; Mecheril/Plößer 2011; Rosenstreich 2011; Plößer 2013). Des Weiteren beziehen sich machtsensible Diversity-Ansätze auf Impulse aus den sozialen Bewegungen wie der Behindertenbewegung (‚Krüppelbewegung'), Frauenbewegung, Schwulen- und Lesbenbewegung oder antirassistischen Bewegung. Perko und Czollek plädieren in diesem Zusammenhang bspw. für ein politisiertes Diversity-Konzept (Perko/Czollek 2007; Czollek/Perko 2012).

Machtsensible Diversity-Ansätze zeichnen sich zudem dadurch aus, dass sie soziale Identitäten und Zugehörigkeiten nicht als (biologisch) gegeben ansehen, sondern als Produkt von sozialen Konstruktionsprozessen:

> „Eine so akzentuierte Diversity-Programmatik kann mit Konzepten verbunden werden, die Identität nicht als eine selbstverständlich gegebene Eigenschaft von Individuen postulieren, sondern als Herstellungsleistung in den Blick nehmen, für die der Bezug auf kulturelle Symbolisierungen, politische Repräsentationen und soziale Praktiken bedeutsam sind" (Hormel/Scherr 2005, S. 206).

Um den Zusammenhang zwischen Identität, Macht und sozialen Konstruktionsprozessen herauszustellen, rekurrieren Diversity-Autoren und Autorinnen auf unterschiedliche kritische Theorietraditionen wie bspw. Cultural Studies, Postkolonialismus oder Queer Theory (Hormel/Scherr 2005; Tuider 2008; Mecheril 2007 u. 2008). In diesen Theorietraditionen finden sich sowohl gesellschaftstheoretische als auch diskurstheoretische Bezüge.

Manche Autoren beziehen sich zudem auf den ethnomethodologischen *Doing-Difference*-Ansatz (West/Fenstermaker 1995). Hier werden die *Herstellungs*modalitäten von Differenzen in den Fokus genommen. D.h. es wird davon ausgegangen, dass Differenzen nicht ‚natürlich' gegeben sind, sondern erst in sozialen Interaktionen bzw. Praktiken zwischen Individuen hervorgebracht werden (Plößer 2013, S. 261). In diesem Sinne mahnt Schröer: „Wenn die Herstellung von Differenz und die dahinter liegenden Machtverhältnisse nicht dekonstruiert werden, wird Diversity Management zu einer affirmativen Strategie, die die sozialpolitisch zu verändernden Ausgrenzungsmechanismen gerade nicht in den Blick nimmt" (Schröer 2012, S. 11). Für Schröer geht es folglich um einen bewussten und reflektierten Umgang mit Diversity sowie um die Förderung einer differenz- und dominanzsensiblen Haltung (ebd., S. 12).

Paul Mecheril weist darauf hin, dass in den Unterscheidungspraktiken des *Doing Difference* immer auch auf bereits etablierte Differenzordnungen Bezug genommen wird. Mecheril versteht Diversity folglich als Ansatz, der unterschiedliche

Subjektpositionen und Machtlinien- bzw. achsen fokussiert, die diese Positionen hervorbringen. Zentral für seinen machtkritischen Diversity-Ansatz, der hier abschließend exemplarisch dargestellt werden soll, ist der Begriff der Differenzordnungen (Mecheril 2008; Mecheril/Plößer 2011a; Mecheril/Plößer 2011b).

Für Mecheril sind Differenzordnungen gesellschaftlich machtvoll, da sie in einer binären Differenzlogik organisiert sind. Jedes Subjekt ist somit aufgefordert, sich innerhalb dieser Entweder-Oder-Logik einzuordnen und darzustellen: behindert oder nicht-behindert, Frau oder Mann, heterosexuell oder homosexuell, mit oder ohne Migrationshintergrund. Diese binäre Logik zwingt darüber hinaus zu einer Eindeutigkeit, die alle Identitätspositionen abwertet, die nicht dieser binären Logik entsprechen oder sich der erwünschten Eindeutigkeit verweigern (z.B. Schwarze Deutsche oder Transgender People).

Des Weiteren sind Differenzordnungen hierarchisch organisiert: einige Identitäten sind gegenüber anderen privilegiert. Manche Subjektpositionen gelten als normal, zivilisiert, gesund andere hingegen als abweichend, minderwertig oder krank. Differenzordnungen führen demnach dazu, dass Subjekte nach dieser binären Logik in unserer Gesellschaft geordnet, diszipliniert, normalisiert und sozialisiert werden. Differenzordnungen führen demnach Unterscheidungen ein, die symbolisch, materiell, diskursiv und außerdiskursiv in Gesellschaften wirksam sind:

> „Erfahren, begriffen und verstanden wird mit Hilfe von Differenzordnungen gesellschaftliche Realität und die eigene Position in ihr. Differenzordnungen strukturieren und konstituieren Erfahrungen, sie normieren und subjektivieren, rufen, historisch aufklärbar, Individuen als Subjekte an (...). Die sozialisierende Wirkung grundlegender Ordnung besteht darin, dass sie Selbstverständnisse praktisch, kognitiv-explizit, aber in erste Linie auch sinnlich-leiblich vermitteln, in denen sich soziale Positionen und Lagerungen spiegeln“ (Mecheril 2008, S. 1-2).

Pädagogische Interventionen können Differenzordnungen stützen, indem sie bspw. auf Klassifizierungen wie ‚normal‘, ‚gesund‘ oder ‚abweichend‘ aufbauen. Pädagoginnen und Pädagogen können allerdings auch einen kritischen Blick auf gesellschaftliche Normalisierungsanforderungen entwickeln, mit denen ihre Adressatinnen und Adressaten alltäglich konfrontiert werden (vgl. Mecheril/Plößer 2011a, S. 281-282).

Bilanzierend lässt sich festhalten, dass es eine unzulässige Vereinfachung wäre, wenn man machtsensible Diversity-Ansätze und affirmative *Diversity-Management*-Ansätzen konträr gegenüberstellt. Vielmehr beziehen sich die Vertreterinnen und Vertreter affirmativer *Diversity-Management* Ansätze immer auch auf antidiskriminierungsrechtliche bzw. humanistische Traditionen, die im *Diversity-Management-Ansatz* historisch angelegt sind (vgl. Gardenswartz/Rowe 1998). Zugleich identifizieren Autoren und Autorinnen machtkritischer Diversity-Ansätze produktive Impulse in Diversity-Management-Konzepten, wenn es um die Gestaltung von Organisationen geht (z.B. Schröer 2006; Perko/Czollek 2007; Leiprecht 2008a u. 2009b). Es gibt demnach auch Querverbindungen zwischen den beiden Strömungen.

4.3 Das Diskursfeld Diversity

Gleichwohl sich unterschiedliche Ansätze bzw. Strömungen in der Diversitydebatte ausmachen lassen, ist es doch möglich, einige zentrale Prämissen zu rekonstruieren, die das Diskursfeld Diversity strukturieren. Auch wenn diese Prämissen in den Strömungen mitunter unterschiedlich ausgelegt und akzentuiert werden. Diese Prämissen müssen in wissenschaftlichen Publikationen oder pädagogischen Konzepten nicht explizit benannt werden, doch organisieren sie in konstitutiver Weise die Argumente, Zielsetzungen und Perspektiven von beiden Diversity-Strömungen. In der einleitenden Definition von Diversity sind diese Prämissen bereits zusammengefasst und im folgenden sollen sie vertiefend ausgeführt werden.

4.3.1 Bezug auf soziale Gruppenzugehörigkeiten und -identitäten

Der Bezug auf soziale Gruppenmerkmale bzw. Zugehörigkeiten und Identitäten ist die erste zentrale Prämisse von Diversity-Ansätzen. Im Diskursfeld Diversity werden soziale Gruppenzugehörigkeiten wie Ethnizität, sexuelle Orientierung oder Geschlecht nicht mehr isoliert voneinander behandelt, sondern zusammengeführt (Hormel/Scherr 2004; Leiprecht 2009a; Tuider 2008). Nach Perko und Czollek führt Diversity zwar unterschiedliche Ansätze gegen Diskriminierung zusammen, Diversity stellt dabei aber ein *eigenes* Projekt dar und ist somit nie nur die Summe aller Teile (Perko/Czollek 2007, S. 166).

Durch die Zusammenführung der diversen Gruppenzugehörigkeiten wird zudem deutlich, dass jedes Subjekt mehreren Gruppen bzw. Identitäten zugehörig ist. In *Diversity Management* Ansätzen wird häufig darauf hingewiesen, dass es bei Diversity um Unterschiede *und* Gemeinsamkeiten geht (Stroot 2007, S. 54). Insofern muss sich keine pädagogische Zielgruppe auf nur *ein* Gruppenmerkmal festlegen lassen und es kann auch Mehrfachdiskriminierung thematisiert werden.

Als gemeinsames Ziel von affirmativen *Diversity-Management* Ansätzen und machtsensiblen Diversity Ansätzen kann der Abbau von Diskriminierung im Hinblick auf unterschiedliche Diversity-Merkmale ausgemacht werden. In diesem Zusammenhang werden bspw. die gesellschaftlichen und organisationsinternen Vorstellungen von Norm bzw. Abweichung in Bildungsorganisationen hinterfragt. Beide Strömungen zielen zudem auf die Akzeptanz und Partizipation pädagogischer Zielgruppen in Organisationen ab. Für die Soziale Arbeit konkretisiert Schröer dieses Ziel wie folgt:

> „Bei der Entscheidung über Ziele und Maßnahmen muss immer auch die Frage gestellt werden, welche Auswirkungen diese Entscheidungen haben – und zwar auf die Nutzerinnen und Nutzer als Frauen und Männer, als Junge und Alte, als Menschen mit und ohne Migrationshintergrund, als Behinderte und Nichtbehinderte. Es geht also darum, Lebenswelt und Lebenslage der Zielgruppe bei der Konzeptionierung zu berücksichtigen und in sozialräumliche Zusammenhänge einzubetten. Konkret bedeutet das, die vielfältigen Zugangsbarrieren zu den Dienstleistungen der Sozialen Arbeit zu analysieren und zu verändern“ (Schröer 2012, S. 14).

Neben diesen nach außen orientierten Maßnahmen, geht es nach Schröer auch darum, organisationsinterne Veränderungen einzuführen. Zum Beispiel Maßnahmen zur Vereinbarkeit von Familie und Beruf, Quotierungen bei Neueinstellung, Weiterbildung für Organisationsmitglieder, Diversity Checks und betriebliche Antidiskriminierungsvereinbarungen (ebd., S. 14-15).

Unterschiede zwischen beiden Diversity-Strömungen gibt es allerdings in der Frage, welche soziale Zugehörigkeiten bzw. Diversity-Merkmale berücksichtigt werden sollen. *Diversity-Management* Ansätze nehmen hier eine breite Perspektive ein. In der Erziehungswissenschaft bzw. in pädagogischen Handlungsfeldern wird z.B. auf das *4 Layers of Diversity Modell* von Gardenswartz und Rowe verwiesen (Bruchhagen/Koall 2009, S. 32; Rosken 2009, S. 24; Wiltzius 2011, S. 27; Göhlich 2012, S. 8).

Die US-amerikanischen Unternehmensberater Gardenswartz und Rowe unterscheiden zwischen organisationale Dimensionen, äußere Dimensionen, innere Dimensionen und Persönlichkeit. Bei den inneren Dimensionen (Alter, Geschlecht, soziale Herkunft etc.) wird angenommen, dass Individuen diese wenig kontrollieren bzw. wählen können (vgl. Rosken 2009, S. 25). Eine Annahme, der machtkritische Diversity-Ansätze unter Bezugnahme auf gesellschaftstheoretische, dekonstruktive oder sozialkonstruktivistische Theorien vehement widersprechen würden.

Auffällig ist zudem, dass Gardenswartz und Rowe in ihrem *4 Layers of Diversity Modell* auch Diversity-Merkmale aufnehmen, die nicht mit sozialer Ungleichheit bzw. strukturellen Machtverhältnissen einhergehen. Beispielsweise Freizeitverhalten, Abteilungszugehörigkeit oder Auftreten. Hier zeigt sich demnach ein deutlicher Unterschied zu machtsensiblen Diversity-Ansätzen.

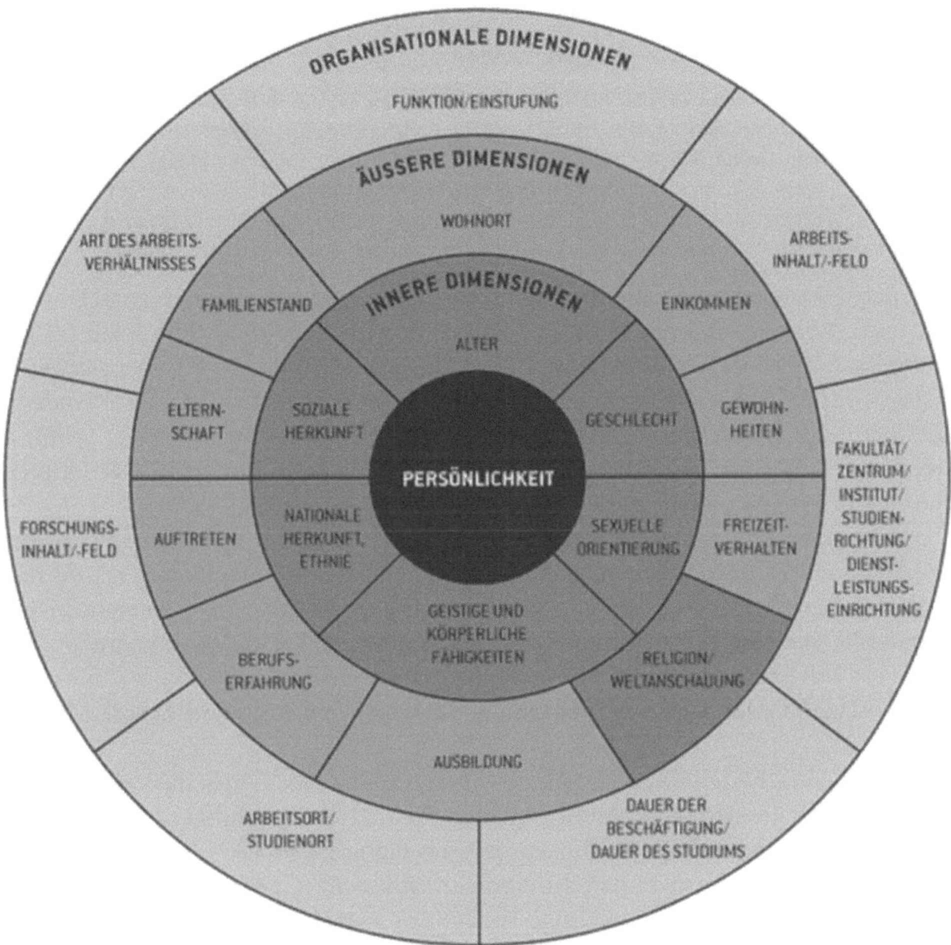

Quelle: Gardenswartz, L./Rowe, A. 1998, S. 25

Mitunter wird bei der Klassifizierung von Diversity-Merkmalen in *Diversity-Management* Ansätzen auch zwischen direkter und indirekter Diskriminierung unterschieden: „Die direkte Diskriminierung macht sich dabei an klar definierten und sichtbaren Merkmalen fest, wie Mann/Frau, hell/dunkel, hetero-/homosexuell, während sich indirekte Diskriminierung auf Wertungen von Lebensmustern, Tätigkeiten oder Kompetenzen bezieht“ (Berninghausen/Hecht-El Minshawi 2011, S. 217).

Eine Unterscheidung zwischen direkter und indirekter Diskriminierung macht Sinn, wenn die pädagogische Orientierung auf den Abbau von Vorurteilen liegt. Denn Stereotype werden zunächst durch wahrnehmbare Diversity-Merkmale aktiviert. Machtsensible Diversity-Ansätze würden allerdings nicht Tätigkeiten und Kompetenzen als Diversity-Merkmale herausstellen. Nach Hormel und Scherr besteht aus einer machtkritischen Diversity-Perspektive sogar die Gefahr, die Bedeutung sozialer Ungleichheit zu bagatellisieren:

> „Folglich sind Lernprozesse, die dafür sensibilisieren sollen, dass es unterschiedliche Ernährungsgewohnheiten, musikalische Vorlieben oder Lieblingsgeschichten gibt, und keinen vernünftigen Grund, solche Präferenzen zu hierarchisieren, auf einer systematisch anderen Ebene angesiedelt, als etwa die Auseinandersetzung mit unterschiedlichen Hautfarben und darauf bezogenen rassistischen Stereotypisierungen. Wenn dies verwischt wird, resultiert daraus ein naives Verständnis gesellschaftlicher Vielfalt“ (Hormel/Scherr 2005, S. 209f.).

Diversity Ansätze bergen somit auch die *Gefahr des Relativismus*. Wenn es bspw. heißt ‚*all different – all equal*‘ dann ist eigentlich niemand mehr privilegiert (Lutz 2001, S. 221). In diesem Sinne wendet sich auch Plößer gegen die in der Sozialpädagogik verbreitete Annahme, dass ‚jeder irgendwie anders ist‘ und dieser Andersheit am besten durch individuelle Zuwendung zu begegnen sei. Sie weist stattdessen darauf hin, dass einige Differenzen auf der Ebene gesellschaftlicher Strukturen und Diskurse mehr Gewicht erhalten als andere (Plößer 2013, S. 267).

Nicht alle Diversitäten, so argumentiert auch Leiprecht, haben dieselbe Relevanz. Um Verharmlosungen zu vermeiden, müssen seines Erachtens Theorie und Empirie herangezogen werden, um begründete Entscheidungen über deren bereichsspezifische Bedeutung zu treffen. Die Gleichstellung einer ‚Diskriminierung‘ von Rauchern mit rassistischer Diskriminierung, so Leiprecht, dethematisiert die jahrhundertelange Geschichte von Rassismus, Sklaverei und Kolonialismus (Leiprecht 2011, S. 31).

Machtkritische-Diversity Ansätze gehen demnach davon aus, dass soziale Unterschiede aus gesellschaftlichen Ungleichheitsstrukturen resultieren, die mit entsprechenden sozialen Konstruktionsprozessen einhergehen. Als Vertreter machtsensibler Diversity-Ansätze nennt Leiprecht Ethnizität, Geschlecht Klasse, Generation und Behinderung als wichtige soziale Kategorien für Diversity-Ansätze in der Sozialen Arbeit bzw. Sozialpädagogik. Unter Bezugnahme auf diese Kategorien, so Leiprecht, werden in unserer Gesellschaft Macht, Gewalt und Ausbeutung gerechtfertigt. Nicht selten sind solche sozialen Ungleichheitskategorien mit Stereotypsierungen, Stigmatisierungen, Dichotomisierung, Essentialisierung und Defizitzuschreibungen verbunden, so Leiprecht weiter. Diese können auch unter dem Dach ‚Diversität‘ zu einem gemeinsamen Thema unterschiedlicher Adressatengruppen gemacht werden. Dabei darf nach Leiprecht allerdings das Spezifische einer jeden Differenzlinie nicht verloren gehen (Leiprecht 2011, S. 30-31).

Machtkritische Diversity-Ansätze beanstanden zudem, dass in Antidiskriminierungsansätzen die Kategorie Klasse oder auch Schicht/soziales Milieu häufig ignoriert wird. Auch die Kategorie Staatsbürgerschaft bleibt bspw. in Antidiskriminierungspolitiken der Europäischen Union unproblematisiert (kritisch: Leiprecht 2009a, S. 203; Hormel 2008, S. 22; Scherr 2008b, S. 57). Nach Emmerich und Hormel wird sich in Diversity-Ansätzen zwar gerne auf die Triade race, class, gender bezogen, doch würde der Begriff *class* in seiner englischsprachigen Diktion eher

‚sozioökonomische Differenz' bezeichnen. Das heißt, Klasse wird in Diversity-Ansätzen nicht unbedingt gesellschaftstheoretisch gefasst (Emmerich/Hormel 2013, S. 184).

Schließlich gibt es auch in machtsensiblen Diversity-Ansätzen unterschiedliche Auffassungen darüber, welche sozialen Kategorien ausgewählt werden sollen. So plädiert etwa Schröer dafür, sich in der Sozialen Arbeit auf bestimmte soziale Kategorien zu beschränken: „Es empfiehlt sich, Überkomplexität und daraus resultierende Widerstände zu vermeiden. In der Regel werden es Geschlecht, Ethnizität und Behinderung sein, die als Dimensionen und spezifische Benachteiligungs- und Diskriminierungserfahrungen im organisatorischen Kontext von besonderer Bedeutung sind" (Schröer 2012, S. 13).

Machtsensible Diversity-Ansätze machen allerdings auch auf diverse Probleme aufmerksam, die ein Rekurs auf soziale Gruppenzugehörigkeiten und Identitäten mit sich bringt. Hier zeigen sich deutliche Parallelen zur Differenzdebatte in der Erziehungswissenschaft. Denn Diversity-Diskurse, die auf die Anerkennung von Identitäten und Zugehörigkeiten abzielen, können auch zur Reproduktion von sozialen Zuschreibungen beitragen (Castro Varela 2010; Mecheril/Vorrink 2012).

Das Problem, dass sich hier stellt ist, dass vormals abgewertete Eigenschaften bzw. Identitätspositionen *als* Frauen, *als* Migranten oder *als* Schwuler in Diversity-Ansätzen eine positive Anerkennung erfahren sollen. Damit wird allerdings gleichzeitig immer wieder neu bestätigt, dass die Verknüpfung zwischen Eigenschaftszuschreibungen und sozialer Zugehörigkeit legitim ist bzw. dass es tatsächlich sinnvoll ist, zwischen homosexuell/heterosexuell, männlich/weiblich, normal/behindert zu unterscheiden.

Exemplarisch für eine solche Diversity-Perspektive führt Catrin Heite (2011) eine Stellungnahme von Olle Burg e.V. an, die sich auf das Theaterstück „Intifada im Klassenzimmer?!?" bezieht. Die Projektträger formulieren hier einige Ansätze für die pädagogische Arbeit mit Jugendlichen mit muslimisch-geprägtem migrantischem Hintergrund:

> „Die ProjektleiterInnen haben Zugang zu den Erfahrungswelten der beteiligten Jugendlichen. Sie verfügen auch aufgrund eigener Migrationserfahrungen und einer identitären Bezugnahme auf den Nahen Osten über einen direkten Zugang zu den Erfahrungswelten der Jugendlichen. Sie werden, so ist zu vermuten, von den Projektteilnehmenden akzeptiert und als glaubwürdig angesehen" (Olle Burg e.V. 2006, S. 3).

Nach Heite werden Sozialarbeiterinnen und Sozialarbeiter hier nicht als Professionelle adressiert, sondern als Migranten, denen eine spezifische Betroffenheit und interkulturelle Kompetenz unterstellt wird. Sozialarbeiter mit Migrationshintergrund dienen hier als ‚*native informants*' (Spivak). Im Sinne eines *Diversity-Management* Ansatzes wird von einem *ethnic matching* von Klienten und Professionellen ausgegangen, so Heite. D.h. von einer ethnisierten, kulturalisierten und lingualen Passung zwischen sozialpädagogischen Adressatengruppen und migrantischen Sozialarbeitern (Heite 2011, S. 84-85).

Dabei ist zu beachten, dass sich Projekte wie Olle Burg e.V. keineswegs explizit an einem ökonomischen *Diversity-Management* Ansatz orientieren. In ihrer Stellungnahme gehen sie eher von einem Antidiskriminierungsansatz aus, indem sie bspw. betonen, dass ihre Zielgruppe von vielfachen Diskriminierungen betroffen ist. Das pädagogische Konzept manifestiert allerdings spezifische *Logiken* eines Diversity-Ansatzes, die von Catrin Heite kritisiert werden.

Zu diesem Problemkomplex gehört auch, dass der Diversity-Ansatz sowohl die Pädagoginnen bzw. Pädagogen als auch die pädagogischen Zielgruppen dazu zwingt und verführt, sich in vorgegebenen Schemata darzustellen (Mecheril 2007). In diesem Zusammenhang machen Perko und Czollek auf das Problem des Outens in Institutionen aufmerksam: inwiefern werden Homosexuelle, Juden/Jüdinnen, Transgender oder Personen mit nicht-sichtbaren Behinderungen gezwungen, sich erkennbar zu machen, um bspw. im Namen von Diversity eingestellt zu werden? (Perko/Czollek 2007, S. 173).

Diversity schwächt das Identitätsdenken durch Relativierung, so Mecheril, und stärkt es zugleich mittels Identitätsvervielfältigung. Damit wird fixierendes Identitätsdenken aber nicht überwunden, sondern lediglich pluralisiert. Diversity-Diskurse sind dabei im Sinne Foucaults produktiv: sie produzieren neue Subjektformationen und soziale Praktiken (Mecheril 2007). Auf diese Weise können Diversity-Diskurse aber auch zu einer neuen Form der Normalisierung des Denkens in Differenzen beitragen (Eggers 2010 u. 2011).

Nach Hormel und Scherr ist die pädagogische Programmatik des Diversity-Ansatzes deshalb mit einem paradox konfrontiert. Sie plädieren deshalb dafür, bei sozialen Kategorien bzw. Zugehörigkeiten, die mit sozialer Ungleichheit verbunden sind, auf eine Pädagogik der Anerkennung zu verzichten:

Diversity und soziale Ungleichheit *(Hormel/Scherr)*

Zitat: „Bei mit Strukturen sozialer Ungleichheit verwobenen Unterscheidungen, stellt gerade nicht die Anerkennung von sozial hergestellten Differenzen und durch diese veranlasste Zuschreibung die zentrale Herausforderung dar. Vielmehr kommt es also darauf an,

- die Strukturen und Prozesse durchschaubar zu machen, durch die Unterschiede von Fähigkeiten und Fertigkeiten, der Lebensführung, der Identitätskonstruktion zwischen sozial ungleichen Gruppen hervorgebracht werden;
- zur Kritik unzulässiger Generalisierungen, von Stereotypen und Vorurteilen zu befähigen sowie dafür zu sensibilisieren, dass jedes Individuum ein besonderer Einzelner ist;
- begreifbar zu machen, dass Gruppenzuordungen keine klaren und eindeutigen Grenzen zwischen unterschiedlichen Menschentypen etablieren, sondern durch übergreifende Gemeinsamkeiten und quer zu den Gruppenunterscheidungen liegende Differenzen überlagert und relativiert werden;
- Kommunikations- und Kooperationszusammenhänge zu ermöglichen, in denen die Irrelelvanz etablierter Gruppenunterscheidungen erfahren werden kann.

Diversity Ansätze sollen daher idealitär auf die umfassende Auseinandersetzung mit solchen Klassifikationen zielen, die Mitteilungen von Minderwertigkeit enthalten und für die Begründung von Benachteiligungen herangezogen werden“ (Hormel/Scherr 2005, S. 212).

Paul Mecheril offeriert für die Probleme, die mit einer Anerkennung von Differenz einhergehen können, das Konzept einer ‚reflexiven Diversity Praxis‘. Diese fragt nach den Lebensgestaltungsmöglichkeiten und Statuspositionierungen der Adressatinnen und Adressaten pädagogischer Maßnahmen, aber auch der Mitarbeiter und Mitarbeiterinnen pädagogischer Organisationen. Des Weiteren hinterfragt eine reflexive Diversity-Perspektive konsequent, unter welchen Bedingungen das Eintreten für Differenzen auch dem Abbau von Macht- und Herrschaftsverhältnissen dient.

Dazu gehört nach Mecheril eine permanente Selbstreflexion bzw. Selbstbefragung: wo könnten Klischees revitalisiert werden?, welche Differenzen werden marginalisiert? Auf welche Differenzen werden Individuen fixiert? Wer profitiert von Diversity Ansätzen? Was wird durch Diversity-Ansätze vernachlässigt? Inwiefern trägt der Bezug auf Diversity zu einer Dethematisierung ökonomischer bzw. materieller Verhältnisse bei? Nach Mecheril interessiert sich eine reflexive Diversity Praxis aber auch für Phänomene, die sich jenseits dichotomer Differenzordnungen verorten und durch ihre Komplexität, Uneindeutigkeit und Unzuordbarkeit fixierendes Denken und Handeln herausfordern (Mecheril 2008; Mecheril/Vorrink 2012).

4.3.2 Fokus auf Organisationen

Der Fokus auf Organisationen ist eine zweite zentrale Prämisse des Diskursfeldes Diversity. Dies gilt sowohl für affirmative *Diversity-Management* Ansätze als auch für machtsensible Diversity Ansätze. Das Anliegen, Organisationen in den Mittelpunkt pädagogischer Aufmerksamkeit zu stellen, ist eine besondere Stärke von Diversity-Ansätzen. Diese Besonderheit unterscheidet Diversity auch von anderen Diskursfeldern wie Intersektionalität oder Heterogenität. Denn ungeachtet der Distanzierung von wirtschaftlichen Profitlogiken würdigen Vertreterinnen und Vertreter beider Strömungen die *organisationsbezogenen* Aspekte des Diversity Management-Ansatzes (Schröer 2006; Leiprecht 2008a u. 2009b; Stroot 2007; Rosken 2009).

Mit dem Fokus auf pädagogische Organisationen wird ein besonderer Schwerpunkt auf die Mesoebene gelegt, denn es werden nicht allein konkrete Interaktionen zwischen Individuen untersucht (Mikroebene) oder gesellschaftliche Strukturen in abstrakter Weise kritisiert (Makroebene). Exemplarisch führt Stroot die besondere Perspektive eines Organisationsansatzes für die Schule aus:

> „Managing Diversity als Prozess der Verankerung von Diversitätsmerkmalen in Arbeits- und Organisationsabläufen von Schule, würde eine grundsätzlich neue Sichtweise der Schule eröffnen: Zunächst einmal würde die Betrachtung der Schule als Organisation den Blick auf alle Mitglieder dieser Organisation lenken: auf die Lernenden und Lehrenden, auf die technisch-administrativen Beschäftigten und auf die Schulleiterinnen und -leiter (...). Zudem sind gerade vor dem Hintergrund, dass Schulen als ‚besondere' Organisationen betrachtet werden können, weitere Überlegungen notwendig, die sich auch auf eine demokratische und/oder ethisch-moralische Weiterentwicklung von Managing-Diversity-Ansätzen beziehen müssten: als ‚Learning Diversity' könnten diese Ansätze für Schulen nutzbar und so transportierbar werden, dass die besondere Struktur dieser Organisation (...) in einer eigenen Modalität erscheint" (Stroot 2007, S. 60-61).

Vergleichbar mit Strategien wie Gender Mainstreaming oder Interkulturelle Öffnung soll Diversity als Querschnittsaufgabe in Organisationen implementiert werden, die sich in thematischen Orientierungen, Räumen, Personalpolitik, Institutionenanalysen und Leitbildern wiederfindet (Perko/Czollek 2007, S. 172). Nach Schröer führt der Fokus auf Organisationen nicht allein dazu, dass Diversity als Normalität akzeptiert wird, Diversität wird darüber hinaus zu einer *bewussten* Gestaltungsaufgabe für Organisationen (Schröer 2006, S. 64; s. auch Göhring/Schicho 2008).

Affirmative *Diversity-Management* Ansätze betonen in diesem Zusammenhang die Notwendigkeit von Organisations- und Personalentwicklung. Nach Nicole Kimmelmann müssen Bildungsorganisationen auch entsprechende Rahmenbedingungen schaffen, um Diversity Management zu realisieren. Für die berufliche Bildung zeigt Kimmelmann auf, welche Ebenen dabei berücksichtigt werden müssten:

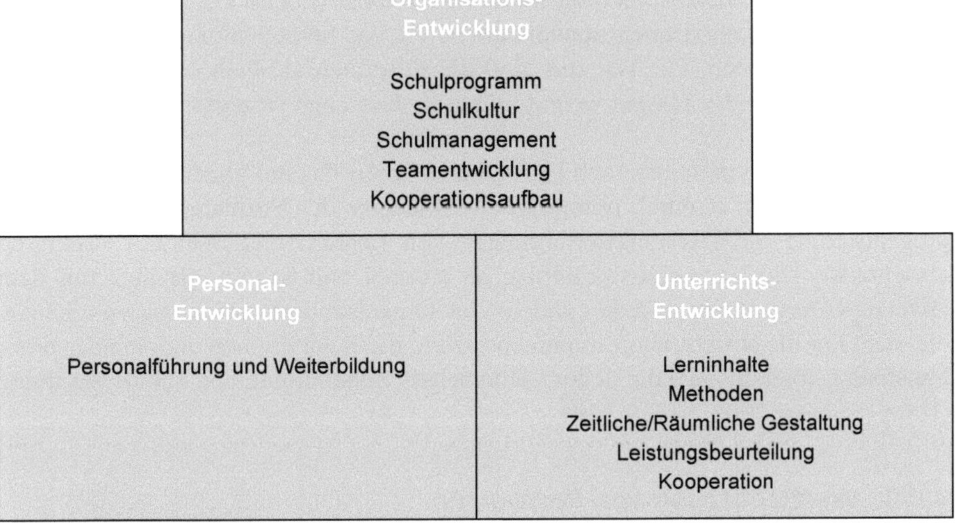

Quelle: Kimmelmann 2012, S. 121

Machtsensible Diversity-Ansätze verweisen wiederum auf den Perspektivenwechsel, der mit dem Fokus auf Organisationen einhergeht. Nach Leiprecht stehen nun nicht mehr die vorgeblichen Defizite pädagogischer Zielgruppen im Zentrum der pädagogischen Aufmerksamkeit, sondern die Frage, inwiefern Bildungsinstitutionen der Heterogenität ihrer Zielgruppen gerecht werden (Leiprecht 2009a, S. 73). Statt also Jugendliche mit Zuwanderungsgeschichte aufgrund sprachlicher Defizite auf Förderschulen zu verweisen, wird die Institution Schule *selbst* kritisch befragt, inwiefern sie den Anforderungen einer Einwanderungsgesellschaft gerecht wird. In der Konsequenz, so Leiprecht, wird die Verantwortung für den Erfolg Sozialer Arbeit mit einer organisationsbezogenen Diversity-Perspektive nicht mehr individualisiert, sondern als Aufgabe der gesamten Institution definiert (Leiprecht 2008b, S. 19).

Des Weiteren kann eine organisationsbezogene Perspektive deutlich machen, dass Diskriminierung nicht immer mit absichtsvollen Handlungen einhergehen müssen. Dies wird eindrucksvoll durch eine Studie von Gomolla und Radtke zu institutioneller Diskriminierung an deutschen Schulen belegt (Gomolla/Radtke 2002). Nach ihren empirischen Befunden zeigt sich institutionelle Diskriminierung für

Kinder und Jugendliche mit Migrationsgeschichte bspw. in Praktiken der Zurückstellungen in den Schulkindergarten, in Übergangsempfehlungen nach der Grundschule oder in Überweisungen auf Sonderschulen für Lernbehinderte. Denn diese Praktiken, so die Ergebnisse der Studie, werden häufig mit Sprachdefiziten sowie ethnisch-kulturell kodierten Begründungsmustern legitimiert.

Gomolla und Radtke können somit mit ihrem Fokus auf *organisationsinterne* Logiken zeigen, wie Differenzen durch Bildungsinstitutionen mitunter erst hervorgebracht werden. Diskriminierung ist hier nicht mehr (allein) ein intentionaler Akt von Lehrern und Lehrerinnen, sondern ein Effekt von Selektion bzw. Distribution in Bildungsinstitutionen. Für Wiltzius sind diese Befunde deshalb ebenfalls wichtig, wenn es um *Diversity Management* Ansätze an deutschen Grundschulen geht (Wiltzius 2011).

Vergleichbar kritisieren auch Hormel und Scherr das dreigliedrige Schulsystem in Deutschland, da es durch pädagogische Strategien der Normalisierung bzw. Homogenisierung die Diversitätserfahrungen von Lehrern und Schülern strukturell einschränkt. Die Lernherausforderung, so Hormel und Scherr, die sich mit dem Diversity-Ansatz stellt, erfordert zudem eine Organisationsentwicklung von Schule, die nicht nur die strukturelle Zusammensetzung der Schülerinnen und Schüler problematisiert, sondern auch die in der Lehrerschaft, Schulleitung und Schulverwaltung (Hormel/Scherr 2005, S. 219-220).

4.3.3 Wertschätzung von Ressourcen

Die Anerkennung von Ressourcen pädagogischer Zielgruppen sowie Mitarbeiterinnen und Mitarbeiter einer Organisation, ist eine dritte zentrale Prämisse von Diversity-Ansätzen (Leiprecht 2009a, S. 76; Tuider 2008, S. 257; Kaiser 2009, S. 190; Kimmelmann 2010, S. 111). Damit grenzen sich Diversity-Ansätze von Defizitperspektiven ab, wie sie eingangs skizziert wurden. In Diversity-Ansätzen stellt Vielfalt keine Bedrohung oder Belastung für Bildungsorganisationen dar, sondern wird als Chance gesehen. Die Anerkennung bzw. Wertschätzung von Diversity geht somit über Konzepte von Toleranz, Assimilation oder Multikulturalität hinaus.

Nach Mecheril und Plößer ist eine solche Perspektive für die Soziale Arbeit bereichernd, da sie Differenz nicht mehr bzw. nicht mehr ausschließlich mit Problembelastung oder Bedürftigkeit verknüpft. Denn das Projekt der Sozialen Arbeit, so Mecheril und Plößer, geht historisch gesehen stets mit einer (Re-)Produktion von Normalitätsmustern einher. Als Profession stellt Soziale Arbeit Andersheit bzw. Differenz auch immer selbst mit her. Zum Beispiel durch ihre diagnostischen, kategorisierenden oder normalisierenden Verfahren. Die Korrektur von Normabweichungen, so Mecheril und Plößer, ist nicht zuletzt ein staatlicher Auftrag an die Soziale Arbeit (Mecheril/Plößer 2011, S. 279f.).

An dieser Stelle stellt sich die Frage, ob Diversity-Ansätze die eingangs angeführten Differenzdebatten in der Erziehungswissenschaft revitalisieren? Denn

Diversity-Ansätze beziehen sich auf soziale Gruppenzugehörigkeiten und somit geht es weniger um individuelle Ressourcen, sondern vielmehr um kollektive Ressourcen. Wie wir gesehen haben, wurden die Forderungen nach einer Wertschätzung gruppenspezifischer Ressourcen sowie einer positiven Konnotation von Differenz innerhalb der Erziehungswissenschaft allerdings massiv kritisiert. Gehen Diversity Ansätze nun erneut davon aus, dass bspw. ‚weibliche Empathie' als positive Ressource für Bildungsinstitutionen anzusehen ist?

Interessanterweise lassen sich in wissenschaftlichen Publikationen gegenwärtig keine Belege dafür finden, dass im Diversity-Diskursfeld dichotome bzw. stereotype Zuschreibungen reproduziert werden. Allerdings muss auch angemerkt werden, dass nur wenige Publikationen explizit benennen, was sie unter ‚Ressourcen' verstehen. Wenn dies getan wird, dann werden z. B. folgende Aspekte angeführt: Multiperspektivität, Mehrsprachigkeit, Mehrfachidentitäten oder sexuelle Vielfalt (Leiprecht 2009b, S. 199; Tuider 2008, S. 257).

Beispielsweise kritisiert Leiprecht die kulturalisierenden und individualisierenden Defizitperspektive der Sozialen Arbeit auf Migranten wie folgt:

> „Es ist auch für wohlmeinende Fachkräfte in Bildung und sozialer Arbeit offenbar nicht einfach, aus einer solchen einseitigen Defizitperspektive herauszukommen und zumindest die Frage zu stellen, ob Migrationserfahrungen und damit potentiell mögliche Mehrsprachigkeiten, Mehrfachzugehörigkeiten, grenzüberschreitende Beziehungsnetzwerke, Kenntnisse von unterschiedlichen sozialen Kontexten usw. nicht auch positive Größen in den Biographien der Menschen darstellen können, ganz abgesehen noch von den Möglichkeiten, welche für die Einwanderungsgesellschaft Europa daraus zu entwickeln wären" (Leiprecht 2008b, S. 15-16).

Auch Elisabeth Tuider plädiert für eine *Diversity Education*, die sich von Defizitperspektiven abwendet und nach den Ressourcen fragt, die in der Vielfalt liegen. Ihr geht es insbesondere um eine Diversität von Begehren, sexuellen Lebensstilen und Lebensformen, wobei sie sich auf die dekonstruktive Tradition der *Queer Theory* beruft. Ein Diversity-Ansatz ist für Tuider auch mit der grundsätzlichen Problematisierung von Normen, Normalitäten und Identitätszwängen verbunden. Wenn Diversität anerkannt wird, so Tuider, können Unterschiedlichkeiten als Chance und Potenzial begriffen werden (Tuider 2008, S. 256-258). Mit dem Verweis auf die Queer Theory knüpft Tuider an dekonstruktive Strategien der Vervielfältigung an, die sich gerade *gegen* die Reproduktion dichotomer Stereotype wenden.

Hier ist demnach ein Unterschied zur Differenzdebatte der 1980er und 1990er Jahre in der Erziehungswissenschaft auszumachen. Denn machtsensible Diversity-Ansätze sehen in den angeführten Ressourcen gerade ein Potenzial, sich von homogenen bzw. stereotypen Identitäts- und Kulturkonzepten zu distanzieren. Sie betonen stattdessen die Flexibilität und Uneindeutigkeit von Identitäten. Auch affirmative Diversity-Management Ansätze plädieren für die Wertschätzung von Ressourcen pädagogischer Zielgruppen. Für die berufliche Bildung nennt Kimmelmann bspw. interkulturelle Kompetenz von Migranten als Ressource, die für Bildungsorganisationen bisher zu wenig genutzt wurde. Dabei versteht die Autorin kulturelle

Identitäten im Sinne des aktuellen Diskussionsstandes der Interkulturellen Pädagogik als soziale Produkte von Aushandlungsprozessen (Kimmelmann 2010, S. 59-62 und 102).

Bilanzierend lässt sich festhalten, dass Diversity-Ansätze offenbar aus der Differenzdebatte in der Erziehungswissenschaft gelernt haben. Gleichzeitig fällt allerdings eine mangelnde theoretische Fundierung des Ressourcenkonzepts auf. Es bleibt demnach eine Reihe ungeklärter Fragen:

- Wie kann man gleichzeitig von dekonstruktiven Identitätskonzepten *und* kollektiven Ressourcen ausgehen (bspw. von Migranten)?
- Wie muss eine Diversity Education theoretisch fundiert sein, um die positive Aufladung von stereotypen Zuschreibungen auch für die Zukunft auszuschließen?
- Werden in *Praxisansätzen* unter Rekurs auf Diversity doch erneut Stereotype reproduziert?
- Welche Ressourcen verdienen eine positive Wertschätzung und welche Diversity-Aspekte sollten aus ungleichheitstheoretischer Perspektive verabschiedet werden?
- Bezieht sich der Ressourcenansatz lediglich auf kulturelle Diversität bzw. Pluralisierung von Lebensformen oder lässt sich dieser ebenfalls auf Geschlecht, soziales Milieu oder Behinderung übertragen?

Ein weiteres Problem entsteht durch die Zielsetzung von Diversity-Ansätzen, Bildungsorganisationen durch die Wertschätzung von Vielfalt zu bereichern bzw. zu optimieren. Zugespitzt formuliert erfahren Ressourcen in manchen Diversity Ansätzen deshalb eine Wertschätzung, da sie ‚zum Gewinn aller' Organisationsmitglieder genutzt werden können und zur ‚Leistungssteigerung' von Bildungsinstitutionen beitragen. Katharina Walgenbach spricht in diesem Zusammenhang von einem *subtilen Utilitarismus*. Dieser würde sich aus einer impliziten Logik in Diversity-Ansätzen ergeben, die auch nicht-intendierte Effekte erzeugt (Walgenbach 2012, S. 250).

Der subtile Utilitarismus findet sich zwar nicht in allen Diversity-Ansätzen, Beispiele dafür lassen sich allerdings in beiden Diversity-Strömungen finden. Nach Leiprecht können bspw. Migrationserfahrungen „überaus nützliche Ressourcen" für das Bildungssystem sein (Leiprecht 2009a, S. 67). Denn Schulen müssten ihre Zielgruppen insgesamt auf ein Leben vorbereiten, das durch Internationalisierung und Globalisierung geprägt ist. Auch für Auszubildende, Schüler und Studierende ohne Migrationshintergrund könnten diese Ressourcen wichtig werden, wenn sie selbst migrieren oder in einem international orientierten Unternehmen arbeiten (ebd. 68).

Aus der Perspektive affirmativer Diversity-Management-Ansätze verweist Kimmelmann auf die Lern- und Effektivitäts-„Gewinne", welche mit der positiven Nutzung von Diversität einhergehen. Diesen Nutzen sieht sie bspw. in der Möglichkeit, interkulturelle Kompetenz in multikulturellen Gruppen zu trainieren und somit die Berufsbildungsqualität zu steigern (Kimmelmann 2010, S. 39 u. 85).

Es muss zunächst festgehalten werden, dass in den angeführten Beispielen in erster Linie gegen eine vormalige Defizitperspektive auf pädagogische Zielgruppen argumentiert wird. Des Weiteren wird in den obigen Beispielen hervorgehoben, dass eine *Diversity Education* nicht allein für Schüler mit Migrationshintergrund bereichernd ist, sondern für alle pädagogische Zielgruppen. Gleichzeitig wird Anerkennung bzw. Wertschätzung auf der Basis gewährt, dass man etwas *für* Bildungsorganisationen beizutragen hat. Es geht demnach um *mehr* als den Wunsch eines jeden Individuums, Anerkennung für seine Einzigartigkeit zu erfahren (vgl. Honneth 1992).

Ressourcen werden vielmehr bezogen auf ihren *Nutzen* für Bildungsorganisationen bewertet und nicht im Hinblick auf die Verbesserung der eigenen Lebenslage bzw. des eigenen Lebensglücks. Gleichwohl Diversity Ansätze sich von ökonomischen Profitinteressen distanzieren, zeigt sich demnach in manchen Diversity-Ansätzen eine Orientierung auf den Gewinn für Organisationen.

Nach Walgenbach ergibt sich dieser subtile Utilitarismus aus der Verknüpfung von zwei zentralen Prämissen in Diversity-Ansätzen: die Wertschätzung von Ressourcen und die Orientierung auf Organisationen bzw. Organisationskulturen. Erst durch diese Verknüpfung, so Walgenbach, wird eine implizite Logik erzeugt, die auch nicht-intendierte Effekte hervorbringt. Sie plädiert demnach für die kritische Reflexion einer Pädagogik der Anerkennung, die Differenz zweckgebunden sieht (bspw. als Bereicherung für Schule, Soziale Arbeit oder Weiterbildung) und die Wertschätzung von Individuen von ihrer Leistungsfähigkeit bzw. ihren Beitrag für Organisationen abhängig macht. Denn gerade die Soziale Arbeit, so Walgenbach, hat es mit Adressaten zu tun, die sich durch einen Mangel an Ressourcen auszeichnen (Walgenbach 2012, S. 250-252).

4.3.4 Diversiy-Kompetenz und positiver Umgang mit Diversity

Aus der Wertschätzung von Diversity ergibt sich die Forderung nach einem positiven Umgang mit Diversität. Daraus leiten manche Autorinnen und Autoren wiederum die Notwendigkeit von *Diversity Kompetenzen* für pädagogische Professionen ab (Sielert 2006; Leiprecht 2009a; Kimmelmann 2010; Rosken 2009; Schröer 2009).

Diversity Kompetenzen *(Schröer)*

Zitat:„Aus dem Paradigma der Vielfalt ergeben sich neue Kompetenz-Anforderungen an Organisationen und an Menschen mit – im weitesten Sinn – gesellschaftlicher Verantwortung, was gerade für die Soziale Arbeit gilt. Diese neue Kompetenz soll als Vielfaltskompetenz bezeichnet werden, also als Fähigkeit der organisatorischen und individuellen Bewältigung von sich ständig wandelnden Anforderungen und Aufgaben. Elemente dieser Kompetenz sind etwa der Umgang mit Ambivalenz, also mit Uneindeutigkeiten, die Ambiguitätstoleranz, also das Aushalten von Ungewissheit und Fremdheit, die Fähigkeit zum Perspektivenwechsel und zur Flexibilität, die Einsicht in die Notwendigkeit reflexiven Handelns, das Denken in Zusammenhängen und eine ausgeprägte Analysefähigkeit. Die zu bewältigende Herausforderung ist es dabei, in und trotz dieser Vielfalt seinen Kohärenzsinn zu bewahren, in seinem Leben und Arbeiten weiterhin Sinn zu sehen“ (Schröer 2012, S. 5).

Diversity Kompetenzen von pädagogischen Fachkräften, Organisationen oder Gesellschaften müssen erlernt und protegiert werden, darauf verweist der Begriff des *Diversity Lernens* (Stroot 2007; Bruchhagen 2008; Aschenbrenner-Wellmann 2009). Diversity Lernen bezieht sich demnach nicht allein auf Professionelle oder pädagogische Zielgruppen, es schließt auch *lernende Organisationen* mit ein. Das heißt, Diversity Lernen findet auf unterschiedlichen Ebenen einer Organisation statt (Stroot 2007).

Für Erzieherinnen nennt Anne Rosken bspw. folgende Diversity-Kompetenzen:

- Fähigkeiten, Unterschiede und Gemeinsamkeiten zu erkennen
- Sensibilität für deren Belange
- Respekt und Wertschätzung der Verschiedenheit und Gemeinsamkeit, Reflexion eigener Werte und Haltungen
- Aushandeln von Gemeinsamkeiten
- Vermeidung von Stereotypisierung (Rosken 2009, S. 29).

Vergleichbar mit Konzepten wie Genderkompetenz oder Interkulturelle Kompetenz wird beim Begriff Diversity Kompetenz auch zwischen kognitiven, affektiven und verhaltensbezogenen Komponenten unterschieden. Aschenbrenner-Wellmann versteht unter kognitiven Dimensionen von Diversity Kompetenz bspw. die Kenntnis von Theorien sozialer Ungleichheit, Inklusion und Integration, Kenntnisse der Prinzipien von Empowerment, sozialer Teilhabe und Sozialraumorientierung sowie Wissen darüber, dass Diversity mit Komplexität und Spannungen einhergeht. Zu den affektiven Dimensionen von Diversity-Kompetenzen gehören ihres Erachtens etwa Ambiguitätstoleranz, Fähigkeit zur Selbstrelativierung oder Selbstsicherheit, die Verschiedenheit nicht als Bedrohung erlebt. Verhaltensbezogene Dimensionen sind für die Autorin z.B. die Fähigkeit zum nicht-wertenden Dialog, die Begleitung heterogener Teams oder die Fähigkeit, Diversity als Effizienzkriterium in der Organisation zu implementieren (Aschenbrenner-Wellmann 2009, S. 70-72).

Die Notwendigkeit der Entwicklung von Diversity-Kompetenzen wird wiederum abhängig davon begründet, welcher Diversity-Strömung die Autorinnen und Autoren angehören. Ein extremes Beispiel für affirmative Diversity-Management-ansätze ist die Forderung von Klappenbach, dass Diversity Kompetenz „institutionalisiertes Humankapital" bereitstellen soll (Klappenbach 2009, S. 268). Im Sinne der machtsensiblen Diversity-Strömung fordern Perko und Czollek hingegen, dass Diversity Kompetenzen zu einer Enthierarchisierung von Organisationen bzw. Gesellschaften beitragen (Perko/Czollek 2007, S. 167). Es gibt demnach durchaus unterschiedliche Auffassungen darüber, ob die Kompetenz darin besteht, Diversity effektiv zu managen oder sie zu demontieren bzw. reflexiv zu bearbeiten.

Für das Diversity-Dilemma ‚Anerkennung oder Demontage von Ungleichheit bzw. Differenz' bietet Aschenbrenner-Wellmann eine differenziertes Modell des Umgangs mit Verschiedenheit an. Einem Vorschlag von Heiko Kleve folgend, plädiert sie für die gleichzeitige Umsetzung unterschiedlicher Strategien beim Umgang mit Differenz: Beobachtung, Minimierung, Akzeptanz, Maximierung (Kleve 2003). Diese Strategien zielen auf unterschiedliche Ebenen ab: Beobachtung ist die Grundlage für alle anderen Strategien und bildet die Basis für Entscheidungsprozesse. Die Strategie der Minimierung bezieht sich auf soziale Ungleichheit, die ist im Hinblick auf ein Recht auf Gleichheit aufzuheben gilt. Die Strategie der Akzeptanz zielt auf die Anerkennung von Vielfalt, die über Toleranz hinaus geht. Die Strategie der Maximierung ist sinnvoll, wenn der Fokus auf Unterschiede eine Voraussetzung für Veränderungsprozesse ist (Aschenbrenner-Wellmann 2009, S. 79).

4.4 Kritik an Diversity

Kritik an Diversity wird von unterschiedlichen Protagonisten geübt, zum Teil auch von Vertreterinnen und Vertretern des Diversity-Ansatzes selbst. Zentral steht hier das Diversity-Dilemma zu Disposition, dass Diversität nur pädagogisch bearbeitet werden kann, wenn man von Unterschieden zwischen Männern und Frauen, Migranten und Nicht-Migranten, Behinderten und Nicht-Behinderten ausgeht. Nun könnte man argumentieren, dass Unterscheidungen uns in alltäglichen Handlungen auch Orientierung bieten. Hier geht es allerdings nicht um Unterscheidungen wie die zwischen Tag und Nacht, sondern um soziale Ungleichheiten bzw. Hierarchien. Deshalb formuliert Maria do Mar Castro Varela, dass Buntheit nicht das Ziel sein kann, sondern eher das Problem darstellt (Castro Varela 2010, S. 254).

Aus diesem Grund wird die wiederholte Reproduktion von sozialen Unterscheidungen im Hinblick auf Diversity kritisch kommentiert. Nach Mecheril und

Vorrink neigen Diversity Ansätze durch ihre konstitutive Anerkennung des Rechts auf Verschiedenheit dazu, „erstens Verschiedenheit zu setzen und zweitens diese Voraus-Setzung in naturalisierender Weise unmerklich an Traditionen kontingenter hegemonialer Unterscheidung rückzubinden“ (Mecheril/Vorring 2012, S. 95). Viele Autorinnen und Autoren in Diversity-Ansätzen betonen deshalb insbesondere den sozialen Konstruktionscharakter von sozialen Kategorien bzw. kollektiven Identitäten.

Doch auch sozialkonstruktivistische bzw. dekonstruktive Ansätze haben ein Problem, so Georg Auernheimer, denn wie lässt sich das Postulat der Anerkennung von Diversity mit dem Ziel der Dekonstruktion in Verbindung bringen? Des Weiteren sieht Auernheimer ein Problem darin, dass in Diversity-Ansätzen unterschiedslos von der sozialen Konstruktion von Differenzen ausgegangen wird. Denn dann würden auch Lebenslagen und sozioökonomischer Status als soziale Konstruktionen gefasst und damit auch verharmlost werden (Auernheimer 2011, S. 414).

Walgenbach weist darauf hin, dass Diversity-Ansätze sich traditionell auf Diskriminierungen bzw. Marginalisierung beziehen. Damit würden Whiteness, Bildungsprivilegien, Heteronormativität oder hegemoniale Männlichkeit allerdings dethematisiert bleiben. Unter Privilegien versteht die Autorin eine systematische bzw. strukturelle Bevorzugung im Hinblick auf den Zugang zu Ressourcen (z.B. Bildung, Erwerbsarbeit oder gesellschaftliche Institutionen). Privilegien zeigen sich allerdings auch darin, dass die eigene Identität bzw. der eigene Körper als ‚normal‘ gilt oder dass man die eigenen Werte bzw. Normen als universal ansieht. Für die Privilegierten selbst bleiben die strukturellen Bevorzugungen meist unsichtbar (Walgenbach 2012, S. 245).

Vielfach kritisiert in der Erziehungswissenschaft werden zudem betriebswirtschaftliche Diversity Management Ansätze. Dabei geht es nicht allein um die bereits erwähnte Kritik an deren ökonomischen Profitorientierung. Emmerich und Hormel kritisieren bspw. an betriebswirtschaftlichen Diversity Management Ansätzen, dass Diversity zu einer Kulturalisierung sozialer Ungleichheiten beiträgt. Im Fokus von betrieblichen Diversity-Ansätzen würden kulturell unterscheidbare Gruppen stehen und deren kollektive Identität. Durch diese individualisierte Vielfalt würde suggeriert, dass potenziell jede Person aufgrund eines beliebigen kulturellen Merkmals diskriminiert werden kann (Emmerich/Hormel 2013, S. 189). Hier wird demnach erneut auf die Gefahr des Relativismus in Diversity Ansätzen aufmerksam gemacht.

Kritisch sehen die beiden Autoren auch die Tatsache, dass Gleichstellungspolitik und Antidiskriminierungsrechte durch Diversity-Ansätze abgelöst werden. Es stehen demnach nicht mehr die Rechte von Minderheiten im Fokus, sondern deren Potenziale. Diversity Management beinhaltet für Unternehmen auch keine rechtlichen Verpflichtungen. Für Hormel und Emmerich leistet Diversity Management demnach auch einen Beitrag zur Depolitisierung vormals emanzipatorischer Strategien (ebd., S. 188).

Albert Scherr verweist darauf, dass die Prominenz von Diversity in Deutschland keineswegs auf den Einfluss politischer Strömungen und sozialer Bewegungen zurückzuführen ist. Diversity sei vielmehr ein Importprodukt, dessen Implementierung sich primär auf die EU-Administration als politischen Akteur zurückführen lässt. In diesem Sinne ist Diversity, so Scherr, eine Top Down Strategie, die gesellschaftliche Lernprozesse allerdings nicht ersetzen kann (Scherr 2008b, S. 54-55).

Schließlich stellt sich für Diversity-Ansätze das Problem, dass sie als Konkurrenz für pädagogische Konzepte wie Interkulturelle Pädagogik, Mädchenpädagogik oder Behindertenpädagogik gesehen werden können. Gleichwohl in wissenschaftlichen Publikationen häufig konstatiert wird, dass eine Diversity Education deren Existenzberechtigung keinesfalls anzweifelt (Plößer 2013, S. 266; Leiprecht 2011, S. 37-38). Trotzdem wäre es denkbar, dass die pädagogischen Konzepte in der Praxis gegeneinander ausgespielt werden. Wenn Individuen wirklich „unterschiedlich verschieden sind“ (Lutz/Wenning 2001, S. 22), so stellt sich nicht zuletzt die Frage: wie kann dann ein einheitliches pädagogisches Konzept diesen Umstand überhaupt adäquat bearbeiten ? (vgl. Breinbauer 2008, S. 70).

Zusammenfassung Diversity

Historische Traditionen:

- Betriebswirtschaftliche Diversity-Management Ansätze
- Antidiskriminierungspolitik/Bürgerrechtsbewegung
- Diversity Education/Multicultural Education/ Antidiskriminierungspädagogik

Strömungen von Diversity in Erziehungswissenschaft
(mit Überschneidungen)

- Affirmative Diversity-Management Ansätze
- Machtsensible Diversity Ansätze

Zentrale Prämissen von Diversity in der Erziehungswissenschaft:

- Zentraler Bezugspunkt soziale Gruppenzugehörigkeiten und -identitäten
- Fokus Organisationen und Organisationskulturen
- Anerkennung von Diversity als positive Ressource
- Positiver Umgang mit Diversity /Entwicklung von Diversity-Kompetenzen

Zum Weiterlesen

Czollek, L.C./Perko, G.: Praxishandbuch Social Justice und Diversity: Theorien, Training, Methoden. Beltz 2012.

Hauenschild, K. /Robak, S./Sievers, I. (Hrsg.) (2013): Diversity Education. Zugänge – Perspektiven – Beispiele. Frankfurt am Main.

Hormel, U./Scherr, A. (2005): Bildung für die Einwanderungsgesellschaft. Perspektiven der Auseinandersetzung mit struktureller, institutioneller und interaktioneller Diskriminierung. Bonn.

Leiprecht, R. (Hrsg.) (2011): Diversitätsbewusste soziale Arbeit. Schwalbach/Ts.

Mecheril, P./Plößer, M., 2011: Diversity und soziale Arbeit. In: Otto, H.-U./Thiersch, H. (Hrsg.): Handbuch Soziale Arbeit, München: 278-287.

Literatur

Adams, M./Bell, L.A./Griffin, P. (Hrsg.) (1997): Teaching for Diversity and Social Justice. A Sourcebook. London.

Akka, A./Pohlkamp, I. (2010): Pädagogik der Oberfläche. Gender und Ethnizitäten in der antirassistischen Mädchen- und Jungenarbeit. In: Riegel, C./Geissen, T. (Hrsg.): Jugend, Zugehörigkeit und Migration. Subjektpositionierung im Kontext von Jugendkultur, Ethnizitäts- und Geschlechtskonstruktionen. Wiesbaden, S. 325-344.

Aktaş, G. (1993): ‚Türkische Frauen sind wie ein Schatten'. Leben und Arbeiten im Frauenhaus. In: Hügel, I./Lange, C. et al. (Hrsg.): Entfernte Verbindungen. Rassismus, Antisemitismus, Klassenunterdrückung. Berlin, S. 49-60.

Altrichter, H./Messner, E. (2004): Gefahr: Entmischung und Polarisierung. Über den Umgang mit Heterogenität in der Lehrerschaft. In: Becker, G./Lenzen, K.-D./Stäudel, L./Tillmann, K.-J./Werning, R./Winter, F. (Hrsg.): Heterogenität: Unterschiede nutzen – Gemeinsamkeiten stärken. Seelze, S. 66-69.

Anderson, B. (1983): Die Erfindung der Nation. Berlin.

Anderson, M.L./Collins, P.H. (2004): Race, Class, Gender. An Anthology. Belmont.

Apostolidou, N. (1980): Für die Frauenbewegung auch wieder nur ‚Arbeitsobjekte'. In: Informationsdienst zur Ausländerarbeit. Nr. 2. Frankfurt a.M., S. 143-146.

Appelbaum, P. (2002): Multicultural and Diversity Education: a Reference Book. Santa Barbara/Denver/Oxford.

Archiv für Wissenschaft und Praxis der sozialen Arbeit (2012): Diversity Management und soziale Arbeit. Heft 1.

Arendt, H. (2001): Elemente und Ursprünge totaler Herrschaft. München.

Arnade, S. (Hrsg.) (1992): Weder Küsse noch Karriere. Erfahrungen behinderter Frauen. Frankfurt a.M.

Artelt, C./Stanat, P./Schneider,W./Schiefele, U. (2001): Lesekompetenz. Testkonzeption und Ergebnisse. In: Deutsches PISA-Konsortium (Hrsg.): PISA 2000. Basiskompetenzen von Schülerinnen und Schülern im internationalen Vergleich. Opladen, S. 69-137.

Artelt,C./Demmrich, A./Baumert, J. (2001). Selbstreguliertes Lernen. In: Deutsches PISA-Konsortium (Hrsg.): PISA 2000. Basiskompetenzen von Schülerinnen und Schülern im internationalen Vergleich. Opladen, S. 271-298.

Asbrand, B. (2002): Zusammen Leben und Lernen im Religionsunterricht. Eine qualitativ-empirische Studie zum Umgang mit religiöser Heterogenität im Religionsunterricht der Grundschule. In: Heinzel, F./Prengel, A. (Hrsg.): Heterogenität, Integration und Differenzierung in der Primarstufe. Opladen, S. 210-215.

Aschenbrenner-Wellmann, B. (2009a): Diversity-Kompetenz- Überlegungen zu einer Schlüsselqualifikation für Theorie und Praxis der Sozialen Arbeit. In: Aschenbrenner-Wellmann, B. (Hrsg): Mit der Vielfalt leben. Verantwortung und Respekt in der Diversity- und Antidiskriminierungsarbeit mit Personen, Organisationen und Sozialräumen. Stuttgart, S. 61-85.

Auernheimer, G. (2011): Diversity und interkulturelle Kompetenz. In: Kunz, T./Puhl, R. (Hrsg.): Arbeitsfeld Interkulturalität. Grundlagen, Methoden und Praxisansätze der Sozialen Arbeit in der Zuwanderungsgesellschaft. Weinheim/München, S. 409-424.

Autorengruppe Bildungsberichterstattung (Hrsg.) (2008): Bildung in Deutschland 2008. Ein indikatorengestützter Bericht mit einer Analyse zu Übergängen im Anschluss an den Sekundarbereich I. Bielefeld.

Baader, M. (1993): Zum Abschied. Über den Versuch, als jüdische Feministin in der Berliner Frauenszene einen Platz zu finden. In: Hügel, I./Lange, C. et al. (Hrsg.): Entfernte Verbindungen. Rassismus, Antisemitismus, Klassenunterdrückung. Berlin, S. 82-94.

Bal, M. (2002): Travelling Concepts in the Humanities. A Rough Guide. Toronto.

Banks, J.A. (2006): Cultural Diversity and Education: Foundations, Curriculum and Teaching. Boston.

Barwig, G./Busch, C. (Hrsg.) (1993): ‚Unbeschreiblich weiblich‘: Frauen unterwegs zu einem selbstbewußten Leben mit Behinderung. München.

Baumert, J. (2002): Umgang mit Heterogenität. Ein Gespräch mit Professor Jürgen Baumert, wissenschaftlicher Leiter des deutschen Teils der PISA-Studie. In: Forum Schule. Magazin für Lehrerinnen und Lehrer. Heft 1, S. 72-75.

Baumert, J./Köller, J./Schnabel, K.U. (2000): Schulformen als differenzielle Entwicklungsmilieus – eine ungehörige Fragestellung? In: Gewerkschaft für Erziehung und Wissenschaft (Hrsg.): Messung sozialer Motivation: Eine Kontroverse. Frankfurt a.M., S. 28-68.

Baumert, J./Schümer, G. (2001): Familiäre Lebensverhältnisse, Bildungsbeteiligung und Kompetenzerwerb. In: Deutsches PISA-Konsortium (Hrsg.): PISA 2000. Basiskompetenzen von Schülerinnen und Schülern im internationalen Vergleich. Opladen, S. 323-407.

Beauftragter der Bundesregierung für die Belange behinderter Menschen (Hrsg.) (2010): Die UN-Behindertenrechtskonvention. Übereinkommen über die Rechte von Menschen mit Behinderungen. Berlin

Beck, U. (1983): Jenseits von Stand und Klasse? Soziale Ungleichheiten, gesellschaftliche Individualisierungsprozesse und die Entstehung neuer sozialer Formationen und Identitäten. In: Kreckel, R. (Hrsg.): Soziale Ungleichheiten. Soziale Welt, Sonderband 2. Göttingen, S. 35-74.

Beck, U./Beck-Gernsheim, E. (Hrsg.) (1994): Riskante Freiheiten. Individualisierung in modernen Gesellschaften. Frankfurt a.M.

Becker, G./Lenzen, K.-D./Stäudel, L./Tillmann, K.-J./Werning, R./Winter, F. (Hrsg.) (2004a): Heterogenität: Unterschiede nutzen – Gemeinsamkeiten stärken. Seelze.

Becker, G. et al. (2004b): Eine Klasse – 27 Kinder. In: Becker, G./Lenzen, K.-D./Stäudel, L./ Tillmann, K.-J./Werning, R./Winter, F. (Hrsg.): Heterogenität: Unterschiede nutzen – Gemeinsamkeiten stärken. Seelze, S.4-5.

Becker, M. (1995): Sexuelle Gewalt gegen Mädchen mit geistiger Behinderung. Daten und Hintergründe. Heidelberg.

Becker, R./Hadjar, A. (2011): Meritokratie- Zur gesellschaftlichen Legitimation ungleicher Bildungs- Erwerbs- und Einkommenschancen in modernen Gesellschaften. In: Becker, R. (Hrsg.): Lehrbuch der Bildungssoziologie. Wiesbaden, S. 37-62.

Becker-Schmidt, R. (1987): Die doppelte Vergesellschaftung – die doppelte Unterdrückung. In: Unterkirchner, L./Wagner, I. (Hrsg.): Die andere Hälfte der Gesellschaft. Österreichischer Soziologentag 1985. Wien, S. 10-25.

Beer, U. (1990): Geschlecht, Struktur, Geschichte. Frankfurt a.M./New York.

Bender-Szymanski, D. (2007): Zunehmende sprachlich-kulturelle Heterogenität in unseren Schulen und mögliche Antworten des Bildungssystems. In: Migration als Herausforderung. Bonn, S. 161-194.

Berninghausen, J./Hecht-ElMinshawi, B. (2011): Im Fokus: Managing Diversity. In: Allemann-Ghionda, C./Bukow, W.-D. (Hrsg.): Orte der Diversität. Formate, Arrangements und Inszenierungen. Wiesbaden, S. 209-2020.

Bernstein, B. (1972): Studien zur sprachlichen Sozialisation. Düsseldorf.

Besch, W. (1998): Duzen, Siezen, Titulieren: zur Anrede im Deutschen heute und gestern. Göttingen.

Betz, T./Mierendorff, J. (2011): Kindheit. Heterogenität. Ungleichheit – Eine Einleitung. Zeitschrift für Soziologie der Erziehung und Sozialisation, 31, Heft 4, S. 341-348.

Bitzan, M./Daigler, C. (2001): Eigensinn und Einmischung. Einführung in Grundlagen und Perspektiven parteilicher Mädchenarbeit. Weinheim/München.

Bös, M. (1993): Ethnisierung des Rechts?: Staatsbürgerschaft in Deutschland, Frankreich, Großbritannien und den USA. In: Kölner Zeitschrift für Soziologie und Sozialpsychologie. 45, 4, S. 619-643.

Boll, S./Degener, T. et al. (Hrsg.) (1985): Geschlecht: Behindert. Besonderes Merkmal: Frau. Ein Buch von Behinderten Frauen. München.

Boller, S./Rosowski, E./Stroot, T. (Hrsg.) (2007): Heterogenität in der Sekundarstufe II. Einleitende Bemerkungen zum Thema. In: Heterogenität in Schule und Unterricht: Handlungsansätze zum pädagogischen Umgang mit Vielfalt. Weinheim/Basel, S. 12-20.

Bönold, F. (2003): Geschlecht – Subjekt – Erziehung: zur Kritik und pädagogischen Bedeutung von Geschlechtlichkeit in der Moderne. Herbolzheim.

Bourdieu, P./Passeron, J.-P. (1997): Bildungsprivileg und Bildungschancen an der Hochschule. In: Baumgart, F. (Hrsg.): Theorien der Sozialisation. Bad Heilbrunn, S. 232-242.

Bräu, K./Schwerdt, U. (Hrsg.) (2005): Heterogenität als Chance. Vom produktiven Umgang mit Gleichheit und Differenz in der Schule. Münster.

Bräu, K./Schwerdt, U. (2005): Einleitung. In: Bräu, K./Schwerdt, U. (Hrsg.): Heterogenität als Chance. Vom produktiven Umgang mit Gleichheit und Differenz in der Schule. Münster 2005, S.9-16.

Breinbauer, I. M. (2008): Pädagogik auf unsicherem Terrain: Die Vielfalt der Differenzen und die Unsicherheit über Weg und Ziel ihrer Bearbeitung als Herausforderung für Diversity Pädagogik. In: Iber, K./Virtbauer, B. (Hrsg.): Diversity Management. Eine transdisziplinäre Herausforderung. Göttingen, S.69-82.

Bruchhagen, V. (2008): Managing Gender & Diversity: eine kritische Gestaltungsperspektive für den Profit- und Non-Profit-Bereich. In: Iber, K./Virtbauer, B. (Hrsg.): Diversity Management. Eine transdisziplinäre Herausforderung. Göttingen, S. 83-94.

Bruchhagen, V./Koall, I. (2009): Managing Gender & Diversity: Sozialwissenschaftliche Aspekte von Heterogenität als Herausforderung pädagogischen Handelns. In: Hinz, R./Walthes, R. (Hrsg.): Heterogenität in der Grundschule. Den pädagogischen Alltag erfolgreich bewältigen, Weinheim/Basel, S. 32-47.

Brügelmann, H. (2002): Heterogenität, Integration, Differenzierung: empirische Befunde – pädagogische Perspektiven. In: Heinzel, F./Prengel, A. (Hrsg.): Heterogenität, Integration und Differenzierung in der Primarstufe. Opladen, S. 31-43.

Buchen, H./Rolff, H.-G./Horster, L. (2007): Vorwort. In: dies. (Hrsg.) Heterogenität und Schulentwicklung. Stuttgart, S. 5-6.

Büchner, P. (2008): Der Zugang zu hochwertiger Bildung unter Bedingungen sozialer, kultureller und individueller Heterogenität. In: Thole, W./Roßbach, H.-G./Fölling-Albers, M./Tippelt, R. (Hrsg.): Bildung und Kindheit. Pädagogik der Frühen Kindheit in Wissenschaft und Lehre. Opladen, S. 183-194.

Bührmann, A. (2009): Intersectionality – ein Forschungsfeld auf dem Weg zum Paradigma? Tendenzen, Herausforderungen und Perspektiven der Forschung über Intersektionalität. In: Gender. Zeitschrift für Geschlecht, Kultur und Gesellschaft, 2, S. 28-44.

Budde, J. (2011): Geschlechtersensible Schule. In: Faulstich-Wieland, H. (Hrsg.) Professionswissen für Lehrerinnen und Lehrer,Bd. 3. Umgang mit Heterogenität und Differenz. Baltmannsweiler, S. 99-119.

Budde, J. (2012a): Die Rede von der Heterogenität in der Schulpädagogik. Diskursanalytische Perspektiven. In: Forum Qualitative Sozialforschung 13, H. 2, Art. 16.

Budde, J. (2012b): Problematisierende Perspektiven auf Heterogenität als ambivalentes Thema der Schul- und Unterrichtsforschung. In: Zeitschrift für Pädagogik, H.4, S. 522-540.

Budde, J. (2013): Intersektionalität als Herausforderung für eine erziehungswissenschaftliche soziale Ungleichheitsforschung. In: Siebholz, S./Schneider, E./Busse, S./Sandring, S./Schippling, A. (Hrsg.): Prozesse sozialer Ungleichheit. Bildung im Diskurs. Wiesbaden, S. 245-257.

Buholzer, A. (2011): Möglichkeiten und Formen des Umgangs mit Heterogenität in der Schule. In: Schilmöller, R./Fischer, C. (Hrsg.): Heterogenität als Herausforderung für schulisches Lernen. Münster, S. 45-65.

Buholzer, A./Kummer Wyss, A. (2010a): Heterogenität als Herausforderung für Schule und Unterricht. In: Buholzer, A./Kummer Wyss, A. (Hrsg.): Alle gleich – alle unterschiedlich! Zum Umgang mit Heterogenität in Schule und Unterricht. Zug, S. 7-14.

Buholzer, A./Kummer Wyss, A. (2010b): Zur Einführung. Reaktionen auf Heterogenität in Schule und Unterricht. In: Buholzer, A./Kummer Wyss, A. (Hrsg.): Alle gleich – alle unterschiedlich! Zum Umgang mit Heterogenität in Schule und Unterricht. Zug, S. 78-85.

Bukow, W.-D./Llaryora, R. (1988): Mitbürger aus der Fremde. Soziogenese ethnischer Minoritäten. Opladen.

Burk, K. (2007): Schulklasse und Jahrgangsprinzip. In: de Boer, H./Burk, K./Heinzel, F. (Hrsg.): Lehren und Lernen in jahrgangsgemischten Klassen. Frankfurt a.M., S. 18-31.

Burrichter, R. (2005): Religiöse Identität in der weltanschaulichen plurale Gesellschaften. Zum Umgang mit Heterogenität im Religionsunterricht der öffentlichen Schule. In: Bräu, K./Schwerdt, U. (Hrsg.): Heterogenität als Chance. Vom produktiven Umgang mit Gleichheit und Differenz in der Schule. Münster, S. 179-196.

Busche, M./Cremers, M. (2009): Jungenarbeit und Intersektionalität. In: Pech, D. (Hrsg.): Jungen und Jungenarbeit. Hohengehren, S.13-30.

Butler, J. (1990): Gender Trouble: Feminism and the Subversion of Identity. London.

Casale, R. (2001): Die Verwandlung der Philosophie in eine historische Diagnostik der Differenzen. In: Lutz, H. /Wenning, N. (Hrsg.): Unterschiedlich verschieden. Differenz in der Erziehungswissenschaft. Opladen, S. 25-46.

Castro Varela, M.d.M./Dhawan, N. (Hrsg.) (2011): Soziale (Un)Gerechtigkeit. Kritische Perspektiven auf Diversity, Intersektionalität und Antidiskriminierung. Münster.

Castro Varela, M.d.M. (2010): Un-Sinn: Postkoloniale Theorie und Diversity. In: Kessl, F./Plößer, M. (Hrsg.): Differenzierung, Normalisierung, Andersheit. Soziale Arbeit als Arbeit mit dem Anderen. Wiesbaden, S. 249-262.

Chebout, L. (2011): Wo ist Intersectionality in bundesdeutschen Intersektionalitätsdiskursen? – Exzerpte aus dem Reisetagebuch einer Traveling Theory. In: Smykalla, S./Vinz, D. (Hrsg.): Intersektionalität zwischen Gender und Diversity. Theorien, Methoden und Politiken der Chancengleichheit. Münster, S. 43-57.

Combahee River Collective (1981): A Black Feminist Statement. In: Moraga, C./Anzaldúa, G. (Eds.): This Bridge Called My Back. Writings by Radical Women of Color. New York, S. 210-218.

Corno, L./Snow, R.E. (1986): Adapting teaching to individual differences among learners. In: Wittrock, M.C. (Ed.): Handbook of research on teaching. London, S. 605-629.

Crenshaw, K.W. (1989): Demarginalizing the Intersection of Race and Sex: A Black Feminist Critique of Antidiscrimination Doctrine. In: The University of Chicago Legal Forum 139, S. 139-167.

Crenshaw, K.W. (1995): Race, reform, and retrenchment: Transformation and legitimation in antidiscrimination law. In: Crenshaw, K. et al. (Eds.): Critical race theory. The key writings that formed the movement. New York.
Crenshaw, K.W. (1998): Demarginalizing the Intersection of Race and Sex: A Black Feminist Critique of Antidiscrimination Doctrine, Feminist Theory, and Antiracist Politics. In: Phillips, A. (Hrsg.): Feminism & Politics. New York, S. 314-343.
Crenshaw, K.W. (2010): Die Intersektion von ‚Rasse' und Geschlecht demarginalisieren: Eine Schwarze feministische Kritik am Antidiskriminierungsrecht, der feministischen Theorie und der antirassistischen Politik. In: Lutz, H./Herrera Vivar, M.T./Supik, L. (Hrsg.): Fokus Intersektionalität – Bewegungen und Verortungen eines vielschichtigen Konzeptes. Wiesbaden, S. 33-54.
Cyba, E. (2000): Geschlecht und soziale Ungleichheit. Konstellationen der Frauenbenachteiligung. Opladen.
Czollek, L.C./Perko, G. (2012): Praxishandbuch Social Justice und Diversity: Theorien, Training, Methoden. Beltz.
Czollek, L.C./Weinbach, H. (2007): Lernen in der Begegnung. Theorie und Praxis von Social Justice Trainings. Düsseldorf.
Dackweiler, R. (2001): Konturen einer feministischen Re-Definition von Staatsbürgerschaft als Konzept zur Analyse von Frauenbewegungen weltweit. In: Zeitschrift für Frauenforschung & Geschlechterstudien 19, 1+2, S. 173-187.
Daigler, C. (2008): Biografie und sozialpädagogische Profession. Eine Studie zur Entwicklung beruflicher Selbstverständnisse am Beispiel der Arbeit mit Mädchen und jungen Frauen. Weinheim.
Dar, Y./Resh, N. (1986). Classroom intellectual composition and academic achievement. In: American Educational Research Journal, 23, 3, S. 357-374.
Davis, A. (1982): Rassismus und Sexismus. Schwarze Frauen und Klassenkampf in den USA. Berlin.
Davis, K. (2008a): Intersectionality as buzzword: A sociology of science perspective on what makes a feminist theory successful. In: Feminist Theory 9, S. 67-86.
Davis, K. (2008b): Intersectionality in Transatlantic Perspective. In: Klinger, C./Knapp, G.-A. (Hrsg.): ÜberKreuzungen. Fremdheit, Ungleichheit, Differenz. Münster, S. 19-35.
Degele, N./Winker, G. (2008): Praxeologisch differenzieren. Ein Beitrag zur intersektionalen Gesellschaftsanalyse. In: Klinger, C./Knapp, G.-A. (Hrsg.) (2008): ÜberKreuzungen. Fremdheit, Ungleichheit, Differenz. Münster: Westfälisches Dampfboot, S. 194-209.
Degener, T. (2003): Jede Frau und jedes Mädchen kann sich wehren. In: Hermes, G./Köbsell, S. (Hrsg.): Disability Studies in Deutschland – Behinderung neu denken! Dokumentation der Sommeruni 2003. Kassel, S. 221-225.
Deutsches PISA-Konsortium (Hrsg.) (2001): PISA 2000. Basiskompetenzen von Schülerinnen und Schülern im internationalen Vergleich. Opladen.
de Saussure, Ferdinand (2001): Grundfragen der allgemeinen Sprachwissenschaft. Berlin.
Diehm, I. (2002): Pädagogische Arrangements und die Schwierigkeit, Differenz zu thematisieren. In: Heinzel, F./Prengel, A. (Hrsg.): Heterogenität, Integration und Differenzierung in der Primarstufe. Opladen, S. 162-170.
Diehm, I. (2005): Interkulturelle Pädagogik: Die programmatische Antwort auf wachsende ethnische Heterogenität in Schule und Unterricht. In: Bräu, K./Schwerdt, U. (Hrsg.): Heterogenität als Chance: vom produktiven Umgang mit Gleichheit und Differenz in der Schule. Münster, S. 85-94.
Diehm, I./Radtke, F.-O. (1999): Erziehung und Migration. Eine Einführung. Stuttgart.
Diehm, I./Kuhn, M./Machold, C. (2007): Der Umgang mit ethnischer Heterogenität im Anfangsunterricht. Prämissen und Implikationen Interkultureller Pädagogik und ihr anhaltendes Empiriedefizit. In: Gläser, E. (Hrsg.): Sachunterricht im Anfangsunterricht. Lernen im Anschluss an den Kindergarten. Baltmannsweiler, S. 177-191.

Dietze, G./Hornscheidt, L./Palm, K./Walgenbach, K. (2007): Einleitung. In: Walgenbach, K./ Dietze, G./Hornscheidt, A./Palm, K. (Hrsg.): Gender als interdependente Kategorie. Neue Perspektiven auf Intersektionalität, Diversität und Heterogenität. Opladen, S. 7-22.

Ditton, H. (2010): Differentielle Leistungsentwicklung in der zweiten Hälfte der Grundschulzeit. In: Zeitschrift für Grundschulforschung. Bildung im Elementar- und Primarbereich 3, 1, S. 83-98.

Dockhorn, D./Eikmanns-Rote, K./Godejohann, S./Lenzen, K.-D. (2004): Altersmischung. Lernen in jahrgangsheterogenen Gruppen. In: Becker, G./Lenzen, K.-D./Stäudel, L./Tillmann, K.-J./Werning, R./Winter, F. (Hrsg.): Heterogenität: Unterschiede nutzen- Gemeinsamkeiten stärken. Seelze, S. 58-61.

Drechsel, B./Artelt, C. (2007): Lesekompetenz. In: PISA-Konsortium Deutschland (Hrsg.): PISA 2006. Die Ergebnisse der dritten internationalen Vergleichsstudie. Münster, S. 225-247.

Eckhart, M. (2009): Homogenität und Heterogenität in Schulklassen – systemtheoretische Überlegungen und notwendige Entmythologisierungen. In: Grunder, H.-U./Gut, A. (Hrsg.): Zum Umgang mit Heterogenität in der Schule. Bd. 1. Baltmannsweiler, S. 24-47.

Edelstein, W. (2006): Bildung und Armut. In: Zeitschrift für Soziologie der Erziehung und Sozialisation 26, H.2, S. 120-134.

Eggers, M.M. (2010a): Diversity als Egalisierungspolitik oder als Gesellschaftskritik? Auf der Suche nach neuen Strukturen, die Mädchenarbeit und Jungenarbeit nicht als Förderinstrumente polarisieren. In: BAG Mädchenpolitik, Nr. 11, http://www.maedchenpolitik.de/html/infohefte.html [Zugriff: 17.06.2013].

Eggers, M.M. (2010b): Anerkennung und Illegitimierung. Diversität als marktförmige Regulierung von Differenzmarkierungen. In: Broden, A./Mecheril, P. (Hrsg.): Rassismus bildet. Bildungswissenschaftliche Beiträge zur Normalisierung und Subjektivierung in der Migrationsgesellschaft. Bielefeld, S. 59-86.

Eggers, M.M. (2011): Interdependente Konstruktionen von Geschlecht und rassistischer Markierung – Diversität als neues Thematisierungsformat?. In: Zentrum für transdisziplinäre Geschlechterstudien (Hrsg.): Gender und Schule. Konstruktionsprozesse im schulischen Alltag. Bulletin Texte 37, S. 56-70.

Eggers, M.M./Kilomba, G. et al.(Hrsg.) (2005): Mythen, Masken und Subjekte. Kritische Weißseinsforschung in Deutschland. Münster.

Einsiedler, W./Martschinke, S./Kammermeyer, G. (2008): Die Grundschule zwischen Heterogenität und gemeinsamer Bildung. In: Cortina, K.S./Baumert, J./Leschinsky, A./Mayer, K.U./ Trommer, L. (Hrsg.): Das Bildungswesen in der Bundesrepublik Deutschland. Reinbek, S. 325-374.

Ellger-Rüttgardt, S.L. (2008): Geschichte der Sonderpädagogik. Eine Einführung. München.

El-Tayeb, F. (2003): Begrenzte Horizonte. Queer Identity in der Festung Europa. In: Steyerl, H./Gutiérrez Rodríguez, E. (Hrsg.): Spricht die Subalterne deutsch? Migration und postkoloniale Kritik. Münster, S. 129-145.

Emmerich, M./Hormel, U. (2013): Heterogenität – Diversity – Intersektionalität. Zur Logik sozialer Unterscheidungen in pädagogischen Semantiken der Differenz. Wiesbaden.

Engel, A. (2002): Wider die Eindeutigkeit. Sexualität und Geschlecht im Fokus queerer Politik der Repräsentation. Frankfurt a.M./New York.

Erel, U./Haritaworn, J/Gutiérrez Rodríguez, E./Klesse, C. (2007): Intersektionalität oder Simultaneität?! – Zur Verschränkung und Gleichzeitigkeit mehrfacher Machtverhältnisse – Eine Einführung. In: Hartmann, J./Klesse, C./Wagenknecht, P./Fritzsche, B./Hackmann, K. (Hrsg.): Heteronormativität. Empirische Studien zu Geschlecht, Sexualität und Macht. Wiesbaden.

Europäische Kommission Beschäftigung, Soziales, Chancengleichheit (Hrsg.) (2005): Bekämpfung von Diskriminierung in der Europäischen Union. Brüssel.

Faulstich-Wieland, H./Tillmann, K.-J. (1984): Erfolgreich in der Schule, diskriminiert im Beruf. Geschlechtsspezifische Ungleichheiten bei der Berufseinmündung. In: Demokratische Erziehung 10, 7-8, S. 24-27.

Faulstich-Wieland, H./Horstkemper, M. (1995): „*Trennt uns bitte, bitte nicht*". Koedukation aus Mädchen- und Jungensicht. Opladen.
Faulstich-Wieland, H. (2008): Lernen Mädchen und Jungen anders? Befunde und praktische Konsequenzen In: Lehberger, R./Sandfuchs, U. (Hrsg.): Schüler fallen auf. Heterogene Lerngruppen in Schule und Unterricht. Bad Heilbrunn, S. 91-106.
FeMigra (1994): Wir, die Seiltänzerinnen. Politische Strategien von Migrantinnen gegen Ethnisierung und Assimilation. In: Eichhorn, C./Grimm, S. (Hrsg.): Gender Killer. Texte zu Feminismus und Politik. Berlin.
Fend, H. (1982): Gesamtschule im Vergleich. Bilanz der Ergebnisse des Gesamtschulversuchs. Weinheim.
Fend, H. (2006): Neue Theorie der Schule. Einführung in das Verstehen von Bildungssystemen. Wiesbaden.
Fichte, J.G. (1808/2008): Reden an die deutsche Nation. Hamburg.
Frerichs, P. (1997): Klasse und Geschlecht. Bd.1. Arbeit, Macht, Anerkennung, Interessen. Opladen.
Gansen, P. (2009): Chancenungleichheit von Anfang an. Heterogenität in der frühen Kindheit als bildungspolitische und pädagogische Herausforderung. In: Buschkühle, C.-P./Duncker, L./ Oswalt, V. (Hrsg.): Bildung zwischen Standardisierung und Heterogenität – ein interdisziplinärer Diskurs. Wiesbaden, S. 193-214.
Gardenswartz, L./Rowe, A. (1998): Managing Diversity: a complete desk reference and planning guide. New York.
Garske, P. (2009): Politische Bildung und Interdependenz gesellschaftlicher Ungleichheiten. In: Mende, J./Müller, S. (Hrsg.): Emanzipation in der politischen Bildung. Theorien, Konzepte, Möglichkeiten. Schwalbach/Ts, S. 155-179.
Gather-Thurler, M. (2006): Editorial. Diversitätsmanagement in Theorie und Praxis. In: Journal für Schulentwicklung 2, S. 4-6.
Geißler, R. (2006): Die Sozialstruktur Deutschlands. – Wiesbaden.
Gelbin, C.S./Konuk, K./Piesche, P (1999) (Hrsg.): AufBrüche. Kulturelle Produktionen von Migrantinnen, Schwarzen und jüdischen Frauen in Deutschland. Königstein/Ts.
Genschel, C. (1996): Fear of a Queer Planet. Dimensionen lesbisch/schwuler Gesellschaftskritik. Das Argument 216, 4, S. 525-537.
Gessler, M./Stübe, B.A. (2008): Diversity Management. Berufliche Weiterbildung im demografischen Wandel. Münster.
Goel, U./Stein, A. (2012): Mehr als nur ein Machtverhältnis – machtkritische Bildung und Zugänge zu Intersektionalität. www.portal-intersektionalität.de [Zugriff: 14.04.2013].
Gogolin, I. (1994): Der monolinguale Habitus der multilingualen Schule. Münster.
Gogolin, I. (2010): Kulturelle und sprachliche Heterogenität in der Schülerschaft. In: Liesner, A./Lohmann, I. (Hrsg.): Gesellschaftliche Bedingungen von Bildung und Erziehung. Eine Einführung. Stuttgart, S. 113-125.
Gogolin, I./Krüger-Potratz, M.(2006): Einführung in die interkulturelle Pädagogik. Opladen.
Göhlich, M. (2012): Organisation und kulturelle Differenz. Eine Einführung aus pädagogischer Sicht. In: Göhlich, M./Weber, S. M./Öztürk, H./Engel, N. (Hrsg.): Organisation und kulturelle Differenz. Diversity, Interkulturelle Öffnung, Internationalisierung. Wiesbaden, S. 1-22.
Göhring, S./Schicho, H. (2008): Diversity Management. Anspruch und Praxis. In: MAGAZIN Erwachsenenbildung.at. Das Fachmedium für Forschung, Praxis und Diskurs, Heft 5, S. 2-7.
Gomolla, M./Radtke, F.-O. (2002): Institutionelle Diskriminierung. Die Herstellung ethnischer Differenz in der Schule. Opladen.
Graumann, O. (2002): Gemeinsamer Unterricht in heterogenen Gruppen. Von lernbehindert bis hochbegabt. Bad Heilbrunn.

Graumann, O. (2003): Heterogene Schulklassen – eine allgemeindidaktische Betrachtung. In: Warzecha, B. (Hrsg.): Heterogenität macht Schule: Beiträge aus sonderpädagogischer und interkultureller Perspektive. Münster, S. 127-144.

Gröhlich, C./Scharenberg, K./Bos, W. (2009): Wirkt sich Leistungsheterogenität in Schulklassen auf dem individuellen Lernerfolg in der Sekundarstufe aus? In: Journal für Bildungsforschung Online.1, 1, S. 86-105.

Groß, M. (2010): ‚Wir sind die Unterschicht' – Jugendkulturelle Differenzartikulation aus intersektionaler Perspektive. In: Kessl, F./Plößer, M. (Hrsg.): Differenzierung, Normalisierung, Andersheit. Soziale Arbeit als Arbeit mit dem Anderen. Wiesbaden, S. 34-48.

Grunder, H.-U. (2009a): Einführung in das Thema. In: Grunder, H.-U./Gut, A. (Hrsg.): Zum Umgang mit Heterogenität in der Schule. Bd. 1. Baltmannsweiler, S. 14-23.

Grunder, H.-U. (2009b): Heterogenität und innere Differenzierung des Unterrichts. In: Grunder, H.-U./Gut, A.(Hrsg.): Zum Umgang mit Heterogenität in der Schule. Bd. 1. Baltmannsweiler, S. 115-127.

Gümen, S. (1996): Die sozialpolitische Konstruktion kultureller Differenzen in der bundesdeutschen Frauen- und Migrationsforschung. In: beiträge zur feministischen theorie und praxis 19, 42, S. 77-98.

Gutiérrez Rodríguez, E. (1996): Frau ist nicht gleich Frau, nicht gleich Frau... Über die Notwendigkeit einer kritischen Dekonstruktion in der feministischen Forschung. In: Fischer, U.L./Kampshoff, M. et al. (Hrsg.): Kategorie: Geschlecht. Empirische Analysen und feministische Theorien. Opladen, S. 163-190.

Gutiérrez Rodríguez, E. (2011): Intersektionalität oder: Wie nicht über Rassismus sprechen? In: Hess, S./Langreiter, N./Timm, E. (Hrsg.): Intersektionalität revisited. Empirische, theoretische und methodische Erkundungen. Bielefeld, S. 77-100.

Guy-Sheftall, B. (1995): The Evolution of Feminist Consciousness among African American Women. In: Guy-Sheftall, B. (Ed.): Words of Fire. Anthology of African American Feminist Thought. New York, S. 1-22.

Hagedorn, J. (2010): Heterogenität als erziehungswissenschaftliche Herausforderung – Über die Schwierigkeit, die Einheit in der Differenz zu denken. In: Hagedorn, J./Schurt, V./Steber, C./Waburg, W. (Hrsg.): Ethnizität, Geschlecht, Familie und Schule. Heterogenität als erziehungswissenschaftliche Herausforderung. Wiesbaden, S. 403-423.

Hameyer, U. (2006): Diversität um Schulentwicklungsprozess. In: Journal für Schulentwicklung 10, Heft 2, S. 24-30.

Hanke, P. (2005): Unterschiedlichkeit erkennen und Lernprozesse in gemeinsamen Lernsituationen fördern – förderdiagnostische Kompetenzen als elementare Kompetenzen im Lehrerberuf. In: Bräu, K./Schwerdt, U. (Hrsg.): Heterogenität als Chance. Vom produktiven Umgang mit Gleichheit und Differenz in der Schule. Münster, S. 115-128.

Hansen, G. (2003): Pluralitätsrhetorik und Homogenisierungspolitik. In: Gogolin, I./Helmchen, J./Lutz, H./Schmidt, G. (Hrsg.): Pluralismus unausweichlich? Blickwechsel zwischen Vergleichender und Interkultureller Pädagogik. Münster, S. 59-73.

Haraway, D. (1995): Situiertes Wissen: Die Wissenschaftsfrage im Feminismus und das Privileg einer partialen Perspektive. In: dies.: Die Neuerfindung der Natur. Frankfurt a.M./New York.

Haraway, D. (1999): A Cyborg Manifesto. In: During, S. (Ed.): The Cultural Studies Reader. London, S. 271-291

Hark, S. (1999): Deviante Subjekte. Die paradoxe Politik der Identität. Opladen.

Hark, S. (2005): Dissidente Partizipation. Eine Diskursgeschichte des Feminismus. Frankfurt a.M.

Hauenschild, K./Robal, S./Sievert, I. (Hrsg.) (2013): Diversity Education. Zugänge – Perspektiven – Beispiele. Frankfurt a.M.

Heinzel, F./Prengel, A. (Hrsg.) (2002): Heterogenität, Integration und Differenzierung in der Primarstufe. Opladen.

Heinzel, F./Prengel, A. (2002): Zum Jahrbuch Heterogenität, Integration und Differenzierung in der Primarstufe. In: Heinzel, F./Prengel, A. (Hrsg.): Heterogenität, Integration und Differenzierung in der Primarstufe. Opladen 2002, S. 9-21.

Heinzel, F./Prengel, A. (2012): Heterogenität als Grundbegriff inklusiver Pädagogik. In: Zeitschrift für Inklusion, 3 [online: http://www.inklusion-online.net/index.php/inklusion/article/view/161/151; Zugriff 28.06.2013].

Heite, C. (2011): Ungleichheit, Differenz und ‚Diversity' – zur Konstruktion des professionellen Anderen. In: Allemann-Ghionda, C./Bukow, W.-D. (Hrsg.): Orte der Diversität. Formate, Arrangements und Inszenierungen. Wiesbaden, S.77-87.

Heitzmann, D./Klein, U. (Hrsg) (2012): Diversity konkret gemacht: Wege zur Gestaltung von Vielfalt an Hochschulen. Weinheim/Basel.

Helmke, A. (1988): Leistungssteigerung und Ausgleich von Leistungsunterschieden in Schulklassen: unvereinbare Ziele? In: Zeitschrift für Entwicklungspsychologie und Pädagogische Psychologie, 20, 1, S. 45-76.

Helmke, A./Weinert, F.E. (1997): Bedingungsfaktoren schulischer Leistungen. In: Weinert, F.E. (Hrsg.): Psychologie des Unterrichts und der Schule. Göttingen, S. 71-176.

Herder, J.G. (1796): Briefe zur Beförderung der Humanität 8. Riga.

Herrlitz, H.-G./Weiland, D./Winkel, K. (2003): Die Gesamtschule. Geschichte, internationale Vergleiche, pädagogische Konzepte und politische Perspektiven. Weinheim/München.

Herwartz-Emden, L./Braun, C. (2010): Die Leistungsentwicklungen von Mädchen und Jungen: Zur Bedeutung der Kategorie Geschlecht im Grundschulalter. In: Herwartz-Emden, L./ Schurt, V./Waburg, W. (Hrsg.): Mädchen in der Schule. Empirische Studien zu Heterogenität in monoedukativen und koedukativen Kontexten. Opladen, S. 231-248.

Herwartz-Emden, L./Schurt, V./Waburg, W. (2010): Aufwachsen in heterogenen Sozialisationskontexten. Zur Bedeutung einer geschlechtergerechten interkulturellen Pädagogik. Weinheim/Berlin.

Hinz, A. (1993): Heterogenität in der Schule: Integration – interkulturelle Erziehung – Koedukation. Hamburg.

Hinz, R./Walthes, R. (Hrsg.) (2009): Heterogenität in der Grundschule. Den pädagogischen Alltag erfolgreich bewältigen. Weinheim/Basel.

Hirschauer, M./Kullmann, H. (2010):Lehrerprofessionalität im Zeichen von Heterogenität – Stereotype bei Lehrkräften als kollegial zu bearbeitende Herausforderung. In: Hagedorn, J./ Schurt, V./Steber, C./Waburg, W. (Hrsg.): Ethnizität, Geschlecht, Familie und Schule. Wiesbaden, S. 351-374.

Hohmann, M. (1987): Interkulturelle Erziehung als Herausforderung für Allgemeine Bildung? In: Vergleichende Erziehungswissenschaft, H.17 (1987), 98-115.

Höhne, T./Kunz, T./Radtke, F.-O. (2005): Bilder von Fremden. Was unsere Kinder aus Schulbüchern über Migranten lernen sollen. Frankfurt a.M.

Hörmann, O. (2012): Heterogenität als Lernressource – Jahrgangsgemischtes Lernen als Chance und Herausforderung. In: Erziehung & Unterricht, 3/4, S. 272-280.

Honneth, A. (1992): Kampf um Anerkennung: zur moralischen Grammatik sozialer Konflikte. Frankfurt a.M.

hooks, bell (1981): Ain't I a Woman. San Franscisco.

hooks, bell (1984): Feminist Theory. From Margin to Centre. Boston.

Hormel, U. (2007): Diskriminierung in der Einwanderungsgesellschaft. Begründungsprobleme pädagogischer Strategien und Konzepte. Wiesbaden.

Hormel, U. (2008): Diversity und Diskriminierung. In: sozial extra. Soziale Arbeit und Diversity, 11/12, S. 20-23.

Hormel, U./Scherr, A. (2004): Bildung für die Einwanderungsgesellschaft: Perspektiven der Auseinandersetzung mit struktureller, institutioneller und interaktioneller Diskriminierung, Wiesbaden.

Hormel, U./Scherr, A. (2005): Bildung für die Einwanderungsgesellschaft. Perspektiven der Auseinandersetzung mit struktureller, institutioneller und interaktioneller Diskriminierung. Bonn.
Horstkemper, M. (1987): Schule, Geschlecht und Selbstvertrauen. Eine Längsschnittstudie über Mädchensozialisation in der Schule. Weinheim/München.
Howald, J. (2001): Ein Mädchen ist ein Mädchen ist kein Mädchen? Mögliche Bedeutungen von ‚Queer Theory' für die feministische Mädchenbildungsarbeit. In: Fritzsche, B./Hartmann, J./Schmidt, A./Tervooren, A. (Hrsg.): Dekonstruktive Pädagogik. Erziehungswissenschaftliche Debatten unter poststrukturalistischen Perspektiven. Opladen, S. 295-310.
Hradil, S. (1999): Soziale Ungleichheit in Deutschland. Opladen
Hull, G.T., Bell Scott, P. et al. (Ed.s) (1982): All the Women Are White, All the Blacks Are Men, But Some of Us Are Brave. Black Women's Studies. New York.
Huxel, K. (2008) Ethnizität und Männlichkeitskonstruktion. In: Baur, N./Luedtke, J. (Hrsg.): Die soziale Konstruktion von Männlichkeit. Hegemoniale und marginalisierte Männlichkeit in Deutschland. Opladen, S. 61-78.
Ingraham, C. (1994): The Heterosexual Imaginary. Feminist Sociology and Theories of Gender. In: Sociological Theory 12, 2, S. 203-219.
Jacobi-Dittrich, J./Kelle, H. (1988): Erziehung jenseits patriarchaler Leitbilder? Probleme einer feministischen Erziehungswissenschaft. In: Feministische Studien, Heft 2, S. 70-87.
Jacoby, J./Magiriba Lwanga, G. (1990): Was „sie" schon immer über Antisemitismus wissen wollte, aber nie zu fragen wagte. In: Beiträge zur feministischen Theorie und Praxis, Bd.27, S. 95-105.
Jenzer, C. (1991): Die Schulklasse. Eine historisch-systematische Untersuchung. Bern.
Jünger, R.E. (2008): Bildung für alle? Die schulischen Logiken von ressourcenprivilegierten und -nichtprivilegierten Kindern als Ursache der bestehenden Bildungsungleichheit. Wiesbaden.
Kaiser, A. (2009): Sozialisation, Erziehung, Kompetenzerwerb von Mädchen und Jungen im Unterricht. In: Hinz, R./Walthes, R. (Hrsg.): Heterogenität in der Grundschule. Den pädagogischen Alltag erfolgreich bewältigen. Weinheim/Basel, S. 62-70.
Kaiser, L.C. (2009): Diversity und interkulturelle Kompetenz in Kommunen. In: Migration und Soziale Arbeit 31, Heft 3/4, S. 190-195.
Kalpaka, A./Räthzel, N. (1985): Paternalismus in der Frauenbewegung?! Zu den Gemeinsamkeiten und Unterschieden zwischen eingewanderten und eingeborenen Frauen. In: Informationsdienst zur Ausländerarbeit 3, S. 21-27.
Kammermeyer, G./Martschinke, S. (2004): KILIA – Selbstkonzept und Leistungsentwicklung im Anfangsunterricht. In: Faust, G./Götz, M./Hacker, H./Rossbach, G. (Hrsg.): Anschlussfähige Bildungsprozesse im Elementar- und Primarbereich. Bad Heilbrunn, S. 204-217.
Kampshoff, M. (2009): Heterogenität im Blick der Schul- und Unterrichtsforschung. In: Budde, J./Willems, K. (Hrsg.): Bildung als sozialer Prozess. Heterogenitäten, Interaktionen, Ungleichheiten. Weinheim/München, S. 35-52.
Kassis, W./Kronig, W./Stalder, U./Weber, M. (2009): Bildungsprozesse und Intersektionalitätsstrukturen. In: Melzer, W./Tippelt, R. (Hrsg.). Kulturen der Bildung. Beiträge zum 21. Kongress der Deutschen Gesellschaft für Erziehungswissenschaft. Opladen, S. 339-348.
Katzenbach, D. (2000): Integration, Prävention und Pädagogik der Vielfalt, Anmerkungen zur Konzeption, zum Selbstverständnis und zu den Ergebnissen des Hamburger Schulversuchs Integrative Regelklasse. In: Behindertenpädagogik 39, Heft 3, S. 226-245.
Katzenbach, D. (2007): Vielfalt braucht Struktur. In: ders. (Hrsg.): Vielfalt braucht Struktur: Heterogenität als Herausforderung für die Unterrichts-und Schulentwicklung. Frankfurt a.M., S. 9-15.
Kelle, H. (2008): Kommentar zum Beitrag: ‚Intersectionality' – ein neues Paradigma der Geschlechterforschung?. In: Casale, R./Rendtorff, B (Hrsg.): Was kommt nach der Genderforschung? Bielefeld, S. 55-58.

Keller, C. (1999): Geschlechterdifferenzen in der Mathematik: Prüfung von Erklärungsansätzen. Eine mehrebenenanalytische Untersuchung im Rahmen der ‚Third International Mathematics and Science Studie‘. Zürich.

Kerner, I. (2009): Differenzen und Macht. Zur Anatomie von Rassismus und Sexismus. Frankfurt a.M.

Kessels, U. (2004): Mädchenfächer- Jungenfächer? Geschlechtertrennung im Unterricht. In: Becker, G./Lenzen, K.-D./Stäudel, L./Tillmann, K.-J./Werning, R./Winter, F. (Hrsg.): Heterogenität: Unterschiede nutzen – Gemeinsamkeiten stärken. Seelze, S. 90-94.

Kilb, R./Weidner, J. (2013): Einführung in die Konfrontative Pädagogik. München.

Kilb, R./Weidner, J./Gall, R. (2006): Konfrontative Pädagogik in der Schule: Anti-Aggressivitäts und Coolnesstraining. Weinheim.

Kilomba Ferreira, G. (2003): Die Kolonisierung des Selbst – die Position des Schwarzen. In: Steyerl, H./Gutiérrez Rodríguez, E. (Hrsg.): Spricht die Subalterne deutsch? Migration und postkoloniale Kritik. Münster, S. 146-156.

Kimmelmann, N. (2009).: Diversity als Thema in der beruflichen Bildung. In: Kimmelmann, N. (Hrsg.): Berufliche Bildung in der Einwanderungsgesellschaft. Diversity als Herausforderung für Organisationen, Lehrkräfte und Auszubildende. Aachen, S. 7-16.

Kimmelmann, N.(2010): Cultural diversity als Herausforderung der beruflichen Bildung. Standards für die Aus- und Weiterbildung von pädagogischen Professionals als Bestandteil von Diversity-Management. Aachen.

Kimmelmann, N. (2012): Diversity Management in der beruflichen Ausbildung. Wirtschaftspädagogische Impulse für ein organisationspädagogisches Konzept zum Umgang mit Interkulturalität. In: Göhlich, M./Weber, S.M./Öztürk, H./Engel, N. (Hrsg.): Organisation und kulturelle Differenz. Diversity, Interkulturelle Öffnung, Internationalisierung. Wiesbaden, S. 117-127.

King, V. (2009): Weil ich mich sehr lange allein gefühlt hab‘ mit meiner Bildung... Bildungserfolg und soziale Ungleichheiten unter Berücksichtigung von class, gender, ethnicity. In: Budde, J./Willems, K. (Hrsg.): Bildung als sozialer Prozess. Heterogenitäten, Interaktionen, Ungleichheiten. Weinheim/München, S. 53-73.

King, V. (2008): Jenseits von Herkunft und Geschlechterungleichheiten? Biographische Vermittlungen von *class, gender, ethnicity* in Bildungs- und Identitätsbildungsprozessen. In: Klinger, C./Knapp, G.-A. (Hrsg.): ÜberKreuzungen. Ungleichheit, Fremdheit, Differenz. Münster, S. 87-111.

Kiper, H./Miller, S./Palentien, C./Rohlfs, C. (2008): Lernarrangements für heterogene Gruppen. Lernprozesse professionell gestalten – Einführung in die Thematik. In: Kiper, H./Miller, S./Palentien, C./Rohlfs, C. (Hrsg.): Lernarrangements für heterogene Gruppen. Lernprozesse professionell gestalten. Bad Heilbrunn, S. 7-16.

Kiper, H. (2008): Zur Diskussion um Heterogenität in Gesellschaft, Pädagogik und Unterrichtstheorie. In: Kiper, H./Miller, S./Palentien, C./Rohlfs, C. (Hrsg.): Lernarrangements für heterogene Gruppen. Lernprozesse professionell gestalten. Bad Heilbrunn, S. 78-105.

Klafki, W./Stöcker, H. (1976): Innere Differenzierung des Unterrichts. In: Zeitschrift für Pädagogik 4, 22, S.497-523.

Klammer, U./Matuko, B.J. (2010): Diversity Management als Zukunftsaufgabe der Hochschulen – Ausgangsbedingungen und Ansatzpunkte. In: Der pädagogische Blick, 18, 2, S. 106-118.

Klappenbach, D. (2009): Diversity-Kompetenz in der Erziehungswissenschaft. Eine Strategie zur Umsetzung von Gleichstellung im Zusammenhang mit der aktuellen Hochschulreform. Frankfurt a.M.

Kleve, H. (2003): Soziale Arbeit – Arbeit an und mit Differenz. Prolegomena zu einer Theorie differenzakzeptierender Sozialarbeit/Sozialpädagogik In: Kleve, H./Koch, G./Müller, M. (Hrsg.): Differenz und soziale Arbeit. Sensibilität im Umgang mit dem Unterschiedlichen. Berlin, S. 36-56.

Klieme, E./Jude, N./Baumert, J./Prenzel, M. (2009): PISA 2000-2009. Bilanz der Veränderungen im Schulsystem. In: Klieme, E./Artelt, C./Hartig, J. et al. (Hrsg.): PISA 2009. Bilanz nach einem Jahrzehnt. Münster, S. 277-300.

Klinger, C. (2003): Ungleichheit in den Verhältnissen von Klasse, Rasse und Geschlecht. In: Knapp, G.-A./Wetterer, A. (Hrsg.): Achsen der Differenz. Gesellschaftstheorie und feministische Kritik. Bd. 2. Münster, S. 14-48.

Klinger, C. (2008): Überkreuzende Identitäten- Ineinandergreifende Strukturen. Plädoyer für einen Kurswechsel in der Intersektionalitätsdebatte. In: Klinger, C./Knapp, G.-A. (Hrsg.): ÜberKreuzungen. Fremdheit, Ungleichheit, Differenz. Münster, S. 38-67.

Klinger, C./Knapp, G.-A./Sauer, B. (Hrsg.) (2007): Achsen der Ungleichheit. Zum Verhältnis von Klasse, Geschlecht und Ethnizität. Frankfurt a.M.

Kluge, F. (2011): Etymologisches Wörterbuch der deutschen Sprache. Berlin/New York.

Knapp, G.-A. (2005): ‚Intersectionality' – ein neues Paradigma feministischer Theorie? Zur transatlantischen Reise von ‚Race, Class, Gender'. In: Feministische Studien 23, 1, S. 68-81.

Knapp, G.-A. (2008): Verhältnisbestimmungen. Geschlecht, Klasse, Ethnizität in gesellschaftstheoretischer Perspektive. In: Klinger, C./Knapp, G.-A. (Hrsg.): ÜberKreuzungen. Fremdheit, Ungleichheit, Differenz. Münster, S. 138-170.

Knapp, G.-A. (2011): Von Herkünften, Suchbewegungen und Sackgassen: Ein Abschlusskommentar. In: Hess, S./Langreiter, N./Timm, E. (Hrsg.): Intersektionalität revisited. Empirische, theoretische und methodische Erkundungen. Bielefeld, S. 249-271.

Knoche, N./Lind, D. (2004): Bedingungsanalysen mathematischer Leistungen: Leistungen in den anderen Domänen, Interesse, Selbstkonzept und Computernutzung. In: Neubrand, M. (Hrsg.): Mathematische Kompetenzen von Schülerinnen und Schülern in Deutschland. Vertiefende Analysen im Rahmen von PISA 2000. Wiesbaden, S. 205-226.

Koch, G./Möller, W. (Hrsg.) (2006): Heterogenität als Chance sehen und nutzen. Schulverwaltung spezial, Sonderausgabe Nr. 1.

Köker, A./Rohmann, S./Textor, A. (Hrsg.) (2010): Herausforderung Heterogenität. Ansätze und Weichenstellungen. Bad Heilbrunn.

Koselleck, R. (1992): Volk, Nation, Nationalismus, Masse (Teil 1). In: Brunner, O./Conze, W./Koselleck, R. (Hrsg.): Geschichtliche Grundbegriffe. Historisches Lexikon zur politisch-sozialen Sprache in Deutschland. Stuttgart, S. 141-151.

Kreckel, R. (1992): Politische Soziologie der sozialen Ungleichheit. Frankfurt a.M.

Krüger-Potratz, M. (1999): Stichwort Erziehungswissenschaft und kulturelle Differenz. In: Zeitschrift für Erziehungswissenschaft 2, 2, S. 149-165.

Krüger-Potratz, M./Lutz, H. (2002): Sitting at the crossroad – rekonstruktive und systematische Überlegungen zum wissenschaftlichen Umgang mit Differenz. In: Tertium Comparationis, 2, 81-92.

Krüger-Potratz, M. (2005): Interkulturelle Bildung. Eine Einführung. Münster.

Kulik, C.-L.C./Kulik, J.A. (1982): Effects of ability grouping on secondary school students: A meta-analysis of evaluation findings. In: American Educational Research Journal 19, 5, S. 415-428.

Lamp, F. (2007): Soziale Arbeit zwischen Umverteilung und Anerkennung. Der Umgang mit Differenz in der sozialpädagogischen Theorie und Praxis. Bielefeld.

Langsdorff v., N. (2012): Mädchen auf ihrem Weg in die Jugendhilfe. Intersektionale Wirkprozesse im Lebensverlauf. Opladen.

Lehberger, R./Sandfuchs, U. (2008): Heterogenität in Schule und Unterricht – einleitende Reflexionen. In: Lehberger, R./Sandfuchs, U. (Hrsg.): Schüler fallen auf. Heterogene Lerngruppen in Schule und Unterricht. Bad Heilbrunn, S. 9-17.

Lehmann, N. (2008): Migrantinnen im Frauenhaus. Biographische Perspektiven auf Gewalterfahrungen. Opladen.

Lehmann, R. (2011): Heterogenität – Problem oder Chance? In: Schilmöller, R./Fischer, C. (Hrsg.): Heterogenität als Herausforderung für schulisches Lernen. Münster, S. 33-44.

Lehmann, R.H./Peck, R. (1997): Aspekte der Lernausgangslage von Schülerinnen und Schülern der fünften Klasse an Hamburger Schulen. Bericht über die Untersuchung im September 1996. Hamburg.

Leiprecht, R. (2008a): Eine diversitätsbewusste und subjektorientierte Sozialpädagogik. Begriffe und Konzepte einer sich wandelnden Disziplin. In: neue Praxis, 4, S. 427-439.

Leiprecht, R. (2008b): Diversity Education und Interkulturalität in der Sozialen Arbeit. In: Sozial Extra 32, 11/12, S. 15-19.

Leiprecht, R. (2009a): Diversity Education- eine zentrale Orientierung von Managing Diversity im Bereich beruflicher Bildung. In: Kimmelmann, N. (Hrsg.): Berufliche Bildung in der Einwanderungsgesellschaft. Diversity als Herausforderung für Organisationen, Lehrkräfte und Auszubildende. Aachen, S. 66-77.

Leiprecht, R. (2009b): Managing Diversity und Diversity Education – Fachdebatten und Praxiskonzepte auf dem Weg zu einer integrierten Perspektive für Bildung und Soziale Arbeit. In: Sauer, K.-E./Held, J. (Hrsg.): Wege der Integration in heterogenen Gesellschaften. Vergleichende Studien. Wiesbaden, S. 193-214.

Leiprecht, R. (2011): Auf dem langen Weg zu einer diversitätsbewussten und subjektorientierten Sozialpädagogik. In: ders. (Hrsg.): Diversitätsbewusste soziale Arbeit. Schwalbach/Ts, S. 15-44.

Leiprecht, R./Lutz, H. (2003): Heterogenität als Normalfall. Eine Herausforderung für die Lehrerbildung. In: Gogolin, I./Helmchen, J./Lutz, H./Schmidt, G. (Hrsg.): Pluralismus unausweichlich? Blickwechsel zwischen Vergleichender und Interkultureller Pädagogik. Münster u.a., S.115-128.

Leiprecht, R./Lutz, H. (2005): Intersektionalität im Klassenzimmer. Ethnizität, Klasse, Geschlecht. In: Leiprecht, R./Kerber, A. (Hrsg.): Schule in der Einwanderungsgesellschaft. Schwalbach/Ts., S. 218-234.

Linchevski, L./Kutscher, B. (1998): Tell me with whom you're learning and I'll tell you how much you've learned: Mixed-ability versus same-ability grouping in Mathematics. In: Journal for Research in Mathematics Education 29, 5, S. 533-554.

Lorenz, J.H. (2002): Mathematisches Vorwissen im Anfangsunterricht. Konstruktiver Umgang mit Heterogenität. In: Grundschule 34, 5, S. 24-26.

Lütje-Klose, B. (2004): Mehrsprachigkeit als Herausforderung für den Anfangsunterricht. In: Becker, G./Lenzen, K.-D./Stäudel, L./Tillmann, K.-J./Werning, R./Winter, F. (Hrsg.): Heterogenität: Unterschiede nutzen Gemeinsamkeiten stärken. Seelze, S. 50-53.

Luhmann, N. (1990): Die Wissenschaft der Gesellschaft. Frankfurt a.M.

Lutz, H. (1993): Sind wir uns immer noch so fremd? – Konstruktionen von Fremdheit in der weißen Frauenbewegung. In: Hügel, I./Lange, C. et al. (Hrsg.): Entfernte Verbindungen. Rassismus, Antisemitismus, Klassenunterdrückung. Berlin, S. 138-156.

Lutz, H./Wenning, N. (Hrsg.) (2001): Unterschiedlich verschieden. Differenz in der Erziehungswissenschaft. Opladen.

Lutz, H./Wenning, N. (2001): Differenzen über Differenz – Einführung in die Debatten. In: Lutz, H./Wenning, N. (Hrsg.): Unterschiedlich verschieden. Differenz in der Erziehungswissenschaft. Opladen, S. 11-24.

Lutz, H. (2001): Differenz als Rechenaufgabe: über die Relevanz der Kategorien Race, Class, Gender. In: Lutz, H./Wenning, N. (Hrsg.): Unterschiedlich verschieden. Differenz in der Erziehungswissenschaft. Opladen, S. 215-230.

Lutz, H./Davis, K. (2005): Geschlechterforschung und Biographieforschung: Intersektionalität als biographische Ressource am Beispiel einer außergewöhnlichen Frau. In: Völter, B./Dausien, B./ Lutz, H./Rosenthal, G. (Hrsg.): Biographieforschung im Diskurs. Wiesbaden, 2005, S. 228-247.

Luyten, H./van der Hoeven-van Doornum, A. (1995): Classroom composition and individual achievement. Effects of classroom composition and teacher goals in Dutch elementary education. In: Tijdschrift voor Onderwijsresearch 20, 1, S. 42-62.

Mc Call, L. (2005): The Complexity of Intersectionality. In: Signs. Journal of Women in Culture and Society 3, S. 1771-1800.

Mecheril, P. (2007): Diversity. Die Macht des Einbezugs. http://www.migration-boell.de/web/diversity/48_1012.asp [Zugriff: 27.07.2011].

Mecheril, P./Plößer, M. (2011a): Diversity und soziale Arbeit. In: Otto, H.-U./Thiersch, H. (Hrsg.): Handbuch Soziale Arbeit. München, S. 278-287.

Mecheril, P./Plößer, M. (2011b): Differenzordnungen, Pädagogik, und der Diversity-Ansatz. In: Spannring,R./Arens, S./Mecheril, P. (Hrsg.): bildung – macht – unterschiede: Facetten eines Zusammenhangs. Innsbruck, S. 59-79.

Mecheril, P./Vorrink, A. (2012): Diversity und Soziale Arbeit: Umriss eines kritisch-reflexiven Ansatzes. In: Archiv für Wissenschaft und Praxis der sozialen Arbeit. Themenheft: „Diversity Management und soziale Arbeit“, S. 92-101.

Mecheril, P. (2008): Diversity. Differenzordnungen und Modi ihrer Verknüpfung. http://www.migration-boell.de/web/diversity/48_1761.asp [Zugriff: 27.07.2011].

Meulenbelt, A. (1988): Scheidelinien. Über Sexismus, Rassismus und Klassenherrschaft. Reinbek bei Hamburg.

Meister, U. (2007): Heterogenität – ein weiter Begriff für vielfältige Ansichten. In: Katzenbach, D. (Hrsg.): Vielfalt braucht Struktur: Heterogenität als Herausforderung für die Unterrichts- und Schulentwicklung. Frankfurt a.M., S. 15-32.

Meyer-Willner, G.(1979): Differenzieren und Individualisieren. Begründung und Darstellung des Differenzierungsproblems. Bad Heilbrunn.

Miller, S./Toppe, S. (2009): Pluralisierung von Familienformen und sozialen Aufwachsbedingungen. In: Hinz, R./Walthes, R. (Hrsg.): Heterogenität in der Grundschule. Den pädagogischen Alltag erfolgreich bewältigen. Weinheim/Basel, S. 50-61.

Miller, S. (2008): Umgang mit Heterogenität. Stärkung der Selbst- und Sozialkompetenz von Kindern in Risikolagen. In: Rohlfs, C./Harring, M./Palentien, C. (Hrsg.): Kompetenz-Bildung. Soziale, emotionale und kommunikative Kompetenzen von Kindern und Jugendlichen. Wiesbaden, S. 209-224.

Miller, S./Brinkmann, V. (2010): Von SchülerInnnenfragen ausgehen- Ein reformpädagogischer und gleichzeitig kompetenzorientierter Weg zum Umgang mit Heterogenität im Unterricht. In: Köker, A./Rohmann, S./Textor, A. (Hrsg.): Herausforderung Heterogenität. Ansätze und Weichenstellungen. Bad Heilbrunn, S. 187-197.

Möhlke, G./Reiter, G. (1995): Feministische Mädchenarbeit gegen den Strom. Münster.

Mücke, S. (2009): Schulleistungen von Mädchen und Jungen in der Grundschule – eine metaanalytische Bilanz. In: Empirische Pädagogik 23, 3, S. 290-337.

Oguntoye, K./Opitz,M. et al. (Hrsg.) (1992): Farbe bekennen. Afro-deutsche Frauen auf den Spuren ihrer Geschichte. Frankfurt a.M.

Olle Burg e.V. (2006): Zwischenstand: Pädagogik mit Jugendlichen mit muslimisch geprägtem Migrationshintergrund. Zugleich eine Stellungnahme zu pädagogischen Aspekten des Theaterstücks „Intifada im Klassenzimmer?!?“. http://www.ajcgermany.org/atf/cf/%7B46AEE739-55DC-4914-959A-D5BC4A990F8D%7D/Positionspapier%20Taskforce%20Antis.pdf [Zugriff: 17.06.2013].

Opp, G./Fingerle, M./Puhr, K. (2001): Differenz als Konstitutionsproblem in der Sonderpädagogik. In: Lutz, H./Wenning, N. (Hrsg.): Unterschiedlich verschieden. Differenz in der Erziehungswissenschaft. Opladen, S. 161-176.

Palentien, C./Harring, M. (2008): Soziale Heterogenität als Herausforderung für die Schule. In: Kiper, H./Miller, S./Palentien, C./Rohlfs, C. (Hrsg.): Lernarrangements für heterogene Gruppen. Lernprozesse professionell gestalten. Bad Heilbrunn, S. 245-260.

Paradies, L./Linser, H.-J. (2001): Differenzieren im Unterricht. Berlin.

Perko, G./Czollek, L.-C. (2007): ‚Diversity' in außerökonomischen Kontexten: Bedingungen und Möglichkeiten der Umsetzung. In: Broden, A./Mecheril, P. (Hrsg.): Re-Präsentationen. Dynamiken der Migrationsgesellschaft. IDA-NRW. Düsseldorf, S. 161-180.

Perregaux, C. (2006): Schulen und Lehrpersonen im Umgang mit Ressourcenheterogenität. In: Journal für Schulentwicklung, 2, S. 15-23.

Pixa-Kettner, U. (2001): „Lernen können ja alle Leute". Menschen mit geistiger Behinderung als Eltern. In: Jantzen, W. (Hrsg.): Jeder Mensch kann lernen – Perspektiven eine kulturhistorischen (Behinderten-)Pädagogik. Neuwied 2001, S. 282-299.

Pleßner, H. (1994): Die verspätete Nation: über die politische Verführbarkeit bürgerlichen Geistes. Frankfurt a.M.

Plößer, M. (2013): Umgang mit Diversity in der Offenen Kinder- und Jugendarbeit. In: Sturzenhecker, B./Deinet, U. (Hrsg.): Handbuch Offene Kinder- und Jugendarbeit. Wiesbaden, S. 257-270.

Popp, U. (2011): Bildung der Geschlechter – Geschlechterdifferente Bildung? In: Faulstich-Wieland, H. (Hrsg.): Professionswissen für Lehrerinnen und Lehrer. Bd. 3. Umgang mit Heterogenität und Differenz. Baltmannsweiler, S. 73-96.

Prediger, S. (2004): „Darf man denn das so rechnen?". Vielfalt im Mathematikunterricht. In: Becker, G./Lenzen, K.-D./Stäudel, L./Tillmann, K.-J./Werning, R./Winter, F. (Hrsg.): Heterogenität: Unterschiede nutzen – Gemeinsamkeiten stärken. Seelze, S. 86-89.

Prengel, A. (1993): Pädagogik der Vielfalt. Verschiedenheit und Gleichberechtigung in interkultureller, feministischer und integrativer Pädagogik. Opladen.

Prengel, A. (2004): Spannungsfelder, nicht Wahrheiten. Heterogenität in pädagogisch-didaktischer Perspektive. In: Becker, G./Lenzen, K.-D./Stäudel, L./Tillmann, K.-J./Werning, R./Winter, F. (Hrsg.): Heterogenität: Unterschiede nutzen –Gemeinsamkeiten stärken. Seelze, S. 44-46.

Prengel, A. (2007a): Heterogenität als Chance. In: de Boer,H./Burk, K./Heinzel, F. (Hrsg.): Lehren und Lernen in jahrgangsgemischten Klassen. Frankfurt a.M., S. 66-76.

Prengel, A. (2007b): Diversity Education – Grundlagen und Probleme der Pädagogik der Vielfalt. In: Krell, G./Riedmüller, B./Sieben, B./Vinz, D. (Hrsg.): Diversity Studies – Grundlagen und disziplinäre Ansätze. Frankfurt a. M., S. 49-67.

Prengel, A. (2009): Differenzierung, Individualisierung und Methodenvielfalt im Unterricht. In: Hinz, R./Walthes, R. (Hrsg.): Heterogenität in der Grundschule. Den pädagogischen Alltag erfolgreich bewältigen. Weinheim/Basel, S. 168-177.

Prenzel, M./Burba, D. (2006): PISA-Befunde zum Umgang mit Heterogenität. In: Opp, G./Hellbrügge, T./Stevens, L. (Hrsg.): Kindern gerecht werden. Kontroverse Perspektiven auf Lernen in der Kindheit. Bad Heilbrunn, S. 23-33.

Preuss-Lausitz, U. (1993): Die Kinder des Jahrhunderts. Zur Pädagogik der Vielfalt im Jahr 2000. Weinheim.

Preuss-Lausitz, U. (2001): Chance oder Belastung? Heterogenität in der Schule aus der Sicht von Grundschullehrerinnen und -lehrern. In: Die Grundschulzeitschrift 15, 149, S. 30-33.

Preuss-Lausitz, U. (2004): Die offenen Gesellschaft und ihre Schule. Die Zukunftsfähigkeit des Lernens unter der Bedingung der Vielfalt. In: Becker, G./Lenzen, K.-D./Stäudel, L./Tillmann, K.-J./Werning, R./Winter, F. (Hrsg.): Heterogenität: Unterschiede nutzen – Gemeinsamkeiten stärken. Seelze, S. 14-17.

Puschke, M./Faber, B. (2003): Vom alten Wein und neuen Wegen der behinderten Frauenbewegung. In: Hermes, G./Köbsell, S. (Hrsg.): Disability Studies in Deutschland – Behinderung neu denken! Dokumentation der Sommeruni 2003. Kassel.

Rebel, K. (2011): Heterogenität als Chance nutzen lernen. Bad Heilbrunn.

Reh, S. (2005): Warum fällt es Lehrerinnen und Lehrern so schwer, mit Heterogenität umzugehen? Historische und empirische Deutungen. In: Die Deutsche Schule 97, 1, S. 76-86.

Rendtorff, B. (2008): Warum Geschlecht doch etwas ‚Besonderes' ist. In: Klinger, C./Knapp, G.-A. (Hrsg.): ÜberKreuzungen. Fremdheit, Ungleichheit, Differenz, Münster, S. 68-86.

Rendtorff, B. (2012): Warum Geschlecht doch etwas Besonderes ist. www.portal-intersektionalität.de [Zugriff: 11.04.2013].
Resh, N./Dar, Y. (1992): Learning segregation in junior high-schools in Israel: Causes and consequences. In: Educational Effectiveness and School Improvement 3, 4, S. 272-292.
Respect (2004): Antirassistische Jungen- und Mädchenarbeit – gegen Ausgrenzung und Gewalt. Bremen.
Riegel, C. (2007): Zwischen Kämpfen und Leiden. Handlungsfähigkeit im Spannungsfeld ungleicher Geschlechter-, Generationen- und Ethnizitätsverhältnisse. In: Riegel, C./Geisen, T. (Hrsg.): Jugend, Zugehörigkeit und Migration. Subjektpositionierung im Kontext von Jugendkultur, Ethnizitäts- und Geschlechterkonstruktionen. Wiesbaden, S. 247-271.
Riegel, C. (2009): Pädagogische Herausforderungen und Ambivalenzen im Umgang mit sozialer Heterogenität. In: Grunder, H.-U./Gut, A. (Hrsg.): Zum Umgang mit Heterogenität in der Schule. Bd. 1. Baltmannsweiler, S. 169-183.
Rolff, H.-G. (1967): Sozialisation und Auslese durch die Schule. Heidelberg
Rosenstreich, D. G. (2011): Antidiskriminierung und/als/trotz ... Diversity Training. In: Castro Varela, M.d.M./Dhawan, N. (Hrsg.): Soziale (Un)Gerechtigkeit. Kritische Perspektiven auf Diversity, Intersektionalität und Antidiskriminierung. Münster, S. 230-244.
Rosken, A. (2009): Diversity und Profession. Eine biographisch-narrative Untersuchung im Kontext der Bildungssoziologie. Wiesbaden.
Saalfrank, W.-T. (2008): Die Vielfalt im Blick haben: Lehrerhandeln im Kontext von Diversity Management. In: Pädagogische Rundschau 62, 3, S. 335-346.
Sauter, S./Schroeder, J. (2007): Heterogenität – eine Einführung in eine pädagogische Leitkategorie. Hagen.
Scherr, A. (2008a): Alles so schön bunt hier? In: sozial extra. Soziale Arbeit und Diversity, 11/12, S. 11-12.
Scherr, A. (2008b): Diversity im Kontext von Machtbeziehungen und sozialen Ungleichheiten. In: GPJE (Hrsg.): Diversity Studies und politische Bildung. Schwalbach/Ts, S. 53-64.
Schilling, S./Weigel, S. (Hrsg.) (1991): Kulturelle und sexuelle Differenzen. In: Feministische Studien 9, 2.
Schilmöller, R. (2011): Schulischer Unterricht in heterogenen Lerngruppen. Eine Problemanalyse. In: Schilmöller, R./Fischer, C. (Hrsg.): Heterogenität als Herausforderung für schulisches Lernen. Münster, S. 1-32.
Schmidt, A. (2002): Balanceakt Mädchenarbeit. Beiträge zu dekonstruktiver Theorie und Praxis. Frankfurt a.M.
Scholz, I. (2007): Es ist normal, verschieden zu sein – Unterrichten in heterogenen Klassen. In: dies. (Hrsg.): Der Spagat zwischen Fördern und Fordern. Unterrichten in heterogenen Klassen. Göttingen, S. 7-23.
Schrader, Kathrin (2013): Drogenprostitution – Eine intersektionale Betrachtung zur Handlungsfähigkeit drogengebrauchender Sexarbeiterinnen. Bielefeld.
Schröer, H. (2006): Vielfalt gestalten. Kann Soziale Arbeit von Divesity-Konzepten lernen? In: Migration und Soziale Arbeit 28, Heft1, S. 60-68.
Schröer, H. (2009): Interkulturelle Öffnung und Diversity Management. In: Migration und soziale Arbeit 31, Heft 3/4, S. 203-211.
Schröer, H. (2012): Diversity Management und Sozial Arbeit. In: Archiv für Wissenschaft und Praxis der sozialen Arbeit: Diversity Management und soziale Arbeit. Heft 1, S. 4-16.
Schultz, D. (1990): Unterschiede zwischen Frauen – ein kritischer Blick auf den Umgang mit ‚den Anderen' in der feministischen Forschung weißer Frauen. In: beiträge zur feministischen theorie und praxis 27, S. 45-58.
Schümer, G. (2004): Zur doppelten Benachteiligung von Schülern unterprivilegierter Gesellschaftsschichten im deutschen Schulwesen. In: Schümer, G./Tillmann, K.-J./Weiß, M.

(Hrsg.): Die Institution Schule und die Lebenswelt der Schüler. Vertiefende Analysen der PISA-2000 Daten zum Kontext von Schülerleistungen. Wiesbaden, S. 73-114.

Schütte, K./Frenzel, A.C./Assburg, R./Pekrun, R. (2007): Schülermerkmale, naturwissenschaftliche Kompetenz und Berufserwartung. In: PISA-Konsortium Deutschland (Hrsg.): PISA 2006. Die Ergebnisse der dritten internationalen Vergleichsstudie. Münster, S. 125-146.

Schwarzer, A. (1975): Der ‚kleine Unterschied' und seine großen Folgen. Frankfurt a. M.

Schwenck, C./Schneider, W. (2003): Der Zusammenhang von Rechen- und Schriftsprachkompetenz im frühen Grundschulalter. In: Zeitschrift für pädagogische Psychologie 17, 3-4, S. 261-267.

Schwerdt, U. (2005): Impulse der Integrationspädagogik für die Heterogenitätsdebatte. In: Bräu, K./Schwerdt, U. (Hrsg.): Heterogenität als Chance: vom produktiven Umgang mit Gleichheit und Differenz in der Schule. Münster, S. 95-112.

Schwippert, K./Bos, W./Lankes, E.-M. (2003): Heterogenität und Chancengleichheit am Ende der vierten Jahrgangsstufe im internationalen Vergleich. In: Bos, W./Lankes, E.-M./Prenzel, M. et al. (Hrsg.): Erste Ergebnisse aus IGLU. Schülerleistungen am Ende der vierten Jahrgangsstufe im internationalen Vergleich. Münster u.a., S. 265-302.

Sickendiek, U. (2007): Von der Diversität zur Lebenswelt. Möglichkeiten und Grenzen des Diversity-Ansatzes in der Beratung. In: Munsch, C./Gemende, M. /Weber-Unger, Rotino (Hrsg.): Eva ist emanzipiert, Mehmet ist ein Macho: Zuschreibung, Ausgrenzung, Lebensbewältigung und Handlungsansätze im Kontext von Migration und Geschlecht. Weinheim, S. 207-227.

Sielert, U. (2006): Worum geht es ? Ohne Angst verschieden sein können und die Kraft der Vielfalt nutzen. In: Journal für Schulentwicklung, 2, S. 7-13.

Slavin, R.E. (1990): Achievement effects of ability grouping in secondary schools: A best evidence synthesis. In: Review of educational research 60, 3, S. 471-499.

Smith, B. (1998): The Truth that Never Hurts.Writings on Race, Gender and Freedom. New Jersey.

Solga, H./Wagner, S. (2008): Die Zurückgelassenen – die soziale Verarmung der Lernumwelt von Hauptschülerinnen und Hauptschülern . In: Becker, R./Lauterbach, W. (Hrsg): Bildung als Privileg. Erklärungen und Befunde zu den Ursachen der Bildungsungleichheit.Wiesbaden, S. 191-220.

Solga, H. (2008): Meritokratie- die moderne Legitimation ungleicher Bildungschancen. In: Berger, P./Kahlert, H. (Hrsg.): Institutionalisierte Ungleichheit. Wie das Bildungswesen die Chancen blockiert. Weinheim/München, S. 19-39.

Solzbacher, C. (2007): Hochbegabte in der Schule. Identifikation und (individuelle) Förderung. In: Boller, S./Rosowski, E./Stroot, T. (Hrsg.): Heterogenität in Schule und Unterricht: Handlungsansätze zum pädagogischen Umgang mit Vielfalt. Weinheim/Basel, S. 78-89.

Spiegel, H./Walter, M. (2005): Heterogenität im Mathematikunterricht der Grundschule. In: Bräu, K./Schwerdt, U. (Hrsg.): Heterogenität als Chance. Vom produktiven Umgang mit Gleichheit und Differenz in der Schule. Münster, S. 219-238.

Spieß, T. (2010): Migration und Männlichkeit. Biographien junger Straffälliger im Diskurs. Bielefeld.

Spindler, S. (2006): Corpus Delicti. Männlichkeit, Rassismus und Kriminalisierung im Alltag jugendlicher Migranten. Münster.

Stadtfeld, P. (2005): Heterogenität als Chance – Einsatzmöglichkeiten Neuer Medien in heterogenen Lerngruppen. In: ders. (Hrsg): Allgemeine Didaktik im Wandel. Bad Heilbrunn, S. 252-268.

Stanat, P./Kunter, M. (2001): Geschlechterunterschiede in den Basiskompetenzen. In: Deutsches PISA-Konsortium (Hrsg.): PISA 2000. Basiskompetenzen von Schülerinnen und Schülern im internationalen Vergleich. Opladen, S.251-269.

Stanat, P./Kunter, M. (2003): Kompetenzerwerb, Bildungsbeteiligung und Schullaufbahn von Mädchen und Jungen im Ländervergleich. In: Deutsches PISA-Konsortium (Hrsg.): PISA 2000. Ein differenzierter Blick auf die Länder der Bundesrepublik Deutschland. Opladen, S. 211-242.

Statistisches Bundesamt (2010): Bevölkerung mit Migrationshintergrund – Ergebnisse des Mikrozensus 2009. Fachserie 1, Reihe 2.2. – Wiesbaden.
Statistisches Bundesamt (2012): Verdienststrukturerhebung 2006 und 2010; fortgeschrieben mit den Ergebnissen der Vierteljährlichen Verdiensterhebung. https://www.destatis.de/DE/ZahlenFakten/GesamtwirtschaftUmwelt/VerdiensteArbeitskosten/Verdienstunterschiede MaennerFrauen/Tabellen/Verdienstabstand.html [Zugriff: 18.06. 2013].
Statistisches Bundesamt (Hrsg.) (2013): Berufsausbildung auf einen Blick. Wiesbaden.
Steiner-Khamsi, G. (2010): Wieviel Heterogenität erträgt eine Lehrperson.In: Krüger-Potratz, M./Neumann, U./Reich, H.H. (Hrsg.): Bei Vielfalt Chancengleichheit. Münster, S. 24-35.
Steyerl, H./Gutiérrez Rodríguez, E.(2003): Einleitung. In: Steyerl, H./Gutiérrez Rodríguez, E. (Hrsg.): Spricht die Subalterne deutsch? Migration und Postkoloniale Kritik. Münster, S. 7-16.
Stroot, T. (2007): Vom Diversity-Management zu ‚Learning Diversity'. Vielfalt in der Organisation Schule. In: Boller, S./Rosowski, E./Stroot, T. (Hrsg.): Heterogenität in Schule und Unterricht: Handlungsansätze zum pädagogischen Umgang mit Vielfalt. Weinheim/Basel, S. 52-64.
Stuber, M. (2004): Diversity. Das Potenzial von Vielfalt nutzen – den Erfolg durch Offenheit steigern. München.
Stuber, M./Wittig, F. (2007): Diversity Management: ein grundlegender Vergleich zum politischen Ansatz der Anti-Diskriminierung. In: Steinmetz, B./Vedder, G. (Hrsg.): Diversity Management und Antidiskriminierung. Weimar, S. 65-78.
Stuve, O. (2009): Kein Wir, kein Nicht-Wir. Intersektionalität in der politischen Bildung. In: Lange, D./Polat, A. (Hrsg.): Unsere Wirklichkeit ist anders. Migration und Alltag. Perspektiven politischer Bildung. Bonn, S. 257-269.
Stuve, O./Busche, M. (2007): Gewaltprävention und Intersektionalität in der Bundesrepublik Deutschland- Ein Überblick http://www.dissens.de/isgp/docs/isgp-intersektionalitaet_und_gewaltpraevention.doc [Zugriff: 15.12.2009]
Stuve, O./Busche, M.: Überblicksbericht Gewaltprävention und Intersektionalität in der Bundesrepublik Deutschland. http://www.dissens.de/isgp/docs/intersektionalitaet_und_gewaltpraevention_2.doc [Zugriff: 15.08.08].
Sulzer, A. (2013) Kulturelle Heterogenität in Kitas – Anforderungen an Fachkräfte. WiFF Expertisen Nr. 34.
Tenorth, E.-H./Tippelt, R. (Hrsg.) (2012): Lexikon Pädagogik. Weinheim/Basel.
Theunissen, G. (2011): Inklusion als gesellschaftliche Zugehörigkeit – zum neuen Leitprinzip in der Behindertenhilfe. In: neue praxis 2, S. 156-168.
Thielen, M. (2011): ‚Bist du behindert Mann?' Überlegungen zu Geschlecht und Geschlechterinszenierungen in sonder- und integrationspädagogischen Kontexten aus einer intersektionaler Perspektive. In: Zeitschrift für Inklusion, Heft 1 [online: http://www.inklusion-online.net/index.php/inklusion/article/viewArticle/100/102; Zugriff 28.06.2013]
Tiedemann, J. (1995): Geschlechtstypische Erwartungen von Lehrkräften im Mathematikunterricht der Grundschule. In: Zeitschrift für Pädagogische Psychologie 9, 3-4, S. 153-161.
Tillmann, K.-J. (2004): System jagt Fiktion. Die homogene Lerngruppe. In: Becker, G./Lenzen, K.-D./Stäudel, L./Tillmann, K.-J./Werning, R./Winter, F. (Hrsg.): Heterogenität: Unterschiede nutzen –Gemeinsamkeiten stärken. Seelze, S. 6-9.
Tillmann, K.-J. (2007): Lehren und Lernen in heterogenen Schülergruppen. Forschungsstand und Perspektiven. In: Buchen, H. (Hrsg.): Heterogenität und Schulentwicklung. Stuttgart, S. 7-20.
Tippelt, R./Hippel, A. v. (2005): Weiterbildung: Chancenausgleich und soziale Heterogenität. In: Aus Politik und Zeitgeschichte, 37, S. 38-45.
Trautmann, M./Wischer, B. (2008): Das Konzept der Inneren Differenzierung – eine vergleichende Analyse der Diskussion der 1970er Jahre mit dem aktuellen Heterogenitätsdiskurs. In: Meyer, M.A./Prenzel, M./Hellekamp, S. (Hrsg.): Perspektiven der Didaktik. Zeitschrift für Erziehungswissenschaft. Sonderheft 9. Wiesbaden, S. 159-172.

Trautmann, M./Wischer, B. (2011): Heterogenität in der Schule. Eine kritische Einführung. Wiesbaden.

Treiber, B./Weinert, F.E. (1985): Gute Schulleistungen für alle? Psychologische Studien zu einer pädagogischen Hoffnung. Münster.

Treinies, G./Einsiedler, W. (1996): Zur Vereinbarkeit von Steigerung des Leistungsniveausund Verringerung von Leistungsunterschieden in Grundschulklassen. In: Unterrichtswissenschaft, 24, S. 290-311.

Tuider, E. (2008): Diversität von Begehren, sexuellen Lebensstilen und Lebensformen. In: Schmidt, R.-B./Sielert, U. (Hrsg.): Handbuch Sexualpädagogik und sexuelle Bildung. Weinheim/München, S. 251-260.

Uremović, O./Oerter, G. (1994): Frauen zwischen Grenzen. Rassismus und Nationalismus in der feministischen Diskussion. Frankfurt a.M./New York.

Vedder, G. (2006): Die historische Entwicklung von Diversity Management in den USA und in Deutschland. In: Krell, G./Wächter, H. (Hrsg.): Diversity Management – Impulse aus der Personalforschung. München, S. 1-23.

Vieluf, U. (2003): Heterogenität als Chance? Ein Vergleich der Leistungsentwicklung von Haupt- und Realschüler(inne)n in nicht integrierten und integrierten Systemen. In: Pädagogik 55, 3, S. 34-38.

Walburg, C. (2007): Migration und selbstberichtete Delinquenz. In: Boers, K./Reinecke, J. (Hrsg.): Delinquenz im Jugendalter. Erkenntnisse einer Münsteraner Längsschnittstudie. Münster, S. 241-268.

Walgenbach, K. (2005): ‚Die weiße Frau als Trägerin deutscher Kultur.' Koloniale Diskurse über Geschlecht, ‚Rasse' und Klasse im Kaiserreich. Frankfurt a.M./New York.

Walgenbach, K. (2007): Gender *als* interdependente Kategorie. In: Walgenbach, K./Dietze, G./Hornscheidt, A./Palm, K. (Hrsg.): Gender als interdependente Kategorie. Neue Perspektiven auf Intersektionalität, Diversität und Heterogenität. Opladen, S. 23-65.

Walgenbach, K. (2010): Postscriptum: Intersektionalität – Offenheit, interne Kontroversen und Komplexität als Ressourcen eines gemeinsamen Orientierungsrahmens. In: Lutz, H./Herrera Vivar, M.T./Supik, L. (Hrsg.): Fokus Intersektionalität – Bewegungen und Verortungen eines vielschichtigen Konzeptes. Wiesbaden, S. 245-256.

Walgenbach, K. (2012): Intersektionalität – eine Einführung. www.portal-intersektionalität.de [Zugriff: 18.06.2012].

Walgenbach, K.: Heterogenität- Bedeutungsdimensionen eines Begriffsfeldes. In: Koller, H.-C. (Hrsg.): Heterogenität- zur Konjunktur eines pädagogischen Konzepts. (i.E.: Schöningh Verlag)

Walter, M./Trautmann, S. (2003): Kriminalität junger Migranten – Strafrecht und gesellschaftliche (Des-)Integration. In: Raithel, J./Mansel, J. (Hrsg.): Kriminalität und Gewalt im Jugendalter. Hell- und Dunkelfeldbefunde im Vergleich. Weinheim/München, S. 64-87.

Warzecha, B. (2003): Heterogenität macht Schule. Beiträge aus sonderpädagogischer und interkultureller Perspektive. In: dies. (Hrsg.): Heterogenität macht Schule: Beiträge aus sonderpädagogischer und interkultureller Perspektive. Münster, S. 15-26.

Weber, M. (2003): Heterogenität im Schulalltag. Konstruktion ethnischer und geschlechtlicher Unterschiede. Opladen.

Weber, M. (2008): Intersektionalität sozialer Unterscheidungen im Schulalltag. In: Seemann, M. (Hrsg.): Ethnische Diversitäten, Gender und Schule. Geschlechterverhältnisse in Theorie und schulischer Praxis. Oldenburg, S. 41-59.

Weber, M. (2009): Das Konzept ‚Intersektionalität' zur Untersuchung von Hierarchisierungsprozessen in schulischen Interaktionen. In: Budde, J./Willems, K. (Hrsg): Bildung als sozialer Prozess. Heterogenitäten, Interaktionen, Ungleichheiten. Weinheim/München, S. 73-94.

Weiß, H. (2010): Kinder in Armut als Herausforderung für eine inklusive Perspektive. Zeitschrift für Inklusion, 4.

Weisser, J. (2005): Behinderung, Ungleichheit, Bildung. Eine Theorie der Behinderung. Bielefeld.

Wellgraf, S. (2012): Hauptschüler. Zur gesellschaftlichen Produktion von Verachtung. Bielefeld.

Wenning, N. (1999): Vereinheitlichung und Differenzierung. Zu den ‚wirklichen' gesellschaftlichen Funktionen des Bildungswesens im Umgang mit Gleichheit und Verschiedenheit. Opladen.

Wenning, N. (2007): Heterogenität als Dilemma für Bildungseinrichtungen In: Boller, S./Rosowski, E./Stroot, T. (Hrsg.): Heterogenität in Schule und Unterricht. Handlungsansätze zum pädagogischen Umgang mit Vielfalt. Weinheim/Basel, S. 21-31.

Wenning, N. (2010): Umgang mit Verschiedenheit – Forschungsergebnisse und Forschungsperspektiven. In: Schildmann, U. (Hrsg.): Umgang mit Verschiedenheit in der Lebensspanne. Behinderung – Geschlecht – kultureller Hintergrund – Alter/Lebensphasen. Bad Heilbrunn, S. 23-35.

Werning, R. (2004): ‚Bernd kann leider immer noch nicht lesen'. Warum eigentlich Integration – und wie? In: Becker, G./Lenzen, K.-D./Stäudel, L./Tillmann, K.-J./Werning, R./Winter, F. (Hrsg.): Heterogenität: Unterschiede nutzen – Gemeinsamkeiten stärken. Seelze, S. 24-27.

West, C./Fenstermaker, S. (1995): Doing Difference. In: Gender &Society 9, 1, S.8-37.

Westphal, M. (2010): Gender und Heterogenität in der politischen Bildung mit eingewanderten Frauen und Männern. In: Hagedorn, J./Schurt, V./Steber, C./Waburg,W. (Hrsg): Ethnizität, Geschlecht, Familie und Schule. Heterogenität als erziehungswissenschaftliche Herausforderung. Wiesbaden, S. 189-216.

Willems, K. (2007): Schulische Fachkulturen und Geschlecht. Physik und Deutsch – natürliche Gegenpole? Bielefeld.

Willenbrink, M. (2004): Das Konzept der Ressourcen und Kontextorientierung. In: Becker, G./Lenzen, K.-D./Stäudel, L./Tillmann, K.-J./Werning, R./Winter, F. (Hrsg.): Heterogenität: Unterschiede nutzen- Gemeinsamkeiten stärken. Seelze, 141.

Wiltzius, M. (2011): Diversity-Managment an Grundschulen? Möglichkeiten und Grenzen einer Unternehmensstrategie im schulischen Umfeld – ein modellhafter Vergleich zwischen Bremen und Luxemburg. Münster.

Winker, G./Degele, N. (2009): Intersektionalität. Zur Analyse sozialer Ungleichheiten, Bielefeld.

Wischer, B. (2009): Der Diskurs um Heterogenität und Differenzierung. Beobachtungen zu einem schulpädagogischen ‚Dauerbrenner'. In: Wischer, B./Tillmann, K.-J. (Hrsg.): Erziehungswissenschaft auf dem Prüfstand. Schulbezogene Forschung und Theoriebildung von 1970 bis heute. Weinheim/Basel, S. 69-93.

Wollrad, E. (2005): Weißsein im Widerspruch – feministische Perspektiven auf Rassismus, Kultur und Religion. Königstein/Ts.

Yuval-Davis, N. (2009): Intersektionalität und feministische Politik. In: Feministische Studien 1, 9, S. 51-66.

Yuval-Davis, N. (2010): Jenseits der Dichotomie von Anerkennung und Umverteilung.: Intersektionalität und soziale Schichtung. In: Lutz, H./Herrera Vivar, M.T./Supik, L. (Hrsg.): Fokus Intersektionalität – Bewegungen und Verortungen eines vielschichtigen Konzeptes. Wiesbaden, S.185-201.

Zemp, A. (1993): Wir behinderten Frauen – das abgesprochene Geschlecht. In: Barwig, G./Busch, C. (Hrsg.): ‚Unbeschreiblich weiblich': Frauen unterwegs zu einem selbstbewußten Leben mit Behinderung. München, S. 91-98.

Zimmer, K./Burba, D./Rost, J. (2004): Kompetenzen von Jungen und Mädchen. In: PISA-Konsortium Deutschland: PISA 2003. Der Bildungsstand der Jugendlichen in Deutschland-Ergebnisse des zweiten internationalen Vergleichs. Münster, S. 211-223.